求索山水

雍布拉康古宫堡——西藏历史上第一座宫堡

西藏高原风光：草甸、牦牛、雪水河

泰山南天门

华山北峰

衡山烟云

黄山峰林地貌景观

武夷山九曲溪险段

黄果树瀑布

喀斯特地貌形成的涡石群奇异水景

九寨沟清澈见底的海子水

九寨沟珍珠滩瀑布

九寨沟色彩缤纷美如画

黄龙风景区瀑布景观

庐山最高峰：大汉阳峰(1474 米)

庐山五老峰(1358 米)："青天削出金芙蓉"

庐山三叠泉瀑布

井冈山主峰：五指峰(1438 米)

三清山：天工神塑“东方女神”

井冈山龙潭景区碧玉潭瀑布

三清山“巨蟒出山”

三清山：“狐狸窃鸡”

龙虎山丹霞地貌景观

龙虎山仙水岩千年崖墓群

龟峰丹霞地貌景观

武功山高山草甸

江西灵山“鹍鹏起势”群峰组景

浙江江郎山三爿石

浙江仙华山

浙江五泄风景区

湖南崀山丹霞地貌景观

福建大金湖：碧水丹山

福建十八重溪：碧溪翠谷

福建海坛：擎天巨石

福建海坛：惊涛搏崖

贵州梵净山：细雨雾濛中的含羞峰

崂山夕晖

崂山太清宫

甘肃暮色中的鸣沙山与月牙湖

新疆吐鲁番高昌古城遗址(1)

新疆吐鲁番高昌古城遗址(2)

践行心路

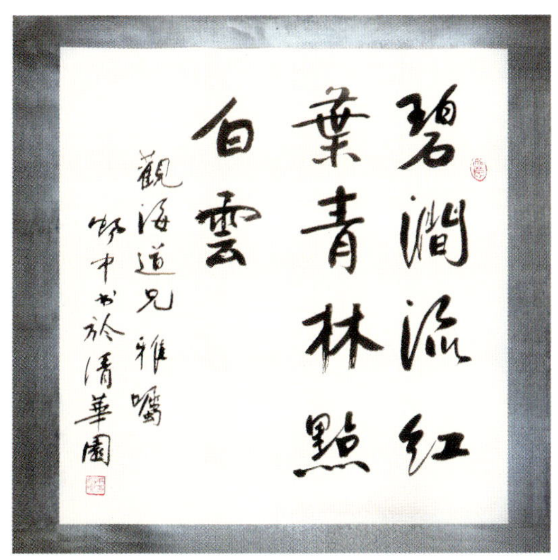

朱畅中先生赠予书法作品

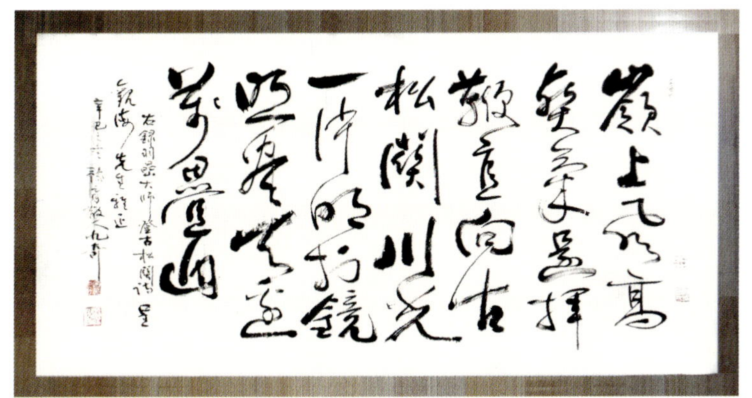

宗九奇先生(中国书协江西分会理事、江西文史馆特邀书法家)赠予书法作品

出席 1993 年第一届东亚地区国家公园与保护区(IUCN)会议(北京)会场(局部)

作者在会上宣读论文

中国风景园林学会出席第一届东亚(IUCN)学术会议代表合影

（自左至右：李铮生、柳尚华、张国强、杨雪芝、朱观海）

参加 1993 年建设部组织的西藏雅砻风景区总体规划评审会期间，专家组实地考察时合影
（中立者柳尚华副司长，右一唐学山，右三谢凝高，左二苏淡光，右二作者）

参加中国城市规划学会风景环境规划设计学委会 1996 年年会
（杭州，发表《西湖宣言》）期间，考察太子湾公园时与朱畅中先生交谈

1996年参加建设部专家组赴贵州省考察申报国家级风景名胜区工作期间，
与李嘉乐先生在黄果树瀑布前留影

1997年周维权先生在
庐山考察调研时与作者留影

1999 年参加中国民居研究会、中国城市规划学会风景环境学
委会共同举办学术年会(桂林)考察期间，在游船上部分同志合影
(前排左一至左五：罗来平、朱观海、张锦秋、朱畅中、李长杰)

承办和出席风景环境规划设计学委会 2011 年学术年会(三清山)，代表、委员们合影
(前排坐椅者自左至右：樊晟、刘彦、李炜民、杨沙鸥、朱观海、石楠、
谢凝高、刘书宗、王磐岩、陈振寿、贾建中、李金路)

赴西藏山南林芝地区考察时与藏胞在帐篷内联欢

在帐篷外草地上留影（右二谢凝高，右一作者）

参加2002年度部级优秀风景园林项目评选工作
期间与刘少宗先生留影(北京蟹岛度假村)

参加建设部组织专家组赴浙江省考察申报国家级风景名胜区期间
抵江郎山时，在路旁树荫下憩影(前排坐草地者自左至右：
张延惠、赵健溶、谢凝高，后蹲右一朱观海)

应邀参加浙江省百丈漈风景名胜区总体规划评审会
（前排右二至右四：胡理琛、张延惠、朱观海）

在江西省第二届风景旅游资源开发规划研讨会
上作会议总结(1992 年，小武当山)

“瞧，南、北两个朱观海!”——1993 年出席
中国风景园林学会第二届首次理事会议
(苏州)期间，考察虎丘景区时与
“北朱”(时任兰州市园林局
副局长，右立者)留影

雍布拉康古宫堡小山下

新疆天山天池畔

“换我一副新容貌”——作者在西藏

“红叶映我心”

1993年获中国风景名胜区协会授予
“风景卫士”称号，颁发证书和纪念奖杯

家中夜间工作时

风景规划设计理论研究与实践

朱观海　著

中国建筑工业出版社

图书在版编目(CIP)数据

风景规划设计理论研究与实践/朱观海著. —北京：中国建筑工业出版社，2013.3

ISBN 978-7-112-15097-7

Ⅰ.①风… Ⅱ.①朱… Ⅲ.①风景区规划-中国-文集 Ⅳ.①F592.1-53

中国版本图书馆 CIP 数据核字(2013)第 023186 号

本书收集了作者30余年来有关风景名胜区理论研究和保护建设的数十篇文章。全书旨在维护和探究我国风景事业健康发展的同时，也从一定层面和角度上反映出我国风景事业所走过的艰辛历程。全书共分为美学篇——风景美学基础；求索篇；践行篇；抒怀篇等4个子篇，表达了作者热爱祖国壮丽山河、忠诚于风景事业的坦荡心路，也揭示了当前我国风景名胜区保护建设、科学管理上存在的一些热点与难点问题以及所引发的深层思考等。

本书可供广大风景园林科技工作者、风景名胜区管理者、高等院校风景园林专业师生等学习参考。

* * *

责任编辑：吴宇江
责任设计：董建平
责任校对：肖 剑 刘 钰

风景规划设计理论研究与实践
朱观海 著
*
中国建筑工业出版社出版、发行(北京西郊百万庄)
各地新华书店、建筑书店经销
北京天成排版公司制版
北京建筑工业印刷厂印刷
*
开本：787×1092毫米 1/16 印张：13¾ 插页：16 字数：388千字
2013年5月第一版 2013年5月第一次印刷
定价：**52.00**元
ISBN 978-7-112-15097-7
(23172)

求索·求知·求道
（自序）

自20世纪80年代初始，截至目前，国务院先后相继批准颁布了共七批国家级风景名胜区名单，全国已拥有国家级风景名胜区208处，省级风景名胜区698处，总面积已逾18万平方公里，占我国国土面积约近2%。30年来，各地风景事业取得了蓬勃发展，为国家珍稀自然、人文资源和生态及生物多样性保护，为社会文明进步，促进国家与地方经济建设作出了积极贡献。

国务院《风景名胜区条例》对风景名胜的定义为：风景名胜区是指具有观赏、文化或者科学价值，自然景观、人文景观比较集中，环境优美，可供人们游览或者进行科学、文化活动的区域。这一界定涵义的实质，表明了风景名胜区是国家珍稀自然与人文景观资源的汇集地，是大自然和人类历史留给我们的宝贵遗产，当为国家和全体人民乃至全人类所共同拥有的财富。由此，这也就确定了“风景名胜区事业是国家社会公益事业”（1994年中华人民共和国建设部《中国风景名胜区形势与任务》绿皮书）的基本属性定位。鉴于风景名胜资源的珍稀性、唯一性与不可再生(或复制)的特性，因而任何时候都必须“把资源保护工作放在高于一切的首要地位”，“各级建设主管部门和各地风景名胜区管理机构，肩负着管理国家这块瑰宝的历史使命，责任重大”（《绿皮书》）。

然而，在当前我国不断深化改革，不断强化与扩大社会主义市场经济的新形势下，如何针对风景名胜区的特点，探究一条适应于新形势的我国风景事业科学化发展道路，是我们必须面对和思考解决的新课题。在这里，我们也必须同时清醒地认识到，在过去30年风景事业发展进程中，从未间断着出现一些不和谐的音调，值得引起我们高度警醒和严重关注。

在保护和科学利用层面上：由于对风景事业本质(主要是性质与功能)认识的严重缺位或关系倒置，导致了长期以来风景名胜区城市化、人工化、商业化倾向严重，至今仍愈演愈烈，日益加剧，将风景事业视同经济产业，片面追求GDP与经济效益最大化，使风景名胜区旅游产业化趋势日渐显现；风景名胜区资源、土地租赁或变相出让，甚至捆绑上市转向金融投资市场；盲目无序和过度开发，对风景资源及其生态环境造成严重损害、破坏的现象久禁不止等等，以致对风景名胜区生存和风景事业发展的根本基础产生了极为不良的影响与严重威胁。

在体制与管理层面上：如国家目前对风景名胜区管理的行政体制、财政体制及干部体制，风景事业基本性质与现实中所承担的功能作用，同国际上国家公园管理体制差别很大；国家对风景名胜区的有效管理工作依然存在严重缺失或错位，至今仍尚未从法律层面上对风景名胜区和风景事业给予明确清晰的性质定位或界定；现有的相关风景名胜区国家法规、政策也还存在着不完善甚至主体缺位的情况；乃至出现风景名胜区名称(命名)及其行政隶属管理关系都没有纳入规范管理，而可以任意确立、命名和跨越管理的乱象。

在科学研究层面上：由于我国风景名胜区的创立迄今仅仅只有短短的30年历程，作为一项国家大规模出现的社会事业，还远没有积淀形成系统、完整的风景科学理论及其应用科学技术，现有的相关技术规范仍有进一步完善提高的必要，同时也还亟待有更多、更科学的指导规划设计和建设管理工作的技术标准、规范。特别是风景科学乃属于涉猎融合多学科的综合性边缘科学(如美学、园林学、建筑学、生态学、环境学、地理学、历史学等)范畴，其领域视角及视野更大更广，在风景名胜区保护、建设、管理和发展中需要研究的问题(课题)十分广泛。所有这些都还期待不断深化、拓展和完善。

针对上述种情况，不断求索、求知、求道，当是我们几代风景人孜孜不倦为之努力的目标。求索，就是以求实求是的科学态度和无畏精神，勇于探索，敢于揭示和善于发现；求知，就是通过不懈努力获取真知，摸清和掌握事物本质及其发展规律；求道，就是遵循客观自然法则和社会进步文明准则，寻求和践行一条具有中国特色社会主义的风景事业科学发展的正确道路。

本书收集了作者30余年来有关风景名胜区理论研究和保护建设诸多问题的应时撰文(编排以时间先后为序)，用以点评时弊，拓展思路，旨在维护和探究我国风景事业健康发展的同时，也从一定层面和角度上反映我国风景事业所走过的艰辛历程。全书辑为美学篇风景美学基础、求索篇、践行篇、抒怀篇共四个子篇，表达了作者热爱祖国壮丽山河，忠诚于风景事业的坦荡心路，也揭示了当前风景名胜区保护建设、科学管理上存在的一些热点问题及其所引发的深层思考，或许对进一步提高风景科学理论研究和事业实践，能够予人以些许有益的借鉴和启迪。

求索无止境，真知道必成，明天更美好。

是为序。

朱观海

2012年12月29日

目 录

求索·求知·求道(自序)

美学篇——风景美学基础 …… 1

导言 …… 3

一、风景美学研究的基本内涵 …… 3

二、风景构成的环境要素 …… 5

三、人对风景环境的审美意识 …… 7

四、环境变异对风景景观影响的制约效应 …… 11

五、风景环境设计的美学原则 …… 13

六、应用实例分析 …… 18

实例 1：庐山锦绣谷观景序列规划设计 …… 18

实例 2：庐山秀峰观景环境设计中的美学应用 …… 20

求索篇 …… 23

论当前风景区建设的一种动向 …… 25

江西省风景名胜资源总体开发评估系统研究方法 …… 29

论风景区建筑的环境原则 …… 39

中国国家级风景名胜区(国家公园)科学保护机制新探 …… 44

风景名胜区与经济开发区的异类特征——兼为风景名胜区请命 …… 50

环境·形态·景观——刍议山水城市风貌构成环境与形态 …… 54

风景名胜区事业可持续发展的战略思考 …… 61

刍议中国传统民居的环境形态特征及其现代价值取向 …… 64

风景名胜区认识及开发误区辨析 …… 67

论风景名胜区的“合理开发” …… 73

风景名胜区旅游产业化发展趋向思辨 …… 78

遗产资源(地)被“产业化”是保护和科学利用的大忌 …… 82

质疑“风景名胜区转型论” …… 85

践行篇 …… 89

名山当保护　开发应精心——由黄山建索道之争议想到庐山的开发 …… 91

加速建设南昌梅岭风景名胜区 …… 93

开发赣南旅游业之初探 …… 95

风景·环境·旅游 …… 100

井冈山风景名胜区总体规划基本思路概析 …… 105
略论庐山山南——旅游开发战略地位及基本规划对策 …… 115
庐山风景名胜区若干问题的剖析与探思 …… 120
风景区规划四题——庐山、井冈山规划工作札记 …… 131
关于庐山管理体制及行政区划调整的思路与构想 …… 135
简析庐山地学景观特征及其总体开发战略对策 …… 139
关于井冈山茨坪建设的缜思与对策 …… 142
再论江西旅游业实行“南北协调发展新格局”的战略环境 …… 145
风景区索道建设中的商业化倾向应当制止 …… 150
保护庐山世界遗产　当应付诸切实行动 …… 153
忠实履行保护庐山世界遗产的庄重承诺和使命
——由修建秀峰旅游索道和海会一五老峰登山轨道缆车引发的思考 …… 155
婺源县城城市风貌及特色景观规划
——关于山水城市风貌规划尝试的实例分析 …… 158
城市规划中的城市设计——以南康市城市总体规划为例 …… 165
关于加强风景区保护管理的若干建议要点 …… 171
试析灵山景观形态美学特征 …… 175
《江西省风景名胜区体系规划》编制基本思路研究 …… 179

抒怀篇 …… 187

律诗五首(井冈三韵，外两首) …… 189
初识井冈第一峰——井冈山风景资源考察纪实之一 …… 191
笔架山高风光美——井冈山风景资源考察纪实之二 …… 193
潜龙焉肯锁深岚——井冈山风景资源考察纪实之三 …… 195
当与名山共风流 …… 197
这里是世界历史的珍迹——为纪念井冈山革命根据地创建六十周年而作 …… 199
峰峙瀑奇冠山南 …… 202
觅踪溯源探一泉——庐山康王谷天下第一泉新证考纪实 …… 205
情系笙笛访侗寨——广西桂北三江侗乡民居考察纪行 …… 207
扎西德勒，美丽神往的藏疆——西藏风景考察散记 …… 209

后记 …… 213

美学篇——风景美学基础

导　　言

爱美，乃人之本性。爱则常，不爱则异。

随着社会的进步和文明的提高，人们对生活中美的认识和追求愈来愈强，愈来愈迫切，美的视角也愈来愈宽广。尤其是对于长期居住在城市里的人们，他们渴求回到大自然中去，希望汲取大自然丰富的生命养料和美的熏陶(因为这种自然美的蕴涵和表现的神奇魅力是任何人工雕琢所不能及的)。这已成为当今时代人们对生活中美的心理取向与需求的一种必然趋势。

风景美学是城市建设美学的组成部分，但风景美学所研究的具体对象、内容、方法和要求，又与一般城市建设美学有所不同，它更紧密地把自然、文化、环境、景物美的形象和人们的审美意识有机地融合在了一起。作为一项专门性研究的美学分支，更有其独具的特性。从一定意义上来说，风景美学还兼有环境生态学的内涵与特征。

我国目前对于风景美学的研究，只是由于当代国家风景名胜事业和旅游业蓬勃兴起后，才真正引起人们的关注和重视，尚属于有待探索和发掘的新的拓展领域。风景美学的研究并非纯学术性探讨，更多的价值在于应用，归于应用美学的范畴。

本文试图就涉猎风景美学理论与应用方面的问题作些初步探索，旨在布棋开局，抛砖引玉。

一、风景美学研究的基本内涵

(一) 风景美学的涵义

如果对于被称作为自然景观或人文景观的风景资源，给予一定的叙述性文字表述的话，概括地说，所谓风景，就是由自然因素、人文因素或自然与人文因素共同构成的具有美学审美价值及文化科学研究价值，并可供人们游览欣赏与精神体验的特殊空间景观环境。比如地理的、地貌的、气象的、生物的、历史的、文化的、工程的等等，还包括因国家、民族、地域和人们生活习俗的差异而形成的社会性文化征象(如风土人情)，均可成为一种风景景观。但无论哪一种景观，它们都必须具备景观对象物本体的“美”和能够生成“美”的构成环境这样两个首要的基本条件。可见，风景即一定地域空间具有美学和科学意义的典型化构成环境的产物。换言之，如果离开了这种构成环境的基本条件，也就不能使其成为风景。

由于形成这种构成环境的各种自然的或社会的因素是极为复杂的，且人们对于由这种构成所产生的不同风景的自我感受，视每个感受者不同的审美意识又有千差万别。所以，必须从中找出能为人们所共同接受和认同的风景美学的一般性规律与法则，并使其凝练成具有普遍意义的认识原理及应用方法。

据此，我们对风景美学作如下简明定义：风景美学是研究构成风景成因的各种环境(包括自然的和人文的)因素、审美意识及其相互间影响关系一般规律的美学专门化知识。

(二) 风景美学研究的范畴

从上述关于风景美学的涵义概念，我们可以大致确定风景美学研究的基本范畴应包括：

(1) 风景环境的系统认识观；
(2) 风景构成的环境要素及其特征表现；
(3) 人对风景环境的审美意识；
(4) 环境变异对风景影响的作用；
(5) 风景环境的美学设计。

(三) 风景美学的应用意义

风景美学在城乡建设、风景区建设和人们文化素质与环境意识培育中，具有以下明显综合应用意义：

1. 增强风景资源和环境保护意识

以自然地理、自然生态及人文历史为本质内核构成的风景环境条件，是各类风景资源生成和维系的基础，因其鲜明、典型的自然与历史性而具有独一的、不可再生的特性。由此，任何一种自然景观或历史景观的损毁破坏，都是无法弥补的，会永远丧失它们的原真本体及其科学文化历史价值。风景美学就是要从美学的角度研究风景与生成风景的环境之间的关系，揭示它们之间的相关规律。换言之，研究风景就是研究环境，保护风景也就是保护环境。从而，在当今以保护人类赖以生存和发展的地球环境及生活环境为主旨目标的努力中，无疑具有大力增强人们环境保护意识的积极而深远的意义。

2. 合理开发利用资源

我们认为，从风景美学与环境(包括自然生态环境和人文历史环境)关系的角度，一切风景资源的开发利用都应是以不影响和破坏景物本体及其与之共生共构的环境条件为前提的，且这种开发利用是有一定限度的，必须遵循其自然法则和科学规律。风景美学就是力求探寻这种规律，这对于科学合理地开发利用风景资源，有效维护风景景观原真科学价值及艺术品质，具有重要的现实意义。

3. 拓展文化科学价值

风景美学的文化科学价值，主要体现在它作为整个美学理论体系中的一个新的分支，拓展了美学研究的新领域，揭示出自然或人文的风景与环境之间美的表现及其变化规律和特征，丰富了研究内涵与空间，起着有效推进学科发展的积极作用，也必将在学术和应用两个方面展现出它的美好前景与旺盛生命力。

4. 提高建设管理水平

风景美学知识，不仅直接应用于从事风景区规划设计的规划师、建筑师、园林师等专业工作中，对于从事风景区建设管理的部门及人员，同样具有广泛的应用价值。

他们可以运用风景美学的知识，进一步提高美学思想修养，指导改进工作，不断提高建设管理水平。

5. 提升文化品质素养

风景美学的研究和应用，不仅能够极大地激发人们热爱祖国大好山河的高尚情操，也进而不断地提升人们文化素养和思想意境，规范人们的文明行为，并唤起对未来美好的憧憬，丰富美化人们的生活。

二、风景构成的环境要素

(一) 风景环境系统工程观念的确立

风景环境，从宏观上说，它是整个地球表面环境的一部分，就本体而论，它如同社会、经济、文化等其他领域的庞大系统一样，有着自己内涵深厚的完整系统。

在这里，我们首先应当确立起关于风景环境的系统认识观念，这是研究风景环境问题最基本的理论基础，也是实际指导风景美学最重要的理念和原则。

我们认为，风景环境内涵十分宽泛丰富，既有自然的也有人文的，既有整体的生态系统，也有局部的环境空间，它们彼此相互渗透，相互依存和相互影响着，共同组合成一个完美的风景环境体系。因此，无论是大的或小的风景环境，都应当看作为一个不同程度或不同范围(规模)的系统工程，必须以宏观控制的观念来进行总体的研究分析。

风景构成的环境要素，从总体上看，可以归纳为两大不同范畴：一是风景构成的广义环境要素，也就是从宏观上将庞大的风景体系(包括自然和人文)当成一个蕴含着整个大千世界的系统工程，从中研究其相关环境因素间的内在与外在联系性；二是风景构成的狭义环境要素，即从一定较小范围内的具体景物景观生成的局地环境条件，并研究其景物与环境相互变异制约影响的特殊性规律。两者只在不同地域空间范围或宏观、微观的视野上有所区别，而对于各自环境客观的实质性构成内容与要素并无明显差异。

根据分类方法，我们一般将风景资源分为自然风景资源和人文风景资源两大系列，每一系列又可按不同的景象组合，分为若干景观类型，各种不同类型中均包含着众多的在内容与形式上彼此较为接近的景物景观。借用这种层次类推的分析方法，我们可以建立起关于风景环境系统工程冠状结构模型(图 1)：

从结构模型中可以看出，风景环境系统工程犹如一棵大树的主干(中心小圈)，主干由自然风景资源系统和人文风景资源系统两大系统组成，它的外围(中圈)是各主要风景资源大类，再向外(外圈)是常见的各种自然和人文风景资源子类，它们由各主要风景资源大类分支而出，依此不断引申外推，则不断形成新的层次系统和各层次间分支联系的枝状网络，并渐次由里及外地组成一个树冠状系统的网络结构。这就是我们根据系统工程原理示意性建立起来的风景环境冠状结构模型，可以比较形象地表述出风景环境所蕴含的丰富内容及其相互间内在联系性。

这种联系性说明，任何风景资源的构成与存在都源自于人们生活的由大自然和社

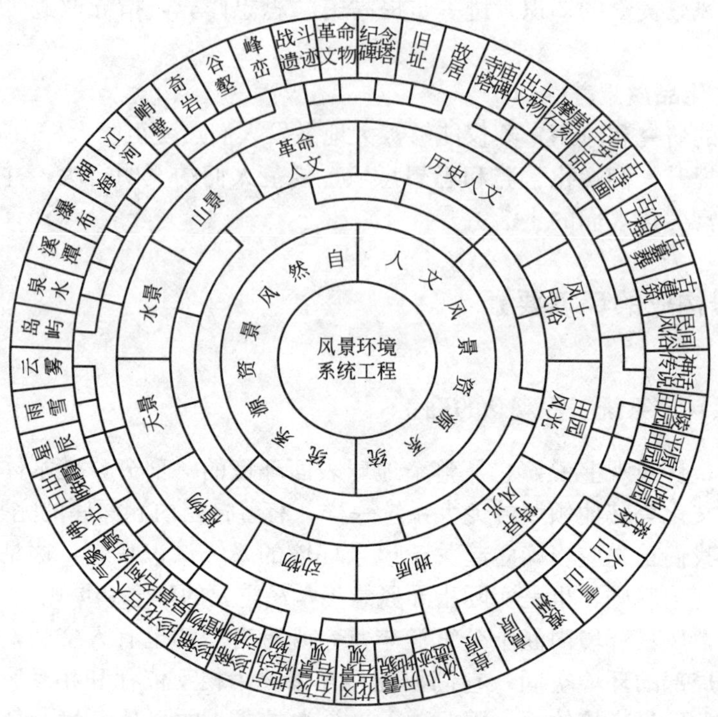

图 1 风景环境系统工程冠状结构模型

会共同组合的大千世界之中，又依据其具体依赖的环境条件的不同，分别构成类型、景象各异的景物景观。也就是说，环境是生成风景的根本源泉，这是我们提出风景美学理论研究的总体理论框架。

这一风景环境宏观系统观念的确立，正是我们研究风景美学问题最基本的理论基础，也是实际指导风景区规划与设计工作的美学思想原则。

(二) 风景构成的基本环境要素

如果深入地研究上述风景构成的环境关系，加以聚合、归并，则可以从中提炼出最具有概括性的影响风景构成的若干基本环境要素，这就是：人、山、水、林、气象、建筑等六个基本要素。

它们之间的关系可用下面图解(图 2)简明表示：

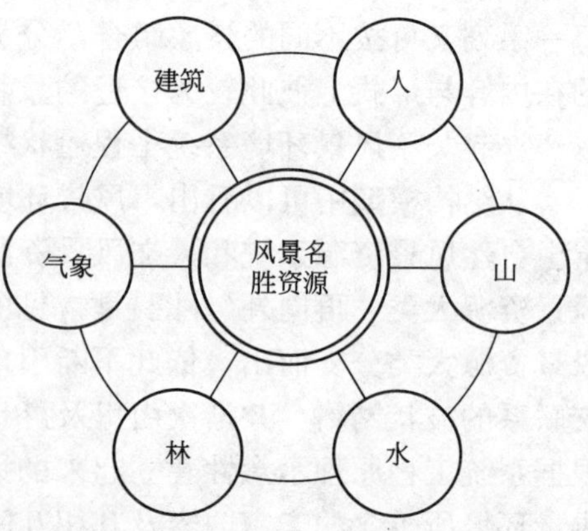

图 2 风景构成基本环境要素关系图

从图 2 可以看出，这六个基本要素既都可各自形成相对独立的风景景观系列，也可在各个基本要素相互之间凝成一个密切联系的环链，使其两两之间或两个以上多要素之间，共同组成两元的或多元的，内容更为完善，也更为丰富绚丽的风景内容。

人——他(们)创造和护卫着一切人文风景

和自然风景，是跨越时间、空间界面并使之能够取得纵向与横向联系和延续的承启者，也同时是对不同风景审美评价的能动感知者和主人翁；

山——是自然风景形成的骨架和支托，被认为是其他风景孕育的母体，由它派生形成众多的风景子体；

水——人们把它比喻为风景的生命之源，赋予风景以活力、生气和韵律特征；

林——通常喻作风景的体征，蕴含生命的基(因)库，影响和制约其他风景要素；

气象——是多种风景形成的重要条件，也是最富于无穷变幻的活性成景要素；

建筑——被誉为“凝固的音乐”，是从人文风景系列中提炼出来的基本要素，作为文化与历史的重要实物载体，起着联系人文时空和环境更迭的介质、佐证作用，它不受地域和时间的局限而为人们普遍所感受。

上述分析表明，风景是一种特殊的环境，一切风景皆寓于这种特殊环境之中。这种特殊环境或具有美学艺术价值，或具有文化历史价值，或具有地学科学及生态与生物多样性价值，或多者兼而有之，而以其中一种为主体。

三、人对风景环境的审美意识

既然风景的构成其本质就是一定条件下的特殊环境的生成体(自然物或社会物)，那么从这个意义上说，人们对于风景美的感受和认识，实际上也就是对这种特殊环境所产生的美的判别与评价。这种人所固有的感知本能，赋予了他们对于各种风景及其环境条件的相应的审美意识，但由于人们各自具有的知识阅历、文化素养和审美水平的差异，而表现出不同程度的审美观和审美能力，只有在通过对风景及其环境美的一般性规律的研究中，才能取得基本一致的认识。

(一) 风景环境美的基本特征表现

风景可由单元的(单个同类的景物)或多元的(若干不同类景物的组合)的景物景观所构成。显然，各个不同的景物景观都具有各自不同的特征。我们把这种独具的特征表现，称之为景物的“个性”，正是这千变万化的无数“个性”，共同形成了所有风景的“共性”——景，有如人的共性(思想、情感、智慧、创造精神以及认识世界、改造世界的能力)，乃寓于亿万人的个性之中；一切风景的“共性”亦寓于无数景物的“个性”之中。

通常人们用美或不美来表示对风景优劣(自然风景主要为观赏价值的大小)的评价，这个“美”或“不美”，属这种类型美或属于那种类型美，以及美的程度如何，都是不同风景具体“个性”的表现结果。一般地说，凡“个性”表现愈充分，愈强烈，愈典型的，风景就愈美，价值就愈高；反之，“个性”模糊，风景则不美，或根本就不能称为风景。所谓风景“个性”的存在，实质就是构成风景的典型性特殊环境的存在。诸如峰峦、谷壑、峭崖、水体、天空、动植物、建筑等，这些都是风景构成中最常见的必要环境条件。如果它们各自表现的“个体”特征越突出，越奇异，所构成的景观效果就越典型，越优美；不仅如此，还能从不同的角度、高度和相对位置、距离关系上，构成新的借景、对景和衬景等风景环境组合体，从而大大丰富了整体性的观赏效果，也同时使个体的景物景观赫然增色。

举个典型的例子，比如庐山，它所处的地理环境条件极为优越：北面是一带波涛奔流的长江，东面是烟波浩淼的鄱阳湖，四周是一望无垠的平原沃畴，造就了它“一山飞峙大江边”的宏伟气势；加上整个山体地势多变的地貌特征和峭壁如削的断层构造，更使它产生出“横看成岭侧成峰，远近高低各不同”的丰富景象效果。

在这里，庐山与鄱阳湖，庐山与长江，庐山与鞋山(鄱阳湖中的一个风景岛)，庐山与石钟山(鄱阳湖与长江汇合处的一座石矶，长江中下游江岸著名风景点)，石钟山与鞋山，鄱阳湖与长江等相互间又都组成了不同的借景、对景、衬景及组合景等效果。这些都是由于庐山得天独厚的地理环境条件有机组合所构成的完美的整体风景效果。毋庸置疑，如若离开了周围这些江、湖、岛屿、平原等自然地理环境因素的共构组合，庐山是不可能产生出这样整体环境上的大视野、大气度和雄峻嵯峨的美妙景象效果的。

除了反映风景美的整体环境特征表现外，对于单个景物景观的具体特征表现，一般可以归纳为以下几种(图 3)：

1. 形象美

形象美是风景最基本的美学特征表现，形象的反映方式，主要是通过景物本身或景物与所处环境之间的物理形态、体量、动姿、尺度等变化关系来表现，这种融炼与变化的千差万别，即构成了不同景物的形象特征，如峰峦的高低造势，瀑布的形态落差，流云的浓淡动姿，山石的奇异怪诞，谷壑的深邃曲直，悬崖的陡险危峭等等。一般地说，形象特征是人们审美意识中最普遍最基本的判别标准。

2. 声韵美

声韵美是风景美的另一重要特征表现，也是人们审美意识中运用颇为普遍的判别标准。这是因为任何一个风景区，都是一处天然的声韵世界，在这里蕴含着丰富的充满活力的声息。如鸟啼声、虫鸣声、林涛声、水流声、谷回声、风吼声、云浮声(庐山瀑布云有时就能听见一种神秘而美妙的云浮声)等等，这些美妙的声音，不仅能够增强人们对大自然美的感受力，还能通过对各种富有韵律感的自然声交响曲欣赏中，调节人们的情绪，升华人们的心境。

3. 色调美

在人们审美意识中，对色彩的感知是最敏锐最强烈的。我们生活的大千世界，就是一个神奇的彩色斑斓的世界，如湛蓝的天空，茵青的草地，翠绿的树林，彩色的云霞，缤纷的花朵……没有颜色的世界，是没有生气活力的世界，而自然色彩的美真实、无瑕、动人，最富有亲和力及感染力。

4. 嗅感美

嗅感，在人们对风景环境美的审美意识中，也是一种不容忽视的本能。嗅感好的则使人精神兴奋，心情愉悦；不好的嗅感则使人游兴大减，甚至产生出厌恶逃遁的情绪。比如当我们闻到一阵阵飘来的桂花馨香时，便会自然地循香寻觅而往；而当闻到一股难闻的异味时，便会立即回避捂鼻远去。在风景区中，许多树木花草都能发散出各种不同的清新芳香气息，或招来飞鸟，或引来蜂蝶，也往往能使游人驻足而增添人们对风景的感受力。

5. 多维组合美

所谓多维组合，是指在一定风景环境地域范围内(一般在风景观赏时视野所及范围内)包含着多个景物景观的个体或群体，由于它们相互间不同位置、高程及不同视点、时空等多维组合变化而产生的风景美感。这种美感的实质，是多种景物景观相对作用关系的视觉变化及其由此而形成的更丰富、更多层次美的综合感受意识的反映。这种美的感受的产生，不仅取决于这些景物景观之间的相对位置关系，也同观赏者的观景点以及与景物景观间相对位置直接有关。如固有的景物构成，却能产生不同的仰景、俯景、远景、近景、对景及单个独立景或多个组合景等多维变化的景观效果。因而，也就形成了有的景物适宜于近看，而有的适宜于远眺；有的应当平视，而有的俯视或仰视则景象效果更佳。因此，这种美感的存在，有时是可以为人们所感受到的，但有时亦可能由于游赏者相对观景位置的变化而消失。

除此之外，人们在风景游赏中还往往会由于触及思想或情绪深层次的感受而情不自禁地产生超越眼前所见实景时空的翩翩思绪——联想，使感受者诱发出更远、更高、更深的心境情感升华。

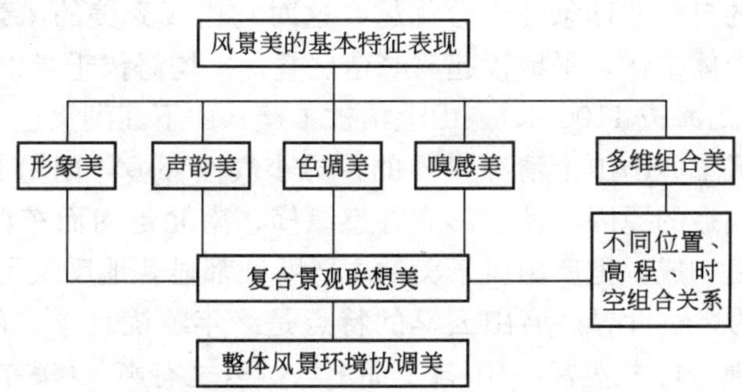

图3　风景美学特征分析简图

应当指出，通常在一个风景区内，上述各种风景环境美的特征表现，极少是单一特征形式的，而是以相互融合、变化的多种形式共同反映。人们在对这些基本特征的审美意识的交替感觉与应用过程中，不只是就景论景地接受所欣赏到的景物景观的美的感受，也往往由此而复合产生更高意境的新的美感意识——联想，从而使人们获得一种更为美妙的美的享受。人们在对风景的全部审美意识中，既没有离开实实在在的特定空间环境条件而凭空出现的抽象美，也没有超脱于人们对客观景物环境产生的审美感受而可能虚构的臆想美，人的一切美的意识和美的感受，都必是由其一定的客观环境因素所决定的，这也是完全符合存在决定意识这一普遍哲学原理的。

(二) 风景环境美的主体特征

在一个风景区内，它所具备的环境条件是十分复杂的，尽管它们共同在总体上或局部上都按照各自不同的特征表现方式(如上面讲到的五种基本方式)反映出来，因而形成了风景区内分布众多的景物景观，也分别体现着各自不同的自我“个性”；但这只是风景环境美的特征表现中带有普遍性的一面，更重要的是在风景环境美众多的特征表现中还存在有真正体现其核心价值的特殊性一面——我们将它称为风景环境表现的主体特征，也即通常对于某个风景区所指的它的主体风景和主要风景特色。可见，主体特征是一个风景区中风景环境美的主宰性特征，是最集中地高度反映出该风景区风景环境美的核心特征表现的。因此，从一定意义上来说，一个风景的主体特征(主体风景和主要风景特色)，即是这个风景区最富有代表性和典型性的美的灵魂。这个主体特征反映愈充分强烈，则风景区的主体风景就愈典型集中，风景特色就愈鲜明突出。

在我国风景名山中，“泰山之雄”、“黄山之奇”、“华山之险”、“峨嵋之秀”冠于各名山之上，很显然，这个“雄”、“奇”、“险”、“秀”就是它们风景环境美诸多特征表现中的主体特征反映，也就分别形成了它们风格各异的主要风景特色。当然，这一简明的提法只是一种总体性的概括，结合各风景区的具体风景环境特点，即使是属同一类“奇”或“秀”，但它们各自包含的景物内容或表现形态意境也是各异的，比如都是“奇”，但或是峰奇、水奇、云奇，或是雄奇、险奇、诡奇；同样是“秀”，也有明秀、古秀、幽秀等意境的不同。

下面仍举庐山为例，就风景环境的特征表现进行总体性分析，使我们对风景环境美的主体特征有个比较具体的认识。

由于庐山所处的自然地理条件十分优越，这对它构成秀美的风景环境提供了得天独厚的优势。庐山山体雄伟，平地拔起，峰峦层叠，平均海拔千米以上(最高峰汉阳峰海拔 1474 米，牯岭街海拔 1100 米)，山上植被丰茂，山下江湖贯连，水域浩森，炎热的山下平原气候形成了庐山山上清凉世界的特异小气候环境，雨量充沛，终年云雾缭绕；加之庐山地质构造的原因，使它形成谷壑纵横、南北走向而东西面陡峭的水文地貌。这一总体的环境构成，把庐山风景美的主要特征都显著地反映了出来：

(1) 云雾缥缈的迷幻世界。庐山云雾的特点是终年缭绕且形、色、声俱全，成为庐山颇具特色的景观。自古就有：“雨自下而上”、“云之有声”(瀑布云泻流声)和“云之在下，真同浪海，小山见其中者，无异蕴藻”的三奇之说。

(2) 银河飞泻的瀑布之乡。庐山瀑布与黄山石笋、雁荡龙湫一同被誉为“天下三奇”，也素有“庐山瀑布传天下”的盛赞；“日照香炉生紫烟，遥看瀑布挂前川，飞流直下三千尺，疑是银河落九天”就是诗仙李白对庐山瀑布写下的千古佳句。著名的瀑布有：秀峰开先瀑布(李白诗所指)、三叠泉瀑布、谷帘泉大瀑布、玉帘泉瀑布、王家坡双瀑、简寂观双瀑、龙潭瀑布等。

(3) 甘泉汇集的灵气之地。庐山清泉星布，最著名的有“天下第一泉”、“天下第六泉”、“天下第十泉”(据陆羽著《茶经》载分别为康王谷谷帘水、观音桥招隐泉、大天池天池水)、星子温泉等。

(4) 烟波浩森的江湖之域。我国最大河流长江和最大淡水湖鄱阳湖，在这里江湖汇流，同庐山山体共生共构，浑然一体，其气势之浩壮无可比拟。

(5) 名人荟萃的文化之岳。庐山历来是宗教、学者云集之地，这里是晋田园诗人陶渊明的故里，宋明理学最高学府地(朱熹白鹿洞书院，周敦颐濂溪书院)，道、佛教发祥地(陆修静简寂观，释慧远东林寺，以及山上“三大寺庙”，山下“五大林丛”等)，历代帝王名士纷沓不绝，形成了庐山厚重斑斓的历史文化和人文景观。

从上面分析可以看出，自然景观中的水景和人文景观中的历史文化名胜是构成庐山风景特征表现的两大突出主体特征，其中尤以水景为最。抓住了这个主体特征，庐山的主要风景特色也就清晰了。

四、环境变异对风景景观影响的制约效应

当在某种已经形成的风景环境中，如果这些风景赖以构成的环境条件发生变异(包括自然的和人为的变异)，那么，风景的景观面貌亦必然随之发生变化，这种变化的程度同环境变异所影响的范围和状况相适应。我们把这种因环境变异而引起的风景景观面貌的变化的相关关系，称为环境对风景影响的制约效应，这是风景环境美学设计中的一个重要理论原则。

从理论上说，任何一个风景区所形成具备的环境条件，当然不会是永远一成不变的，因为整个宇宙、地球(包括人类生活的社会)都是不断运动和变化着的，经历过多次大的和无数次小的变化，且这种变化状态还将从宏观和微观两个方面继续下去。变是绝对的，不变是相对的。究竟这种环境的变异会对风景产生哪些影响的制约效应呢?这是我们需要研究的。

从整体上概括而论，环境变异对风景影响的制约效应，如果以其效果的利弊性之分，可以归纳为良性循环效应和恶性循环效应两大类。所谓良性循环效应，是指环境的变异有利于强化风景景观面貌的效应；反之，由于环境的变异而对风景景观面貌产生破坏、损毁的不良效果，即恶性循环效应。

若按具体反映的不同方式予以分类，常见的制约效应主要体现在以下几个方面：

1. 时空效应

时空效应，是指景物在一定的时间和空间变化的环境条件下所反映予人的不同景观感效。如在不同的时间(有晨景、昼景、暮景、夜景和四季变化景色)、不同的地点(有仰景、俯景、远景、近景和不同水平角度的位移景效)、不同的气候(有晴、雨、阴、云、雾、雪景的变化，以及海市蜃楼、佛光、彩虹等特异气象景观等)、不同的构图或不同的景物相对位置(有对景、借景、衬景、套景等)的情况下，同一景物能够产生出多种不同的景观效果。只有把这些不同的景效综合起来研究评价，才能得到比较完整的景观认识，这也是我们平时接触最普遍的一种常见的环境变异对风景景观影响的制约效应。

2. 谐调效应

谐调效应，是指因环境的变异所引起的景物与环境、景物与景物之间，对原有谐调关系改变后而产生的平衡或不平衡、协调或不协调等不同景观感效。一般地说，在无人为介入和干扰改变的原生自然环境中，各种景物与环境的构成关系原本是天然谐调的；而造成这种环境变异的原因，大多属人为因素所致，并且这种改变的后果往往是人为地破坏了原有环境谐调的平衡性、协调性，导致不应有的逆向负面影响(即不平衡、不协调)。比如：人为地在风景区内开山取石、修建公路、砍伐树木、截流筑坝、劈山建房、密聚人口、污染环境等，这些不当的人为活动迫使原有的环境条件和风景景观发生了变异，而改变了彼此间原有的谐调关系，从而降低甚至丧失了原有风景景观面貌和品质。

3. 生态效应

生态效应，是指由于生态环境系统的变异所引起的风景环境和风景景观的变化。举个显见的例子：林木是风景区重要的生态环境资源和形成条件，它维系着整个风景区范

围内的生态环境系统，不仅发挥着水土保持、调节气候、净化空气、生物多样性、绿化美化环境的重要作用，而且直接形成和制约着多种景观的产生，如溪潭、瀑布、云雾、动植物景观等。如果林木茂盛，就能生成和保护这些景观；反之，若失去它，也就失去上述一切。此外，还有像动物、植物本身的生态环境系统，人和自然之间的生态环境系统等，都能由于这种环境的变异而引起相应的风景环境不同的变化效应。如：20 世纪 70～80 年代，庐山由于大量在山上修筑公路、建房，追求城镇化，对生活环境和自然环境的污染日益加重。据测，山上气温在暑期比过去上升了 3.9℃，著名的仙人洞内“一滴泉”也因附近修建公路而干涸了泉脉源。庐山山南地区也由于过去林木肆意砍伐，使整个风景环境遭到了严重破坏：郁郁葱葱的林海消失了，“日照香炉生紫烟”的景象已成往日的回忆，“飞流直下三千尺，疑是银河落九天”的瀑布壮景也只残留为“银线挂壁”的窘状了，这些都是逆反性生态效应(恶性循环)所引起的必然结果。我们用下图来表示以林木为内核的生态系统与风景景观及环境之间的生态效应关系(图 4)。

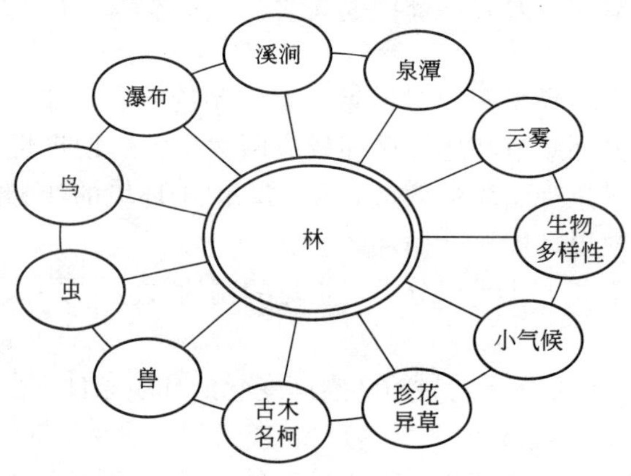

图 4　以林为内核的风景生态效应简图

4. 文化效应

文化效应，通常主要指因人工环境的变异而改变了客观自然或历史环境状况所引起的人文风景景观面貌的变化。在这里，合理的人工环境变异有利于文化效应的提高(正效应)；而不合理的人工环境的变异则可能大大降低原有自然或人文景观的价值，产生出逆反性文化效应(负效应)。一般地说，无论是对于拥有丰富自然景观资源或丰富人文景观资源的风景名胜区，都不宜进行大规模的人工环境的改变，而应当尊重和维护原有的自然与历史环境面貌，使其继续保持它们原有自然与历史环境及其景物景观的真实美和真实价值。对于这一制约效应的具体运用，必须经过深入的调查、缜密的论证和科学的规划设计，切不可轻率做出决策，不然就会弄巧成拙，适得其反。

这里举正反两个不同的例子加以说明：

景德镇是国家历史文化名城，它以悠久而精湛的陶瓷工艺和典型的民居古建为其人文景观的主要特色。为了更突出、集中地反映这一特点，20 世纪 80 年代新辟了一个陶瓷博览区，把传统陶瓷工艺和具有代表性的民居古建汇集一处。由于规划设计合理得体，与自然环境和地形的密切结合上也恰到好处，取得了较好的建筑与环境的整体艺术效果，虽然是一处人造景点，仍然不失它所具有的陶瓷文化展示价值，成为了该市一处有代表性的人工建造景点。

与此相反，庐山著名风景点仙人洞当年入口处的改造工程，由于在此之前修建南山公路选线不当，人为改变了入口处原有的自然环境面貌：一片珍贵浓密的古松林被砍去了，曲径通幽的深邃小径消失了，仙人洞中著名的“一滴泉”也因断了泉脉而干涸了，取而代之的是一个停车场、一大块水泥广场和众多拥塞的零星小摊……于是传为吕洞宾修仙之地的神秘感丧失殆尽，“仙气”顿消，不仅严重破坏了原有风景环境面貌，也大大降低了它应有的历史人文景观价值。

若把上述由于环境变异而对景物景观产生的各种制约效应(尚不是全部)用环链将其连接起来，则可比较形象地表示它们之间的相互影响关系——包括环境变异与所产生的不同制约关系和各不同效应之间的横向内在制约关系(图 5)。

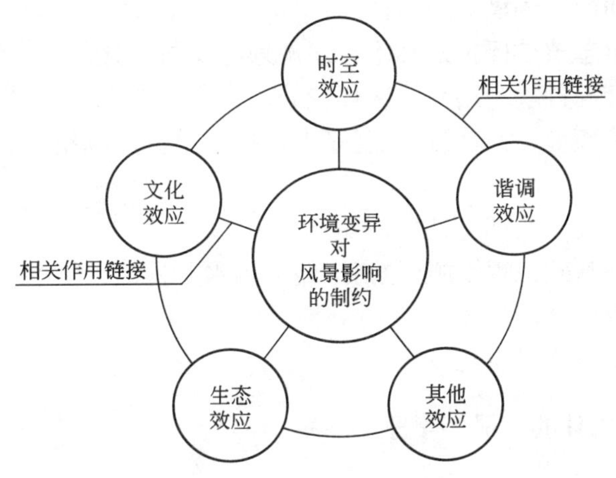

图 5 环境变异对风景影响制约效应关系链图

如果再从上述几种主要的制约效应对于景物变化产生作用的时效速度与密切性程度上加以区别，则又可分为锐变效应(在较短时间内立即发生的效应)、徐变效应(需要较长时间才能逐渐形成的效应)、直接效应(直接相关的效应)和间接效应(通过一定关系的转化而表现的效应)。但无论哪一种效应，大都具有其双重性或多重性。在实际存在中，往往不是某种效应的单一表现，而是以复合状态同时反映出来的。比如，时空效应既可能是锐变效应(如云雾景观的瞬息变化和不同观景点对同一景物所反映的景物景象的变化)，也可能具有徐变效应的表现(如四季景色的变化)；生态效应则同时表现出直接与间接、锐变与徐变等多种不同效应变化(如不当的大量林木砍伐或开山取石而造成的自然景观破坏及其植被与生物多样性的退化)的特点；而谐调效应则可能同时由生态效应、文化效应的产生而引起，等等。

五、风景环境设计的美学原则

(一) 风景环境设计的工作内容

风景环境设计是风景区规划建设中一项重要的工作内容。风景环境设计的范围包含广泛，既包括大的总体环境，也包括小的局部环境。

风景环境设计工作需要有多学科的密切配合，也需要有从规划设计到建设管理等各方面的共同参加。在一定程度上，风景环境设计工作做得如何，将是直接影响风景区建设成败的重要因素之一。

如何运用有关风景美学方面知识来处理解决风景区规划中的风景环境设计问题，不断提高风景区规划设计和建设管理水平，使每一处风景区真正为人们创造一个既有丰富景物内容，又有较高艺术风格的美的风景环境，这是我们风景区规划设计工作者和建设管理者责无旁贷的职责。

风景环境设计涉及的主要内容有：

(1) 风景区总体环境(包括自然环境与人文环境)目标设计；

(2) 风景区各功能区环境组织与协调；

(3) 风景区原生态植被保护及林木景观规划组织与设计；

(4) 各类风景资源科学利用与景物环境处理；

(5) 风景区游览环境(游览路线及观景点选择、游览序列组织、观景游憩与安全设施安排等)组织与设计；

(6) 风景区建筑设计及环境处理；

(7) 风景区各项基础工程设施(包括道路、供水、排污、供电、电信等)环境设计；

(8) 风景区环卫设计；

(9) 风景区导示设施组织与设计。

(二) 风景环境设计的一般美学原则

依据上述提出的相关风景环境设计的工作内容，反映出风景环境设计是风景这整个规划建设中一项不可或缺的基础性专项技术工作，涉及风景区规划的方方面面。虽然这项工作目前尚未在完整意义上明确地开展起来，但我们在进行风景区规划、景点设计、风景区建筑设计各层面、阶段中，实际上都已在不同范围与程度上研究和应用风景美学知识来处理、解决相关风景环境设计问题。

这里提出的有关风景环境设计的一般美学原则，仅作为初步探讨性意见：

1. 要有鲜明的主题性和个性

对于一个风景区的总体环境设计，必须体现出它的鲜明的主题性。所谓主题性，就是指风景区环境设计从构思、表现到效果反应，都应有一个明确的风景主题，并通过这个主题体现出风景区的主要风景特色。如同写文章，主题要突出；亦犹如听音乐，在一部内容丰实、跌宕变化、浑然一体的交响乐曲中，必有一个控制全曲的主旋律。在风景环境设计中同样要有主旋律，这个主旋律亦即风景区的主题。如前文所说，泰山以“雄”为其主体特征，也就是它的主要风景特色及美的主旋律(主题)所在。这样，我们在进行泰山风景环境设计时，就应当围绕着这个主旋律(主题)来做文章，尽可能地充分表现它，突出它，使其予人以更鲜明、完美的形象和感受。如果不是这样，丢掉了这个主题，其结果必然导致降低或损害风景区原有的形象和特色。

这里所说的个性，即是风景区本身所具有的特征。它与主题性是潜脉相通的，是更具体、形象地表现主题的，是形成主题性最重要的客观环境依据；而主题性则正是这种个性特征的高度凝聚和提炼。据此，各个风景区都有着各自不同的主题性和个性，也正是由于各自不同的主题性和个性而形成了相互迥异的景貌特色和风格。对此，我们在对不同风景区进行风景环境设计时，切不可套用某一固定的模式(犹如泰山之雄不同于庐山之雄，桂林漓江山水不同于杭州西湖山水)，必须去努力探索和表现其各自不同的主题性与个性特征。

2. 要充分体现自然山水环境谐调美

一个风景区内的景物景观是丰富多彩的，各以其不同的类型面貌、形态、声韵和色彩自我表现着。由于大自然的造化，它们相互间又总是显得那样和谐与协调。因此风景环境设计的一个基本原则，就是应当尽量维护和体现谐调的山水自然环境本体的自然美，而不是损害它，破坏它。当在风景区内进行少量人工环境建设时(如必要的游览、服务设施)，一定要注意同周围自然环境的融合，切忌搞超脱环境的唯我突出，同青山绿水比高低。这一点，过去往往不太注意，甚至有过误区，一提搞景点建设就要多搞建筑，突出建筑，以为建筑越多越好，体量越大越雄伟，甚至把建筑建在山头上，占据制高点，好让四面八方远远就看得到，以显示该建筑的地位身价。这显然是极为不恰当的，是对原本谐调的风景环境的人为破坏。切记：在风景区大山水面前，任何建筑设施无论何其宏伟，都永远只能是配角、点缀，永远不可与大山大水比高低。

3. 正确汲取我国传统园林技艺

中国园林艺术，是屹立于世界园林艺术之林的绚丽奇葩，有着极高的造诣、巨大的成就和崇高的声誉，被公认为“世界园林之母”，这是我们国家和民族的骄傲。

当然，对于中国传统园林艺术的继承，不是原封不动的沿袭，而是在充分汲取和继承传统精华的同时有创造地发展。中国传统园林艺术中的一些基本理论和造园手法，对于今天的风景区规划建设，指导我们风景环境设计，仍然是重要的基本借鉴。比如，在风景区内建筑物与环境关系处理上，宜隐不宜露，宜小不宜大，宜融合于环境景色之中，而不宜突兀在环境景色之外；在游路设计上，宜曲回变化而不宜荡然坦直、一眼望穿，应体现出游线设计中的景物序列感和游赏情韵节奏感，步移景异，引人入胜，并给游人留有充分体验感受的空间；在景点组织布局上，宜相对均衡，疏密适度，而不宜过于分散或密集，重在形成有机的景群组合与区间联系等等。中国园林最根本的特点是：因景生情，融情于景，情景交融，十分重视景和情的结合处理。这些最基本的造园原理，即使是对于今天来说亦是极为有用的，可以从中得到深刻启迪与教益。诚然，对于国外现代园林中的许多好的理念和经验，例如：注重整体环境的结合，注重先进理念与新技术新材料的应用，注重科学性与趣味性的体现和游览心理的研究与应用，注重视觉效果及形与色的对比变化，注重园林构图及装饰性艺术效果，以及大气而简洁的规划布局等等，也都是值得我们学习与借鉴的。

4. 重视文化历史环境研究

人文景观在风景区全部景观中占有重要地位，人文景观环境设计是整个风景环境设计中具有特殊定位作用的象征与环节。要搞好人文景观环境设计，就必须重视研究它们产生形成的文化历史环境，因为只有了解这种特定的环境条件，才能比较真实地反映出这些景物景观的原有面貌和它的历史文化价值，从而为后人对当时的社会、经济、文化艺术和历史环境的了解与研究提供较为可信的参考比照。历史是不能人为改变的，特别是对于那些有强烈时代背景或人物个性的纪念性人文景观，更要对他们的人物性格、品格、风范、志趣、爱好有所了解和研究。这些珍贵的历史资料，不仅对反映景物原有真实面貌具有重要意义，也能够大大提高所反映的景观的艺术魅力。比如，我国历史上的一些著名人物，他们都有着突出的个性和某种志趣，王羲之好鹅，陶渊明钟菊，欧阳修喜梅，黄庭坚酷爱黄鹂，朱德最赏兰花……因而，我们在处理历史人文景物景观时，就必须密切注意从人文历史的研究中，凝练、复现出符合于当时社会状况和人物个性的环境面貌，而不能以现时代观念或设计者本人的意识、爱好去强加给古人和他人，不然就会扭曲和损害历史人文环境的真实性及其艺术的美学价值。

5. 注重观景环境设计

所谓观景环境，是指游人在风景区内游赏活动过程中所行进的路线及游人与景物间相对环境条件。很显然，能否合理组织好景物景观，科学地设计游览路线，选择好游览路线中的观景点与游览序列等，在景观环境设计中是至关重要的；而在游览路线设计中，最为关键的环节是观景点尤其是最佳观景点的选择。从一定意义上说，观景点选择的好与不好，是游览路线成败的所在。观景点选择好了，游览路线的走向也就大体确定了，而好的游览路线及好的观景点则更能为游人提供最有利的观景空间、位置与角度，从而使游人获得最大的游赏信息量和最好的观赏视觉与效果。在这方面，庐山锦绣谷风景点的开辟为我们提供了较好地处理观景环境设计的成功例子。

6. 尊重和维护原生林木的自然美

林木对于任何类型的风景区，都是极为重要的风景环境条件及其构景的基础要素，也是影响和制约多种自然景观（如瀑溪、潭泉、气象、动植物与生物多样性等）重要的生态元素和具有突出生命特征的绿色自然景观。同时，由于林木具有随气候带、地理分布及高程差异而呈现出地域性（地带性）和不同垂直分布的生长特性，由此而形成了各地域（地带）间丰富的林木类型及其景观特征。特别是对于那些古树名木、珍稀物种及植物群落，尤其应重点保护。这种自然性造就的自然美是最真实和最珍贵的，竭力维护和尊重原生林木的自然美，是我们进行风景环境设计的基本原则之一。

对于那些建立风景区之前属于生产性林区而留下的缺损“斑块”的整治与修复，最好的方式是封山育林，以促使其自然次生林木生长。其次，如必要进行人工植树造林或局部性林相改造更新时，亦必须坚持适地适树的原则，并宜采取群落及多层复植模式，以有助于形成近于自然的林相结构及其生物多样性环境条件。

7. 切实维护风景环境与景物景观原真性

风景区的价值就其本质而言，还在于风景区内的风景环境及其由此而生成的各类景观资源的自然性（自然景观）和历史性（历史人文景观），它们都因其不可再生的原真特性而弥足珍贵，为任何现代人工再造景观所无可比拟和不可替代。

然而，一些风景区在实际开发建设中，为了盲目追求市场需求和短期经济效益，出现大量人工造景、商业经营、城市化建设的倾向，这是值得引起严重关注并应切实防忌的。风景区的人工化、商业化、城市化，必然会造成对风景区原有自然地貌、自然植被、自然环境及生态条件的逆向改变与破坏，最终导致风景区被损毁。这不仅是风景区保护建设的根本方向性问题，也是与风景设计美学原则明显相悖的。

8. 组织多维结构游览体系

所谓多维结构，就是对于由多种资源类型构成的较大规模的综合型风景区，其游览内容与方式一般都不会是单一的，而是由多种不同类型结构共同组成的复合体。运用这个原理，我们在风景环境设计中，应当根据各个风景区不同资源条件，因地制宜地构建起多种不同类型组合的多维结构游览体系；除一般风光游览外，可以结合各种地形、地质、山峦、水域、气候、动植物、村寨民居、民俗风情等具体条件，综合组织开展登山、探险、科考、科普、体育、养生、保健、民俗调查与体验等多种类型游览和考察活动。这种多棱面游览结构之间的相互补充和渗透，能更好地取得丰富内涵、增长知识、健身强体及提高意趣的相得益彰效果，也从中获得身心的全面愉悦，进一步增强对大自然美和人文情感的深切感受。

9. 实行规划的整体环境控制

要充分反映风景环境美的实质并在风景环境处理的各个方面取得协调一致，通过科学规划手段，实行规划(包括总体规划和详细规划)的整体环境控制，是搞好风景环境设计的总关口。

因为一个风景区在编制规划过程中，对该风景区的各种资源条件和环境状况，都经过了比较全面、深入的调查和分析，对如何在整体上反映和表现风景区的环境面貌(包括景观面貌)，都有一个总的构想与思路，并在此基础上对各不同景区、景点和主要景物景观都大体上提出了比较明确的规划原则和要求，从而为风景区环境设计提供了规划的基础依据。同时，在风景区总体规划及各风景点详细规划中，对所规划范围内各种不同功能用地(如游览区、接待区、管理区、自然生态抚育区等)都作了比较合理的布局，这种布局也正是以各个不同用地区段的环境条件为其基础的，一般基本上能够有效地组织和反映风景环境的整体协调与统一。

这里需特别提一下风景区容量问题。看起来，这是个规划问题，但实质是个环境问题，也是个如何通过容量控制来更完善地表现风景区环境美的问题。我们认为，任何一个风景区的容量都是有一定限度的，而不是无限度的。在影响风景区容量的各个不同因素(诸如生态环境、交通、供水、供电、接待服务条件等)中，尤以环境容量为制约其他各个因素的主导因素，因为环境容量(即瞬时环境允许游人承载能力)是自然客观存在的，在常态下应为一个定量，是不能随意改变增加的，即使其他因素条件通过人为努力能够达到改善或满足情况下，但仍然为环境容量所不允许。如果让环境强行承受着超负荷的容量压力，必然会造成环境的污染和环境质量的下降，甚至导致整个生态平衡的破坏。可以设想，如若到处是人满为患、车水马龙、污水横流、垃圾遍地、房屋鳞次栉比，又岂有优美的风景环境可言，又怎能让人们愉悦地去欣赏和体验大自然的美感？所以，容量的核心问题就是生态环境问题，而对于感受者游览心理的直觉反映，就是能否增强而不是削弱或损害人们对于自然美的感受印象与感知程度。

可见，风景环境设计不应孤立地进行，而须融入风景区各个层面、阶段的规划设计工作之中，做到风景区规划与风景环境设计两者的有机结合。

六、应用实例分析

实例 1：庐山锦绣谷观景序列规划设计❶

1. 风景点环境概况

锦绣谷是庐山 1980 年开辟的一处游览景点，它位于牯岭西 2.5 公里，东起天桥，西至仙人洞，东北—西南走向，全长约 2 公里，横跨山上环山公路可与如琴湖、花径等游览景点连接，并同电站大坝、三宝树、黄龙潭、乌龙潭等景点串成一线，是庐山上游人汇聚的热线景点。

锦绣谷断崖峭突，奇峰错落，怪石嶙峋，常年乱云飞渡，四季山花烂漫。这条游览线实际上是探觅深壑秀谷的傍崖石磴游览道，时起时伏，时隐时现，远可眺峰峦壮景，近可俯峡谷险壑，沿峡谷两旁山崖，奇花异卉遍布，主要有庐山瑞香、牯岭玉兰、春夏杜鹃等，而尤其以庐山瑞香最为著名。李时珍于《本草纲目》中写道："瑞香产庐山，原名睡香。相传古代一僧人昼寝岩下，梦中但闻异香酷烈，觉而寻之，故名。后人以为瑞祥之征，改名瑞香。"王安石曾作《锦绣谷》诗赞咏："还家一笑即芳晨，好与名山做主人，邂逅五湖乘兴往，相邀锦绣谷中春。"谷底中有昔时从东林寺拾阶而上的登山古道，沿路道险景奇石刻遍布，俗唤"九十九盘"，历史上这里亦曾是名噪一时的探胜之地。只是昔时锦绣谷这段游路并不相通，东断天桥而辄止，西截仙人洞而辍步，使这中段大部分谷中景色长久地不能为人所觅。

2. 观景序列设计

锦绣谷游道的开辟付出了一番匠心和艰辛，在全长两千多米游道上，迂回数十转，或急或停，或屏或旷，或高或低，或危或安，或张或弛，或疑或朗，步移景异，情趣迥然，游后不觉心荡神飞，流连忘返。在沿途观景点设计中，十分注意磴道的起伏地势、转拐角度，以及与观赏景物间相对时空环境变化关系的密切结合，力求做到情景相切，融合一体。为了反映出整个游览过程中跌宕起伏的韵律节奏感，设计中将游路组织为五个不同节奏变化的观景序列(图 6)：

(1) 序曲：从御碑亭、蟾蜍石、石松、佛手岩(俗名仙人洞，又因洞中祀奉有吕洞宾塑像，亦名纯阳殿、老君殿)，一路漫步，这里壑深千丈、林密竹茂，以周颠仙、吕洞宾的故事为人文主线，充满着神话色彩，而"乱云飞渡"则是这里代表性的自然景观，游人在情绪上触景生情，宛如飘逸"仙境"而始入"角色"。

(2) 诱展：由仙人洞继经观妙亭、竹林隐寺、访仙亭、游仙石、梵音泉至石洞，游路长约三百米。这段山崖小路，谷狭壑深，视线迷蒙，虚实难辨，"竹林隐寺"有竹无寺，取其环境意境而不可寻也；谷中湍涧，巨声轰鸣，可闻而不可见也。游人在此段内的感觉是以悠然自怡为主，亦可能出现短暂的疑惑状态，但这短时的疑惑正好给人以究疑思解、诱人深入的时空，也预示着继续前行中一个新的景致意境的到来。

(3) 渐高潮：由石洞至锦绣门段，游路长约 400 米，该段内游人情绪随观景环境

❶ 本例撰写参考资料：《庐山新区开发》(丁文魁、曹孝刿)，1982 年。

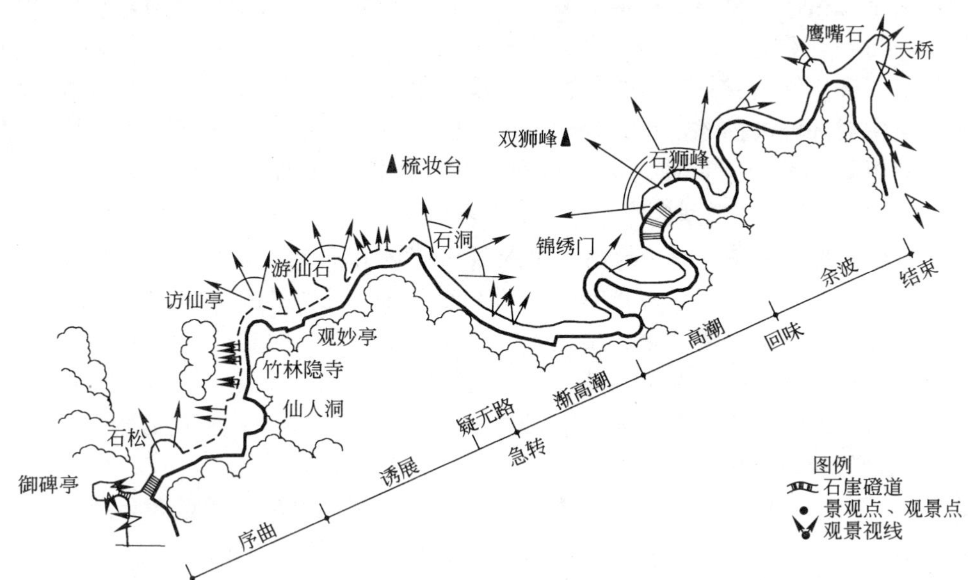

图 6　庐山锦绣谷观景序列及视线分析图

的急剧更易而不断变化，构成全程游路上的渐高潮。当游人行至石洞前，未达洞门而先见一壁断崖高耸矗立，将路斩断，正是“疑无路”时，却又穿洞而过，想象不到竟然展现给游人的是扑面而来的气势磅礴的高峡大谷，不禁令人惊愕！视野豁然开朗，雄怪诡异的不同景状尽收眼底，较为成功地展现出“洞天石扉、訇然中开”的神奇意境。在这里，还可仰望“观音梳妆台”、“双狮戏球”等鬼斧神雕般的异峰石景，远俯壑外山下一马平川的葱绿原野，而近观巉岩四壁竟是群芳斗妍的山花锦簇，使游人真切地获得大自然美的感受。

（4）高潮：过锦绣门至石狮峰段，长约三百米。此处游路迂回曲转，起伏多变，崖陡险峭，危石林立，被称之为“鸟道”，展现出一幅“百步九折穿岩峦，千岩万转路不空，连峰去天不盈尺，枯松倒挂倚绝壁”的峻奇景境画面，主要景物有：人头石、莲花缀谷、小佛手岩等，亦可回首顾盼梳妆台、双狮峰远景，取得不同角度的观赏景效。然后继以越石磴，攀云梯，直登石狮峰顶，顿时视野豁然旷达，即见“顷刻变天随云烟”，眼前一片轻雾弥漫，足下万顷云浪翻涌，只觉“身齐飞鸟上，履浮生云处”，真有飘飘欲仙之态，但霎时又云散雾消，依旧是一望苍翠欲滴的锦绣河山，游人在这里伫立遐思，心绪澎湃，酣畅淋漓地获得最大程度的美的感受量。

（5）余波：绕崖下离石狮峰，过鹰嘴石至天桥，然后循出口上公路结束全程，该段游路长约 600～700 米。在此游人余兴未尽，一路漫步轻歌，一面回味无穷，游路至终恰有金龙卧涧作桥相救朱元璋的“天桥”故事，作为全程游览的尾声，人们在情绪上亦感到完美地落下帷幕。

3. 主要处理手法

锦绣谷游览线观景环境设计中主要采用了以下处理手法：

（1）借喻名诗，启迪构思。我国古典文学艺术宝库中，珍藏着无数以自然山水为题材的名篇佳作，这些佳作充满和洋溢着以诗写景、以诗抒怀的生动刻画，极尽情趣之酣畅，文字之精辟，意蕴之高深。因此，我们在风景环境规划设计时，可以借鉴这些佳作绝句得到有益的启迪，努力去创作和表现各种意境，以取得设计与环境的融合效果。如为了突出锦绣谷景观险峻诡特的意境，借取了李白《蜀道难》与《梦游天姥吟留别》诗中对环境的描述，在设计构思中充分考虑和显现了“鸟道”、“天梯”、“石栈”等自然置景环境要素，使之力求达到“百步九折穿崖峦”，“千岩万转路不空”，“连峰去天不盈尺”，“枯松倒挂倚绝壁”的意境效果。

(2) 紧扣主题，循循善诱。任何一个风景区或风景点游览环境设计，包括景物景观组织，游路安排，最佳观景点选择等，必须首先要有一个明确的主题构思，再围绕着这个主题去表现它的环境效果，要善于对游人作出无形的但是有意识的组织和引导，才能保证游览过程的序列性及节奏感，从而提高游赏效果。不然，任其漫山遍野地去“信天游”，就必然会出现盲目、紊乱、破碎和陷于疲惫，却不知所观的窘状，从而大大削弱了风景的价值和游览效果。

锦绣谷游览的主题(主景)就是“秀谷之春”——春天的锦绣谷最美，此时瑞香吐芳，杜鹃遍崖，百花怒放，争奇斗妍，满谷春色画景；“幽谷之奇”——这里壑深涧清，峰奇崖峭，怪石嶙峋，千回百转，深邃而幽险，如梦如幻，充满迷蒙与神异。锦绣谷游路的精心选线和五个不同节奏游览序列的安排，就是基于对这个主题的展现来进行规划设计的。

(3) 力求变化，以变入胜。为使游览者自始至终以饱满的情绪游完路线的全程，就必须在游路组景设计中力求多变，做到步移景异，才能渐次深进，引人入胜。“变”的一般原则是力度要大，对比要强，手法要鲜，立意要新，对变化产生的意境差异要强烈，这样才能取得游人对风景及其环境尽可能大的感受量。比如，我们为求其变化，往往采取以隔求深，以曲求变，以隐求现，以导求通，以暗求明，以高求远，以抑求扬，以静求动，以险求奇，以收求放等等手法，以达到丰富多彩，引人入胜的目的。

实例 2：庐山秀峰观景环境设计中的美学应用

1. 秀峰风景环境特征及总体设计思路

秀峰为庐山风景名胜区著名风景点，位于庐山东南麓，面濒鄱阳湖，背倚双剑峰，地势雄展，峭壁如削，壑深谷幽，林密泉清，文物荟萃，尤以巨潭奇瀑为其主要风景特色。

在规划设计时，我们密切注意到秀峰风景环境中两个突出的特点：以地处秀峰心脏部位的龙潭为结合部，它的东区是以“第一山”摩崖为中轴线的人文景观区，主要景物景观有：秀峰寺遗址、观音像石碑、李璟读书台，以及黄庭坚、颜真卿手书碑等。这里浓荫蔽日，曲径通幽，是以静观景物为主的游览区。而龙潭以西，峰丛耸立，危岩峻峭，地势雄险，壑涧湍流，瀑潭连叠，视野旷达，气势恢弘。由龙潭逆水而上，主要景物有：鹤鸣峰、行龟峰、文殊峰、香炉峰、双剑峰、黄岩瀑等。这里的景物和环境意境同东区迥然不同，东区以漫步静观为主，西区则以登高远眺为主，作为两区缓冲过渡结合部的龙潭，正好把两种环境和意境融于一体。据此，我们在规划设计时充分发挥了这一风景及其环境特点，力求达到动中有静，静中有动，动静结合，丰富游览观赏的情趣，创造具有强烈对比力度的观景环境和意境，以增强人们对整个风景环境美的感受。

2. 观景环境设计

我们在实地全面踏勘和视觉体验的基础上，根据具体地形、视点、视角和远近距离等观景环境条件，组织设计了多种不同的观赏手段与方式，形成一个多维空间的游览结构体系(图 7)：

(1) 远眺以诱景欲。秀峰自然景观的两大特色是：峰雄、水秀。“双剑崭崭众峰间”(双剑峰)，峻姿最雄；“日照香炉生紫烟”(香炉峰)，意境缥缈；“翠黛云鬟绝世雄”(姊妹峰)，体态最媚；“飞流直下三千尺，疑是银河落九天”(黄岩瀑布)，浩气最壮……这些雄峰、飞瀑都是秀峰瞩目的远眺景色。选择好适当的观景位置(最佳观景点)，则可以极大地诱发游人深入景区内探景的强烈欲望。

(2) 高瞩以展气度。秀峰有利的地形地貌，为登高观景提供了优越环境条件，如豁然亭、挹秀亭、文殊峰顶、九天阁均位于不同纵深的地势高度，且一步步渐次升高(其中以黄岩瀑顶九天阁最高)。立于这些观景点上，正面展示的是鄱阳湖天水一色的浩淼水光及南康古镇的城貌全景；背面是巍峨的群峰、湍流的碧溪和飞泻的瀑布，使人们油然产生“江山如此多娇”的无限赞叹！

(3) 近观壮人心魄。瀑布景色，既可远眺亦可近观，予人的感受是不一样的：远眺令人想象与神往，近观则身临其境而动人心魄。黄岩瀑布底就是近观瀑布的好位置，人们在这里与瀑布相对咫尺，仰视时只见飞瀑从天倾泻，高不可测，平视如玉帘屏幕，透而不隔。巨大的瀑水激石形成的轰鸣声在深谷中如雷贯耳，雪莲般水花千姿百态，清凉的谷风扑面而来，全身笼罩在水雾云气之中，使人们欢腾跳跃，心理上得到最大的满足。

(4) 隔视引人深入。如果在游览过程中，营造一种可望而不可速达，可闻而不可即现的环境氛围，隔而不断，时隐时现，就能取得步步善诱、引人入胜的效果，使游人自然地滋生“不到长城非好汉”、“不见真佛不回头”的强烈进取之情。规划中这条逆水而上、迂回曲折、渐行渐高的峡谷游览线就是取意于这种构思开辟的。

(5) 突变强化意识。通常人们通过一段相对稳定的游览方式之后，如果突然改变一下观景环境或游览方式，会在精神上感到一种新的亢奋，获得新的情趣感受，从而达到强化意境、深化景象的效果。豁然亭、天梯就是根据这种游览心理的需要而设计的。在东区和沿青玉峡谷游览线中，一般视野、视线比较封闭，但到达豁然亭和天梯顶部时，顿觉视野旷达无阻，画面深远舒展，心境也豁然开朗，使人们获得一种情趣瞬变的奇妙感和欢悦感，提高了游览观赏效果。

(6) 静赏耐人寻味。风景的观赏动静相宜，各有其不同韵味，动则热烈、奔放，静则深蕴、细腻。所以，在大范围或强运动量的动态游览之中，间置些局部静态游览的内容，更能让人于细微中品尝出静态景物的奥妙和韵味。龙潭漱玉亭、听涛亭、廊桥、秀峰碑、聪明泉、观音像石碑以及秀园观景区等，都属于此类观景点。

(7) 组织和发挥多维时空综合应用的艺术效果。任何一个风景环境的构成，都是以多维结构的本质来体现的，包括：地形的构成，距离的远近，景物的大小，形态的变异，时间的更易，气象的变幻，视点的高低以及景物、游人与环境相对位置的变化，等等。我们在规划设计的美学应用中，务须打开思路，利用一切可资利用的多维结构环境优势，尽可能创造与提供相应的风景观赏条件，使其取得最佳的综合艺术效果。

据此，在秀峰观景环境组织设计中，以上美学理念和手法均得到了较好的综合应用，并力求达到最佳风景观赏效果。比如：入口前区李白诗碑和太白楼(茶楼)的选址，主要运用了(1)、(6)设计手法，这里是远眺黄岩瀑布(即李白诗中所指“庐山瀑布”)和香炉峰、双剑峰的最佳观景位置；青玉峡谷游览步道，则巧妙地运用了(1)、(3)、(4)、(7)设计手法，随着步道迂回曲折及周围景观环境由于观景者的位置、角度及峡谷形成的不同时空、光影等主、客观影响因素的不断变化，使整条游线序列在行进中达到了“步移景异”的效果；而龙潭—文殊峰登山游步道的设计，更突出地综合运用了(1)、(2)、(5)、(7)诸手法，紧密与登山地形和周围视野所及更大范围风景环境(如群峰背景、大峡谷、瀑布、溪潭、鄱阳湖、村庄、阡陌、田畴等)相结合，还在这条步道登山游线上精心安排了12处景观点及观景点，极大地拓展、丰富了游赏视域范围和景观内容，也进一步完善了秀峰西区双向环形游路系统，有效疏解了作为“心脏”部位的龙潭过于集中的游人所产生的容量负荷压力，取得了“一石三鸟”的功效。

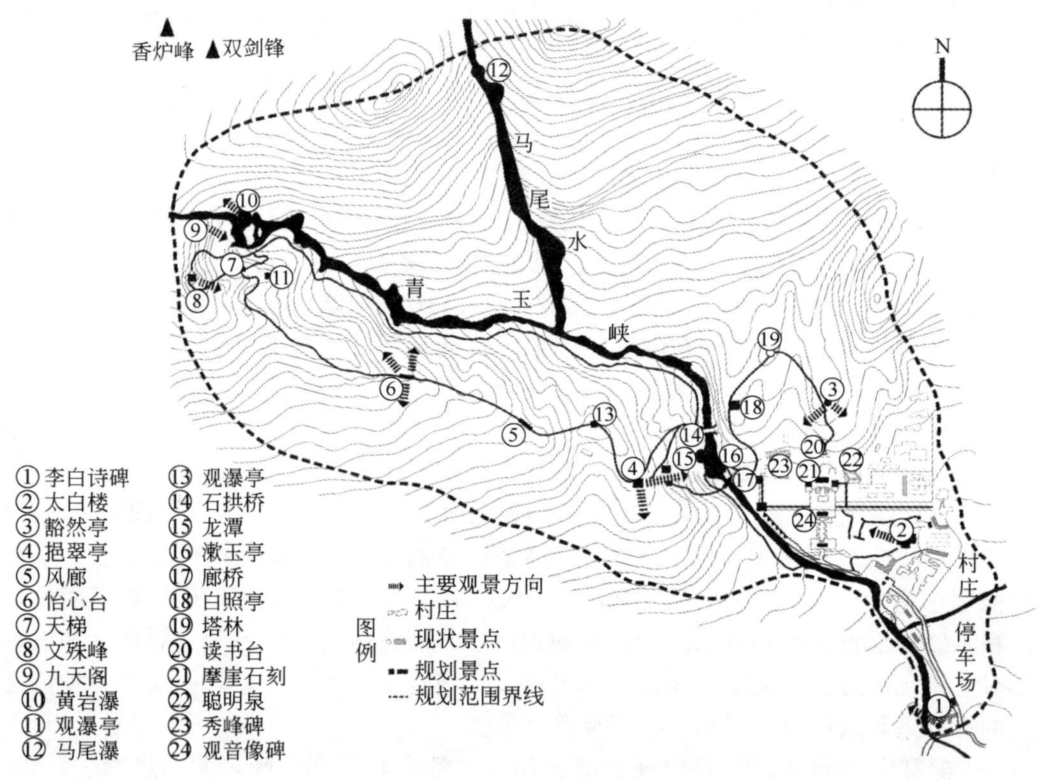

图7 庐山秀峰观景环境规划设计图

【本文是早年(1987年)应武汉建筑师培训中心之邀为编写《城市建设美学》教材之一而撰写的讲义。原讲稿题为“风景美学与规划”，共分六讲，此次出版将文题改为“风景美学基础”，六讲结构整合为本文中的六个主要分节，基本内容依然，文字量稍有减缩】

求 索 篇

论当前风景区建设的一种动向

《城市规划汇刊》原编者按：国家风景名胜区的自然景观和人文景观要严格保护，不准在风景区内建设与风景名胜无关的建筑物，要严格执行规划，不准乱占乱建。以上这些都是中央三令五申，多次指出的。目前一些地方要把风景名胜区变成现代大型游乐中心或经济交易中心，不惜破坏宝贵的风景资源。文中提到的庐山种种情况，目前在其他风景区也有发生。刊登本文，希望在认识上引起重视。

（一）要珍重我国民族文化传统

我国幅员辽阔，民族众多，历史悠久，具有世界上最古老璀璨的文化，各类风景资源都极为丰富。万里长城、千里运河、泰岱五岳，被誉为中华民族的象征；北京、西安、南京故都古建，敦煌、龙门石窟，秦始皇陵兵马俑等，是我们民族文化的精粹；还有秀丽的江南水色，雄奇的北国风光和茫茫的草原，无际的漠州，浩瀚的森林，皑皑的雪山，以及由各民族不同文化组成的绚丽多彩的社会人文，都是我国极为宝贵的自然和人文风景资源。这些风景资源在祖国大地上孕成，受几千年中华民族文化的哺育、熏陶和演绎，具有十分鲜明的民族传统特色。正如中国的绘画，中国的造园艺术，中国的建筑风格等，都反映出我们国家和民族独特的工艺水平与艺术风格；而中国的风景名胜除其自身不同的自然景观特点外，一个突出的特征就是大多与国家和民族的历史文化及其发展有着甚为密切的渊源联系。比如我国许多著名风景区，往往既是风景名山或名城，又是历史文化的名山或名城。这种中国山水风景同社会人文风景相结合、共辉映的特点，正是我国不同于外国的风景总体构成关系与优势。这就是我们的民族文化传统，我们的国情。同样的道理，世界各地风景区或游览地，由于彼此不同的自然和社会环境因素，也都构成了自己特有的风景特色，如埃及的金字塔，威尼斯的水上城市，日本的富士山风光等；即使是在一个国家内，也因不同地区间自然和社会条件的差异性，产生出彼此迥然的特点与风格——这正是景观真正价值之所在，风景区生命力之所在。

应当承认，现代旅游相对古时骚人墨客探幽览胜尚有较大的进化，诸如旅游的对象、规模、组织方式、游览内容及游人心理要求等都不尽相同，特别是作为一项大规模计划发展的社会经济事业，这是旷古未有的。如何组织好处理好开展现代旅游所需要解决的一系列建设和管理工作中的各种实际问题，则是我们进行风景区规划的目的与任务。但在其规划思想和处理手法上极为重要的一点，就是必须把握我们国家和民族的脉搏，珍重我们悠久的文化历史传统，以此作为指导我们规划工作的基本原则。

必须指出的是，应当将风景名胜区同那种纯娱乐性的游艺场、游乐中心等区别开来，这是两个不能混淆的概念：前者是一个国家或地区一定客观自然与社会文化历史的典型反映；而后者则没有必然的民族与地理的差别，是一种现代城市化的文化娱乐设施，不具有风景名胜区所体现的珍贵景观价值和文化历史价值。在这里，我们并不一概地反对在风景名胜区内适当地开展现代游乐活动，其问题的焦点在于不可无视我国民族传统的文化历史特点，置具体对象、环境条件于不顾，动辄就盲目大搞所谓现代化游乐设施，这是值得认真研究的。

现以庐山为例，它本是一座具有两千多年悠久历史文化的风景名山，它的开拓发展同我国南方文化活动，尤其是以道教和佛教为主的宗教文化活动，有着十分密切的渊源联系。庐山是我国南方主要佛教活动中心之一，最盛时有各种寺庙达四百余座，历代名人络绎不绝，文物古迹遍布全山，至今仍存有诗咏题刻四千余篇，在我国民族文化史上占有自己的地位。近百年来，庐山逐渐对外开放，它成为闻名中外的游览和避暑胜地，这是特定的社会历史环境形成的必然结果。近几年，庐山又转为以旅游为主的风景名胜区，风景游览事业有了更加迅速的发展。虽然在使用功能上不断扩大变化，但并不能改变它得以形成发展的社会文化和历史基础，而应当更加重视和依据这一历史基础，以其璀璨的人文景观和秀美的自然景观为现代旅游服务；绝不能试图改变这种基础，硬要将一座文化的、历史的庐山，改造成为一个所谓大型的现代化游乐场所，或者变成一个对外经济交易活动中心，这都是极为不适当的。不能设想：庐山如此，武夷山也如此，杭州西湖、北京颐和园、承德避暑山庄亦均如此，或者泰山、华山不以其雄、险取胜，黄山、峨眉山不以其奇、秀闻名，都用所谓现代化游乐设施充塞其间，那还有什么民族文化传统风格，又有何中国风景名胜可言?

当然，对于外来的一些好的东西(比如他们重视环境保护，讲究服务质量，狠抓经营管理等方面的经验)，我们是应当虚心学习汲取的。但不可不加鉴别地生搬硬套，要因地因景制宜。像庐山这样一个较大型的风景名胜区，它的规划范围包括庐山及九江市、星子、九江、湖口、彭泽等四县一市有关景点在内，面积约 302 平方公里，区域广大，资源丰富，旅游发展的潜力是很大的。只要在珍重庐山历史文化传统和自然山水风景特点的前提下，充分利用它优异的地理环境与风景资源条件，大力开展多种形式和内容的游览活动也是完全必要与可能的。如在九江市区或郊区适当建立一些必要的现代游乐设施，利用鄱阳湖的广阔水面开展丰富多彩的水上游览项目，以及结合地形、气象、植物、地质等自然地理条件，组织登山、勘察、采集等科学游览活动等。只要规划安排合理，游览组织得当，就能取得众彩争辉、相得益彰的和谐协调的效果，满足不同人群的爱好和情趣。

(二) 风景资源开发利用的限度

同世界其他国家相比，我国蕴含着最丰富的风景名胜资源，从这种意义上说，真可谓取之不尽，用之不竭。但就风景资源的实际使用能效，或就某一风景区可能拥有的资源储备，对其开发利用都是有一定限度的，受到各种自然和环境因素的制约。

在这里，起决定作用的是容量问题。这里所说的容量，是指一个总的容量概念，它包括的影响因素也是多方面的。比如：游览容量由各风景区或风景点可供游览的面积来确定，交通容量受不同交通条件制约，接待容量则取决于供水、供电、床位规模以及生活物资供应能力等各项基础设施状况，环境容量则主要考虑上述诸影响因素对自然生态环境所产生的相互效益关系，等等。在这些共同影响总容量问题的诸因素中，又以环境容量为首要的、对其他诸因素起制约作用的主导因素。而所有这些，都不是可以任意发展的，否则就有可能最后导致对风景资源的破坏和对整个自然生态环境的破坏。

在这方面，庐山过去是有不少深刻教训的。如由于前些年无控制地砍伐林木，开山炸石，修路建房，兴办工业，一味追求收益而不注重环境保护，其结果造成了水土流失，水系水质污损，小气候异变，动植物物种萎迁等严重后果，以致著名的“一滴泉”枯竭了，享誉古今的秀峰庐山瀑布水量大减，石门涧瀑布也截了流，碧溪变成了臭水沟，垃圾污物比比皆是，房屋建筑鳞次栉比，烟尘四处飘落，城市化日趋严重，甚至连庐山南麓鄱阳湖畔东牯山的花岗石也不能幸免，被大规模开采当作生财之门的商品出卖国外，把自古享有“庐山之美在山南，山南之美数秀峰”的秀峰风景点弄得四周环境一片满目疮痍，怎不令人痛心！现在又计划在山上修建缆车索道，开辟大型游乐中心、经济交易中心，这岂不无异于毁了庐山。如果说庐山过去由于没有一个全面完整的规划，难免造成一些工作上的失误，那么现在已经有了规划，就应当严格执行规划的原则和要求，按照科学规律办事。

解决庐山(重点在山上)的容量和环境问题，重要的途径就是要合理调整整个风景名胜区的景点与游览布局，打破“小庐山”(通常仅指山上)的旧观念，确立包括302平方公里规划保护范围以及鄱阳湖广阔水上游览面积在内的“大庐山”新体系，充分利用山上、山下各类风景资源条件，改变以往由于游览接待过分集中山上而造成饱和或超负荷容量的平衡失调状态，以开创全区游览事业发展的新局面，也是对整个风景环境实行有效保护的一条根本措施。

由此可见，对一切风景资源的开发利用和旅游经营的组织，都必须依存于客观环境并受其制约，即随客观环境的变异程度而表现出从量变到质变的自然规律性，且只有在科学合理的利用条件下，才能发挥出最大的风景环境价值，从而取得社会效益、环境效益和经济效益的综合协调统一。这也应当作为指导我们进行风景区规划、建设与经营管理的一条必须遵循的基本原则。

(三) 规划必须具有法规地位

如同城市建设一样，风景区的保护开发和建设管理，都需要有一个总体规划及其实现总体规划的各种详细规划和设计，用以明确一个时期内的发展方向、目标、任务、步骤和方法，并且这个规划一经正式确定和批准，就应当成为法规性依据，具有不容违反的法律效力。简言之，即规划必须具有法规地位，这是十分浅显而明确的道理。但要真正执行好，却并不是件容易的事，这里仅简单谈谈两个方面的问题。

比如，规划的编制，本应当具有明确的技术责任界限。因为规划的编制工作，是一项科学性、技术性和政策性很强的综合性研究工作，涉及自然与社会科学的多种领域，只有领导同科技人员密切相结合，充分尊重科学，尊重知识，信任从事这项实际工作的广大科技人员，才能较好地完成规划的编制工作。但在实际工作中可能往往不是这样，因为有些领导同志仍只习惯于“领导说，群众做”的传统思维，习惯于用行政管理的办法来管理科学，即规划人员只能听命于领导的指示、意见，却没有应有的工作主观能动性和必要的技术决定权，不能充分发挥他们智能，束缚了他们的手脚，如同一部任人摆布的绘图机器。当然，对于领导同志的指示、意见，是应当尊重的，他们有丰富的领导工作经验，有较高水平的分析问题的卓识远见，对许多重大原则问题起着帷幄全局的决策作用。问题的实质在于两者密切有效的结合，共同发挥作用，而不可偏废其一。这是规划工作如何正确实行立法和依法执行的一个重要方面。

规划的执行亦是如此，而且从一定意义上来说，它较之规划的编制恐怕更要艰难得多。在这里，直接表现的根本一点就是法与权的矛盾关系问题。我们的观点是坚持依法执行，权必须循法、护法。一经上级批准的规划就是一项专门的法令、法规，人皆共循之，是不能因人而异或者随便任意改变的。这里还包含一个执行规划的延续性问题，即不能由于制定或执行规划的人员变动而影响规划本身始终如一的法律效力，同时也要克服那种置规划于不顾任其另搞一套的以权代法的不正倾向，坚决改变过去只把规划当作“嘴上哇哇，纸上画画，墙上挂挂”的装潢门面的庸俗做法。在这方面的实例教训恐怕也不为庐山所独有，看来具有相当的普遍性。

为了维护规划应有的严肃性和法律效力，确保规划的顺利贯彻执行，对现行的规划管理办法亦须实行必要的有效改革。如同城市规划一样，风景区的规划从编制执行到检查管理，除其业务主管部门外，都需要社会各有关部门的共同参加，共同承担义务，共同接受规划原则和法律制约，具有广泛的社会性。因此，从实际需要出发，可以考虑建立一个由业务主管部门牵头主持的，包括同级政府和相应各有关部门，同时聘请部分专家、学者共同参加组成的规划建设管理委员会。这个委员会拥有相应的权威性，它既是一个对重大原则问题实行决策的机构，又是执行管理规划的监督机构，也是调动和制约各方面共同工作的协调机构。委员会内部则实行总工程师技术负责制，具体主持规划的实施和处理日常规划、设计等技术工作。对于较大原则性问题应提交委员会研究决策，重大问题则应由规划主管部门报请上级原规划批准机关审查同意后方能实施。风景区的规划、建设和经营管理，应按国务院规定，统一归口由城市建设园林部门负责主管，便于上下对口，落实责任，统一领导。这也是一项实行风景区规划立法与依法执行的重要组织保证。

【本文为出席中国园林学会风景名胜学术委员会 1986 年年会(张家界)交流论文，先后刊于《城市规划汇刊》1985 年第 5 期，《中国市容报》1986 年 2 月 16 日第三版】

江西省风景名胜资源总体开发评估系统研究方法

1985年7月，我们接受了江西省科委下达的省一级科研课题《江西省风景名胜资源评价及旅游开发前景预测》的研究项目。该课题研究目的，旨在通过对全省风景资源作出科学调研、分析、论证和总体评价的基础上，提出江西省今后5～15年风景旅游开发战略部署和发展前景预测，为合理编制江西省“七五”经济发展规划和科技发展规划，提供必要的科学决策依据。对于这样一个从全省战略研究为目标的大课题，我们还是第一次。究竟应采取怎样的研究思想、观点、方法和步骤？对此，我们在缺乏外地同类项目可供借鉴的情况下，只能在实践中自行摸索，力求走出一条路子。本文拟就该课题开展研究的战略观点、系统方法、主要成果等方面，谈谈我们的一些粗浅认识和做法。其谬论之处，恳祈有关从事风景区规划与旅游理论研究和实践工作的专家们，赐予教正。

（一）问题的提出

旅游业作为我国一项新兴的文化经济事业，尽管起步较晚，目前发展水平比较低，但其发展势头却足已显示出它的强大生命力，预示着极为广阔的前景。1981年，国务院发出38号文件，在全国范围内部署开展了风景名胜资源调查与评价工作；1982年，国务院批准公布了我国第一批44处重点风景名胜区名单，这无疑是促进我国风景名胜区建设和旅游事业发展开创历史新局面的一个重大转折。江西庐山和井冈山均列为国家重点风景名胜区，我们先后于1982年底和1984年7月，分别完成了这两个风景名胜区总体规划的编制工作。与此同时，全省范围的风景资源普查工作不断推向更为广泛深入的开展阶段，各地开拓旅游事业的积极性日趋高涨。在这种发展形势下，如何恰当地评估江西省风景名胜资源条件和旅游业发展前景，正确提出今后一个时期内江西省风景旅游发展的战略目标和总体设想，并进而合理地制定江西中长期旅游发展规划，就成为我们面临的一个颇感紧迫的任务。

但另一方面，由于形势发展得如此迅速，以致许多重大问题还来不及解决。比如：江西风景名胜资源的总体状况、主要特色与地方优势是什么？江西旅游业发展在全国所处战略地位如何？怎样才能建设具有江西地方特色的风景名胜区及其旅游事业？如何从全局合理统筹安排江西风景区及旅游发展的总体部署？特别是鉴于庐山近几年来建设中出现的一系列由于不执行贯彻总体规划而导致对风景资源和环境破坏的种种严重情况，令人担忧地提出了庐山究竟应遵循什么样的发展方向建设等问题。对此，中共中央、国务院曾先后两次专门发文，严令制止其乱建房屋之风，但收效甚微，至今仍有继续蔓延之势。

凡此种种，针对上述情况，我们深感极有必要确立起从宏观控制到微观掌握这一系统战略思想，并运用科学的方法，从研究全省总体角度入手，由全局至局部，由浅入深地把握其发展规律性，从而获得正确认识和解决这些问题的科学途径。这对于江西风景区建设事业和旅游发展，具有重要意义。这就是我们开展本课题研究的立题依据和目的。

（二）大系统工程宏观控制观点的确立

任何一个风景区的开发、建设和发展，都不是孤立地存在着；而必然地同它所处的地域环境及其文化经济状态有着极为密切的内在联系。这种联系性，有时表现为较小范围的一定地区性，有时则表现为更加广泛的区域性(一个省或几个省)。因此，我们在作出某个风景区开发建设规划或某个地区旅游发展规划时，不仅仅要看到该风景区所具备的资源条件及其各项开发基础条件，更重要的是应当着重研究它的开发、发展受到本地区(或本区域)的哪些经济社会条件的制约？反过来又将对本地区(或本区域)经济社会发展产生什么影响？从而才能正确地评估制定正确的部署，采取恰当的方法和步骤。由此可见，一个风景区的建设发展如此，一个省或一个区域性的全局目标更是如此。据此，我们认为：在制定一个风景区，一个地区、一个省乃至跨省区域性风景区域旅游发展规划时，首先必须确立起宏观的基本战略思想，把它们看作是一个范围程度不同的系统工程。只有把握住宏观控制，才能真正做到微观掌握，实现科学管理，从而避免其盲目性。

1. 风景规划工作本身的多学科综合性

众所周知，风景规划工作本身所提出的多学科专业要求是十分突出的。它所涉猎的知识和专业领域极为广泛，诸如：园林、建筑、地理、历史、生物、气象、环境、生态、美学、哲学、经济学、社会学等，都在不同程度上有渗透和应用。当然，我们不可能要求从事风景规划工作的同志，对上述这么多学科领域的知识，都能全面精通；而应当在尽可能博学的同时，需要有多种学科专业人员的广泛合作。更重要的是，为使这些专业共同发挥出较好的综合效用，我们不能存有任何片面的认识，而必须善于运用系统工程的综合分析方法，才能取得科学合理的最佳方案。

2. 风景区事业发展的广泛社会性

风景区事业的发展，是同社会、经济与文化的进步和发展密切相联系并以此为基础的。换言之，它们是一定社会经济发展基础上的产物，是人们对于物质和精神文化生活更高标准的需求。因此，从这个角度来说，它们可视为社会进步和现代文明的一种标志，是社会向着更高文明阶段发展的必然。尤其是它们又作为一项大规模发展的事业，同社会经济的诸多行业有着甚密的链状联系。如城市建设、交通运输、环境保护、电力、电信、商业、服务业，以及农副业等，都是构成风景与旅游事业发展的基础，也同时是在不同程度上制约其发展的社会经济因素；反过来，风景区事业的发展，又可以促进这些领域或部门的发展，成为其建立广泛而深刻的社会经济横向联系的纽带。这种广泛的社会性，就是我们把风景旅游事业看作为一个大的系统工程的理论基础和重要依据。

3. 总体发展计划优化的统筹性

我们国家幅员辽阔，民族众多，历史悠久，山川秀丽，蕴含有世界上最丰富绚丽的风景名胜资源。同样，对于一个省、一个地区也都可能有类似的情况。那么在这样丰富的资源和众多的大小风景区、点中，如何才能组织合理的开发和发展，关键的一点就是应当从全局出发，建立全国、全省、全地区“一盘棋”的基本思想。很显然，这个“一盘棋”，就是一个系统工程。要夺得这盘“棋”的胜局，就必须统帅帷幄，全局展开，精于运筹，且“棋”只能一步步走，不能车、马、兵、炮一哄而上。特别是在目前我们尚不大可能有大量投资用于风景区建设和旅游开发的情况下，更应有科学的优化方案，使其以尽可能少的资金投入，获得尽可能多的产出效益。任何地区、部门、风景区(点)，都不能孤立地、片面地自我突出，而应在这盘“棋”的大系统中找到各自合适的位置。

上述表现的三个方面的规律性，简言之，就是风景旅游规划编制的科学性，风景旅游与社会经济发展的协调性和其发展过程中必须考虑解决的合理布局、部署及其最佳途径等根本问题，都从不同角度上说明了这一系统工程的基本思想实质。

实例简析：如何运用系统工程观点确定江西风景旅游近期和中长期战略发展重点，如何解决全省南北协调发展问题？

我们在开展本项研究时，首先把指导思想出发点建立在全省这样一个大的系统工程的基本观点上，然后具体从以下三个子系统的必要条件方面进行综合比较与分析：

(1) 风景资源条件。在这个子系统中，主要应研究：全省风景资源的分布、数量、质量、特色、优势，以及开发难易程度，地区或区域性旅游体系及其路线的合理组织等。

(2) 社会经济条件。考虑的主要因素包括：本地区经济发展状况、水平，人民物质与文化生活状态，旅游物资供应能力，内外交通，客源市场条件，目前风景区开发建设基础等。

(3) 发展前景条件。主要应考虑：对本地区或区域性旅游发展及社会经济发展地位，客源市场潜力，建设周期，社会、环境、经济效益综合分析等。

据此，我们在对上面三个基本条件进行全面分析论证基础上，认为江西省赣北地区(系指包括南昌、九江、景德镇、鹰潭及鄱阳湖在内的四角区域范围)，较之其他各地区更具有风景资源集中且类全质优，特色鲜明，开发基础较好，交通颇为便利，经济文化发达，客源市场充裕，建设周期较短，社会、环境、经济综合效益明显等优势，从而，得出了应将这一地区列为江西省风景旅游开发重点地区的结论。

在具体论证江西省旅游业南北协调发展问题时，我们把赣南地区看成是江西省这个大系统工程中的一个子系统，然后在深入研究中，通过实地考察分析发现，赣南地区亦拥有大力开拓旅游事业的众多优势和发展前景，主要反映在：

(1) 赣南地区风景名胜资源不仅分布率略高于全省平均密度(全省平均分布率为73%，而赣南地区达77%)，特别是以赣州市为代表，资源尤为集中，地方特色典型，若以城市型风景而论，当列为全省之首；

(2) 赣南地区特定的经济地理位置，把它在江西省内部与经济较发达的北部地区相距较远，且交通尚欠便捷的不利因素，转变为沟通广东、福建等我国南部沿海地区并长期以来具有密切的经济文化传统联系的优势，这就为今后该地区风景旅游业的发展，获得了更为良好的对外口岸条件；

(3) 赣南地区是江西省侨乡聚集之地，同港、澳地区及东南亚等侨胞之间，保持着各种往来，这对于争取外资和组织客源市场，具有得天独厚的优势；

(4) 井冈山风景名胜区由于社会经济和地理交通等因素所决定，它的发展方向更多地具有往南部扩展的现实性，这无疑将成为促进赣南旅游发展的一个有利影响条件，从而构成全省南北协调发展的总体格局；

(5) 位于赣、粤庭户相对之地的大余小梅关，既是连接两省的交通要衢，又是人文荟萃的名胜佳境，因此，积极开发大余县风景资源，打开这一赣南与全省的南大门，是促进开拓赣南旅游发展局面的有效途径。

根据上述分析，使我们对于如何组织部署江西省整个风景旅游事业，有了进一步的认识，改变了过去认为只有赣北地区才具备条件发展旅游业的观点，从而确立起能够在优先重点发展赣北旅游业的同时，积极开拓赣南旅游业，并进而取得南北协调发展这一总体战略思想的正确结论。

上述，这些对风景与旅游发展的认识概念，大体上能够反映出这个大系统内部相互之间的内在联系，有助于帮助我们初步确立起系统工程的宏观控制思想体系。

(三) 系统分析科学研究方法的尝试

运用系统工程原理来从总体上研究风景区建设和旅游发展问题，作为一种新的思考方式，我们还只是初次尝试。当然，可供采取的科学方法很多，这里仅就我们在本课题研究中实际应用的几种预测方法，作一些简单介绍。

1. 特尔斐法

这是目前应用于系统工程科学预测中最普遍的方法之一，也是我们课题研究中主要采用的方法。简单说，特尔斐法的本质是利用专家的知识、经验、智慧等无法数量化的带有很大判断性的信息，通过通信的方式进行信息的交换和反馈，逐步取得较一致的意见，从而达到预测的目的。采用这种方法的优点是，方法简易，适用性强，集思广益，可信程度较高。

特尔斐法的具体做法是，将需要研究预测的内容，事先拟编好一系列提出咨询的问题(可编成不同形式的咨询表)，选定一定数量的专家，然后背靠背地分送给专家们回答。之后，根据收集的第一轮专家咨询意见，整理编制出第二轮咨询表，这样经过多次(轮)有控制的反馈过程，最后取得比较一致的可靠意见(图 1)。

本课题研究中就以下几个主要方面问题采用了特尔斐法开展专家咨询：江西省风景名胜资源的总评价，江西省风景旅游发展的战略部署，庐山风景名胜区的建设方向及管理体制，风景区建设与垦殖场的关系，风景区与现代游乐场的关系，江西省风景旅游业区域性发展前景，江西省现阶段国际旅游与国内旅游的关系等。比如，在论及庐山风景名胜区建设发展方向问题时，针对目前庐山管理部门指导思想的不正，专家们一致认为：庐山是我国以历史悠久和文化名胜著称的风景名山，特别应加强保护和建设管理。庐山的建设一要严忌进一步扩大城市化，二要同一般城市化的游乐场有严格的区别和界限；那种力图将庐山变为一个“国际贸易窗口”、“国际贸易中心”、“庐山经济特区”，以及把诸如跑马场、高尔夫球场、大型游乐场等一类的现代游乐设施搬到山上建设的观点和做法，都是同庐山的历史、性质、功能和发展方向根本不相吻合的，必须予以纠正。

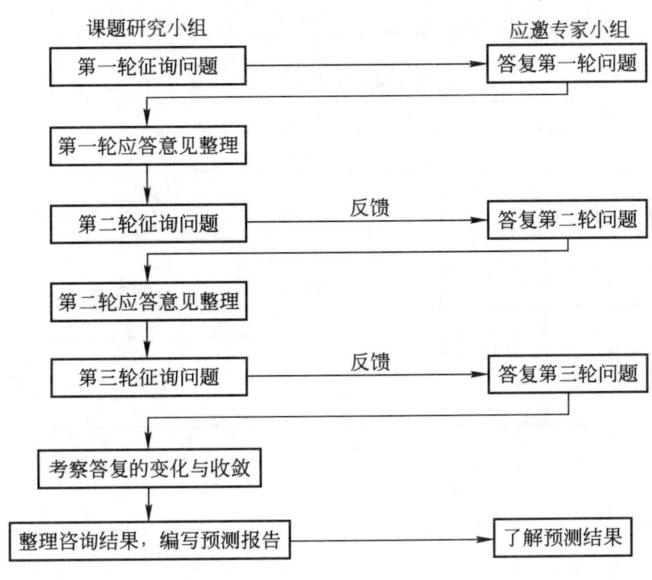

图 1　特尔斐法预测程序

在开展上述咨询过程中，我们共提出征询问题 25 道，收集答询意见共 208 条，整理文字资料约 6 万字。参加咨询人员中，有省内外知名教授、学者，有社会经济科学研究人员，有多年从事专业规划设计的科技人员，有政府部门负责人，还有退居二线的革命老同志。从整个咨询结果看，取得了显著成效，达到了比预期更好的目的。

2. 层次分析法

系统分析方法论中的层次分析法，其基本实质是将某个复杂的大系统工程，按不同范围、程度、等级，分解为若干个子系统，或再把这个子系统进一步深入分解为若干组成部分，然后根据对各个不同层次对象的性质和要求，研究其上下层次及其同一层次中各部分之间的相互关系，从而按所预测达到的不同目标，取得不同层次上的分析结果，最后再进行整个大系统的综合分析平衡，得到总体的分析结论。

本课题应用此法较好地解决了发展江西风景旅游事业中的战略重点与建设重点的关系问题。归纳起来，可用下面的模型简明表示(图 2)。

从图 2 中可以看出，上述分析可分为四个层次：江西省中长期风景旅游发展目标为一个大的系统工程(第一层次)，其战略重点是包括九江(含庐山)、南昌、景德镇、三清山、龙虎山在内的赣北旅游区(第二层次)，而赣北旅游区中重点发展地区是九江市和南昌市(第三层次)，具体部署的重点建设项目分别是星子县庐山山南地区、鄱阳湖水上旅游项目和南昌市滕王阁、梅岭、青山湖、青云谱等主要风景区、点(第四层次)。我们认为，这个分析的结论是基本上符合江西省实际情况，是可行的。采用同样的方法，也可以对第二层次中的非战略发展重点项目进行逐层深入分析，确定其相对较为主要的发展地区和建设项目。

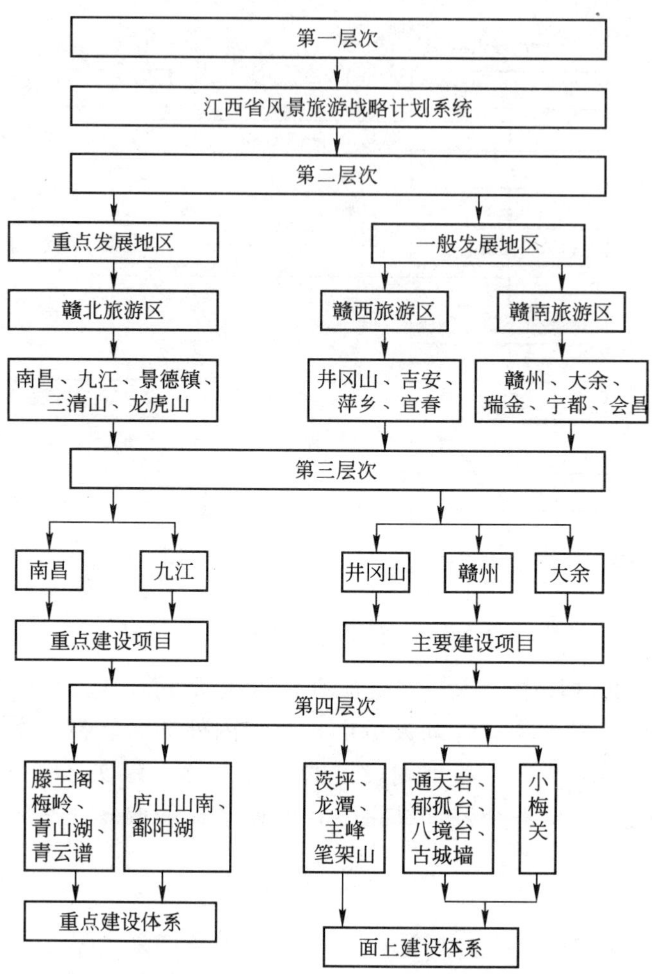

图 2 江西省风景旅游业战略发展系统层次分析简图
（注：抚州地区可分别介入赣北和赣南旅游区，故未单独列出）

3. 评分择定法

一般地说，在编制风景区与旅游发展规划过程中，对于诸如战略目标、发展重点、开发部署、管理体制、风景评价等一类的问题，较多地采用定性分析的方法。在本课题研究中，我们根据系统工程理论尽可能采取定性和定量分析相结合的要求，对部分问题的论证则采用了相对程度的定量分析方法，从而提高了研究结论的准确率及可信程度。

比如，我们在进行特尔斐法咨询时，针对第一轮咨询答案中专家们就庐山体制、江西主要风景名胜区开发排序等问题所提出的各种不同意见，在第二轮咨询表中具体逐一列出，同时提供分析条件，请专家们在重新作出认真考虑后进行选择，我们再根据专家选择意见按假定的不同计分等级(各等级级次和各级计分标准，视专家意见类型多少而由课题组确定)给分，最后整理出不同方案得分的积分数，即可得出各种方案的排序名次。

下面是采用这种方法对有关问题咨询得出的排序结果。

1）对江西几处主要风景区的中、近期开发建设四种不同方案排序：

方案号	方案一	方案二	方案三	方案四
方案提示	庐山—鄱阳湖—井冈山—龙虎山—三清山	庐山—鄱阳湖—井冈山—三清山—龙虎山	庐山—鄱阳湖—三清山—井冈山—龙虎山	庐山—鄱阳湖—龙虎山—三清山—井冈山
积分值	300	500	100	100
排次序	2	1	3	3

2）除庐山、井冈山两处国家级重点风景名胜区无疑应列为重点建设发展风景区之外，江西各地其他风景名胜资源，按质量高低和开发前景大小依次排序：

风景区点名称	鄱阳湖	三清山	龙虎山	南昌	景德镇	赣州	龟峰	麻姑山	武功山	武夷山	云居山	吉安	翠微峰	萍乡	婺源	小梅关	怀玉山
积分值	590	815	670	690	390	225	270	215	165	160	175	45	75	35	65	65	40
排次序	4	1	3	2	5	7	6	8	10	11	9	14	12	16	13	13	15

3）对庐山风景名胜区管理体制不同方案排序：

方案号	方案一	方案二	方案三	方案四	方案五
方案提示	继续维持庐山管理局为省政府机构，受九江市直接领导，由九江市郊区、星子县、九江县和管理局分管全山	各市、县、局行政辖区范围不变，建立统一的规划建设管理委员会，统筹全区有关保护、规划、开发、建设及旅游经营等方面事宜，实行全区一盘棋	现行管理局不变，但将山下环行公路线以内地区均划归管理局直接管理	成立庐山市（省辖市）或庐山区（市辖区），统一管理方案三的行政范围	在方案三基础上撤销星子县建制，与庐山合并建立新的星庐市或星庐区，实行全山统一管理，管理机构设在星子县城
积分值	0	200	300	0	400
排次序	4	3	2	4	1

上述三个采取评分法进行咨询的结果表明，专家们表达的意见，同实际需要情况是相当接近的，其准确性都比较高。特别是在B组咨询中可以看出：江西目前除庐山、井冈山外，其他有待开发的风景资源中，1～5号排序得分明显地反映出专家们意见的集中趋势。6～16号排序也颇真实地反映了客观情况，几乎同我们课题组研究的意见完全一致(仅个别处略有差异)。因此，这个结论是相当令人满意的，应当说具有重要的决策参考价值。所以，我们在编写研究报告时，着重提出必须大力加强南昌市在全省风景旅游发展中的总枢纽战略地位，同时认为除将赣北地区列为全省战略发展重点外，还应积极开发以赣州市为中心的赣南风景旅游事业的新观点，都是以咨询结果为依据的。

除上面几种方法外，我们还结合应用了其他一些方法。如在对江西省主要风景区环境质量评定中除必须使用的监测手段外，在论证时采用了回归分析法；在对江西省旅游业今后5～15年接待发展规模预测中，采用了时间序列的周期变动分析法等。通过初步的实践摸索，我们认识到，对于一个大的系统工程的研究，往往是多种不同科学分析方法的综合运用以及相互补充、调整和验证，才可以取得更为科学合理的结论。

(四) 对江西旅游开发的总体构想

江西地处长江中下游，“吴头楚尾，粤户闽庭”，“物华天宝，人杰地灵”，山川秀丽，风景荟萃，为江西省风景旅游事业的发展奠定了基础。

1. 资源优势及开发条件

江西自然条件极为优越。这里山地连亘，地形复杂，水系纵横，森林茂盛，拥有相当丰富的风景名胜资源。据迄今为止的不完全统计，在全省五个地区的 90 个市、县中，已有 66 个市、县均发现风景名胜资源，资源分布率达 73%。江西风景资源类型齐全，内容丰富。按不同风景区构成类型可分为山岳型、低山或丘陵型、江湖型、岩溶型、丹霞型、革命纪念型和文化历史型等七大类，按不同景观类型又可分为；革命文物遗迹、古建、摩崖、碑刻、峰峦、山石、瀑潭、溪泉、气象、地质，动物、植物及地方风俗民情等，可谓景观万千，绚丽多彩。截至目前，江西省已拥有国家重点风景名胜区 2 处(庐山、井冈山)，国家文化历史名城 1 个(景德镇)，待报国家重点风景名胜区 2 处(三清山、龙虎山)，待报国家文化历史名城 2 个(吉安、抚州)，已批省级风景名胜保护点 45 处，拟定省级风景名胜区 12 处。

江西风景名胜资源除遵循大自然和社会历史赋予的共同规律外，进一步从文化、地理和景观构成等相互关系，研究其总体构成的内涵结构及其联系，具有以下明显的四大特征，即人文景观与自然景观共辉，山色与水光相映，名山与名城同誉，瀑泉与植物为最。

江西风景名胜资源品质较高，其中在国内外居于第一流水平的风景为数不少，主要如：鄱阳湖水景及候鸟观赏(为世界最大的白鹤越冬地)，景德镇古陶文化，庐山云雾、瀑布、名泉，井冈山珍稀动植物、巨瀑群和高山田园风光，龙虎山道教文化遗迹和仙水岩春秋崖墓群，三清山奇峰异石，龟峰丹霞地貌，婺源明清民居古建群，赣州通天岩石窟和宋城墙，大余古驿道，以及南昌、井冈山、瑞金、安源等地的革命胜迹、革命文物等。这些典型景观共同构成了具有江西特色的资源优势。

江西风景资源的多维结构特点，为综合利用开发提供了极大的灵活性。我们能够根据资源条件的具体情况，组织有方向性的开发选择，如分别开展宗教、文化、科研、体育、风景观光、革命教育以及休养、疗养、会议旅游等多种形式的游览参观活动，尽可能达到全方位开放的利用效率。

江西经济物产丰富，是我国南方的一个资源大省。广阔肥沃的鄱阳湖平原，是著名的鱼米之乡。被誉为矿产“五朵金花”的铜、钨、铀、钽铌、稀土，是江西省的一大优势。景德镇瓷器、南丰蜜橘、婺源龙尾砚、星子金星砚、鄱阳湖水产、余江艺雕、宜春漆器、庐山云雾茶、赣南红瓜子以及各地丰富的土特名产，均为大力发展江西省旅游经济事业，提供了取之不竭的物产资源。

江西“襟三江而带五湖”的地理位置，使江西省成为连接东南沿海地区和长江内地的通衢要地。

江西省东部和南部分别与经济发达的上海经济区和深圳、厦门两大经济特区紧邻，又历来同中南各省均有着密切的经济文化传统联系。从发展风景旅游事业的角度看，这些外部的有利环境条件，不仅提供了坚实的区域性社会经济基础，也开辟了良好的国际、国内旅游客源市场和口岸。

江西省多数风景名胜资源，特别是主要风景区，就总体而言，都有一定的开发基础。以庐山为例，这里是一座具有两千年文化历史和百多年近代开发史的著名风景区，各类设施齐全，内外交通便利，已拥有正式接待床位 1.8 万张，年接待规模达 250 万人次，日高峰达 3 万人以上，国内旅游事业可谓已经相当发达。从这个意义上来说，江西省国国际和国内旅游发展总趋势，发展的形势方兴未艾。这就是对江西省风景旅游开发前景的一个总的基本评估。

2. 近期开发总体构思

(1) 指导思想

根据江西省“七五”国民经济发展计划提出的工农业总产值年增长率为 10%，江西经济发展速度略高于全国平均水平和城乡居民人均实际消费水平每年递增 4%～5%，使人民的生活质量、生活环境和居住条件都有进一步的改善的总体目标，江西省旅游业的发展也应为实现这个总目标服务，并作为其指导思想。

(2) 战略目标

本课题研究提出的江西省战略发展目标是：1986 年海外游客接待规模为 3 万人次，至 1990 年为 7 万人次，比 1985 年翻两番；1986 年国内游客接待规模为 750 万人次，至 1990 年为 1000～1200 万人次，比 1985 年翻一番；1986 年国际旅游收汇(外汇券)为 594 万元，至 1990 年为 2310 万元，比 1985 年翻两番以上；1986 年国内旅游货币回笼(人民币)为 7300 万元，至 1990 年为 2.54 亿元，5 年内将增长 2.5 倍。

(3) 总体部署和建设重点(要点提示)

1) 重点建设和完善以南昌—九江(含庐山)—景德镇为骨干基础，进一步扩大包括鹰潭、龙虎山、龟峰在内的江西省赣北风景旅游体系；同时，相应加速江西省其他主要风景区、点(如井冈山、南昌梅岭、吉安、赣州、抚州、萍乡、大余)的开发和建设，初步形成以赣北旅游区为主体的全省风景旅游网络和南北协调发展的基本格局。

2) 进一步建立包括日本、东南亚和北美、西欧诸国以及港澳地区在内的国际旅游联络网点，进一步加强包括上海、广州、南京、武汉、杭州、长沙、福州和深圳、厦门两大经济特区，以及黄山、九华山、武夷山、衡山等著名风景区在内的省际旅游协作联系，积极开拓更为广泛的国内外客源市场。

3) 积极开展江西省旅游商品生产和推广，不断扩大对外旅游贸易，初步形成以陶瓷、食品、工艺制品、花卉苗木及土特名产等具有江西地方特色的旅游商品生产基地和销售市场，为逐步建立和发展江西省新的旅游经济体系打好基础。

4) 大力加强和发挥南昌市在全省风景旅游发展中的主导地位与总枢纽作用。着力搞好南昌市城市建设和包括滕王阁、梅岭、青云谱、青山湖等骨干项目在内的风景园林建设，尽快形成布局合理、内容充实的城市风景游览体系。

5) 加紧开发鄱阳湖和庐山山南地区风景资源，逐步将风景开发与建设重点由庐山山上转移到山下，对山上则应实行控制发展的方针，力争在 1990 年内基本建成山南风景游览体系，实现山上与山下共同协调发展。

6) 搞好景德镇历史文化名城的保护和旅游设施建设，重点突出陶瓷文化艺术和明清民居古建群两大特色，使其不仅是全国最大的瓷业生产中心，同时也是一个中外瞩目的旅游城市。

7）继续开发建设井冈山风景名胜区，充分发掘它革命人文景观同秀美自然山水融为一体的资源优势，将其建设成为全国开展革命思想教育的最好课堂和具有世界意义的文化历史遗迹。

8）重视赣南地区风景旅游开发和建设，近期内应打开梅关，重点建设赣州市，并逐步形成以赣州为中心，包括大余、瑞金、宁都、会昌等主要风景区（点）在内的赣南风景旅游网络，以实现全省范围的南北协调发展。赣南风景旅游事业的开拓，对于促进这一地区的经济结构改革和加速革命老区建设，都将具有重要的意义。

（五）结语

随着新的科技时代的跨入，各个领域对先进科学技术的要求，愈来愈高，应用愈来愈广泛。采用系统工程的基本理论开展风景旅游发展规划方面的研究工作，不只是具体方法的更新，更重要的是整个认识思想体系的根本性改革。旅游业作为一项新兴的产业领域，它的显著特性之一表现为极其广泛的社会性和深刻的综合性。它同社会、经济、文化及自然环境的各个方面，都有着甚为密切的千丝万缕的必然联系。因此，从这个角度上说，旅游业又并不是一个自成一统的独立体系。如何在这错综复杂的关系和矛盾中，抓住它们的主要矛盾和矛盾的主要方面，以充分地发挥其优势而克服其劣势，扬长避短，并进而促进其矛盾的不利一面向好的方面转化，这就要求我们首先从思想上确立宏观控制的战略观点，才能在事物的普遍性规律中，真正把握住各个不同环节上的特殊性本质，用全局指导局部，打破那种狭隘、片面、本位、主观的陈旧观念，从而取得整个系统最高效率的协调运转。诚然，我们在以往的工作中，也时常考虑各方面关系的协调，但因囿于基本指导思想和方法的局限，总难以避免片面性。系统工程原理就正是解决这一矛盾的行之有效的理论和方法。它的应用价值就在于能够更科学地使各种旅游资源得到合理开发利用，更高效率地促进各相关经济领域的横向联系与共同协调发展，更有成效地取得社会、经济及环境的最佳综合效益。这个基本的理论原则，无论对于一个大的经济区域、一个省、一个地区或者一个市、一个县，都具有普遍的适应性。在这方面，我们刚刚迈出尝试性的第一步，大量研究课题和实际问题，还有待于在今后工作的实践中，不断探觅和求索。

【本文为1986年完成的江西科委省一级科研课题《江西省风景名胜资源总体评价及旅游开发前景预测》研究报告成果的归纳小结，在中国园林学会风景名胜专业学术委员会1986年会上发表，并收录于《风景名胜研究》（丁文魁主编）一书，1988年3月同济大学出版社出版】

论风景区建筑的环境原则

“风景区建筑”是指风景区内为游览、观景、休憩、文化娱乐、接待服务、信息购物等功能服务的各类建筑物的总称。风景区建筑除具备使用功能外，又与环境结合构成建筑景观，故亦称为风景建筑。

“环境原则”是指风景区建筑与环境关系的处理原则，这里所说的“环境”应包括自然风景环境和社会人文环境两大类。

本文探讨的主题就是风景区建筑与环境的相互关系及其合理处理原则。现从四个方面加以阐述：

（一）风景区建筑的环境属性

所谓环境属性，即指风景区建筑与环境的总体关系，或者说风景区建筑在风景区总体环境中的地位。这是个基本认识问题，也是能否正确处理风景区建筑与环境关系的根本标准。我们的观点是：在风景区内，建筑应服从于环境的需要；反之，任何超出于环境需要和允许的建筑，都是不必要和不合理的。相对两者的地位，环境是第一位的，而建筑是第二位的。环境是风景区成因的母体和构成景观的主体，而建筑是风景区的附体(即风景环境本体之外的补加物)。可见，在风景区内，环境当之无愧为主角，建筑理所当然是配角，这一主从关系原本是十分清楚的。根据这一认识，从而也就确立了风景区建筑在风景区大环境中的属性和地位，确定了正确处理风景区建筑与环境关系的基本准则。

诚然，我们坚持环境第一的观点，并不排除从另一侧面，或在某一局部景物环境点上，风景建筑也可能成为特定点上的相对主体——主体景观，但这只能说明是建筑与环境结合而产生的局部典型效果，却丝毫不能改变建筑在整体环境中的基本属性和地位。

（二）风景区建筑的环境要素

所谓环境要素，即指那些对风景区建筑产生直接性联系和制约性作用的环境影响主要因素。从一定意义上说，能否依据这些环境要素并因地制宜地加以恰当巧妙的运用，是风景区建筑成败的关键所在。

现择其影响作用最大的环境要素分述于后：

1. 风景区性质及景观类型

建筑学基本设计理论认为：建筑以体现其使用功能为目的，不同功能的建筑又各具其不同的建筑艺术和风格。如同工业建筑区别于民用建筑，宗教建筑不同于居住建筑等，这是最起码的常识。

同理，这一理论原则也完全适用于风景区建筑，即不同性质的风景区和景观类型，也应有不同类型、风格的建筑与之相适应。显而易见，以自然景观或以民俗景观为主体的不同景观环境背景的风景区，或不同功能区建筑（如休养区建筑、娱乐区建筑），都必然一定程度上各依其功能性质和环境背景，反映出本风景区基本性质、景观类型而体现出不同的建筑类型、特点与风格，从而使建筑与风景环境的谐调一致。

2. 自然地理环境条件

我国幅员辽阔，全国各地风景区遍布，地理区位及环境条件差异极大，这就形成了对风景区建筑产生密切制约关系的另一个主要环境影响因素。比如塞北与沿海地区彼此有着截然不同的地理、地形、气候及环境条件，青藏高原、戈壁漠洲、川贵崇山密林与江南风景区的环境条件亦差异极大。显然，它们的风景区建筑也必然各具特色和风格。即使在同一风景区内，不同区段的地形地貌环境状况不同，则建筑结合地形环境的处理手法又各不相同。这种建筑受具体自然环境条件影响或制约的情况是千变万化的。

3. 历史文化与传统建筑

建筑作为一种文化与艺术的载体，在各个不同的历史时期和不同民族、不同地区上，体现出各个不同的建筑工艺和艺术风格。对于风景区建筑，这种特征反映更为显著。不能想象，在这种以特定的传统文化（包括近代历史文化）为背景的环境条件下，与其不相适应的建筑模式，能够产生彼此间（包括纵向和横向的）以及它们同环境的谐调美；如果相反，必将造成杂烩式的建筑形式和与传统文化内涵的脱离，同环境的格格不入。举个近代建筑的典型实例：庐山别墅式建筑为多年来已经形成独具特色的风景区建筑风格，称为“庐山建筑”模式。这些别墅建筑依山势、坡度错落而建，绰约点点，层次分明，完全同山体密林融为一体，构成一幅幅恬静、秀美的建筑风景画。这些灰石墙、红铁皮瓦、高房基、不等面坡屋顶、多变的平面组合等建筑类型，成为庐山风景建筑的基本格调，而后来无论何种形式的新建房屋，就总感不能同原有建筑环境融合协调，就是这个道理。

4. 建筑材料与工艺的环境要求

由于地区、气候、环境、民族以及文化传统、资源状况、生活习俗、建筑工艺等多方面环境因素的不同，产生了丰富的不同建筑类型，同样也必然反映到建筑材料和工艺上来，使之与所处的环境条件相适应，相协调。从这个意义上来说，适宜的建筑材料与工艺的选择使用，也就自然成为制约建筑的一个不可忽视的社会和自然环境影响因素，而风景区建筑就是如此。如以广西北部山区侗族村寨民居建筑为例，其建筑以整村寨连组成群，多在半山以上居高临下，依山势错落连片而建，均为排列式木构架，具有独特的功能平面、空间组合、建筑工艺和极好的整体环境效果及景观效果。这里既包含着民族的传统文化，也典型地反映了建筑材料与工艺同自然环境条件的密切结合，表现出这种特殊建筑形式与特定环境相融合的自然协调。

(三) 风景区建筑的环境分类

建筑的分类，体系方法很多，诸如按建筑发展史、材料工艺、使用功能等分类法。风景区建筑类型丰富、形式多样、变化无穷，令人眼花缭乱。如何在这缤纷的风景区建筑星座中理出一个序列似有必要。笔者认为，风景区建筑的分类与一般建筑的分类方法当有所不同，应反映作为风景区建筑自身的特点来。本文提出一种“环境分类法”，即根据风景区不同的环境因素而进行与之相适应的不同建筑大体归类。为了归类简便起见，我们仅选取了对风景区建筑影响面最广泛和关联性最大的两大因素——风景自然地理环境和建筑功能环境（亦称使用环境）——来进行归类。这里所说的自然地理环境，主要是考虑风景区在地理区位及其地形、地貌、气候、用地条件等各种环境的差异性。建筑功能环境则是从建筑在风景区中起的功能作用并与之相适应而构成的环境。

其归类关系如下：

1. 风景区建筑大系

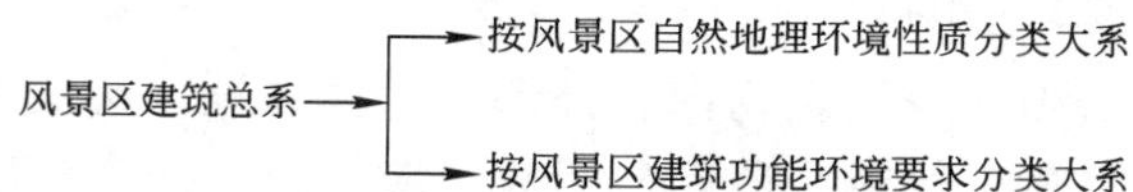

2. 两大系分类系统简表

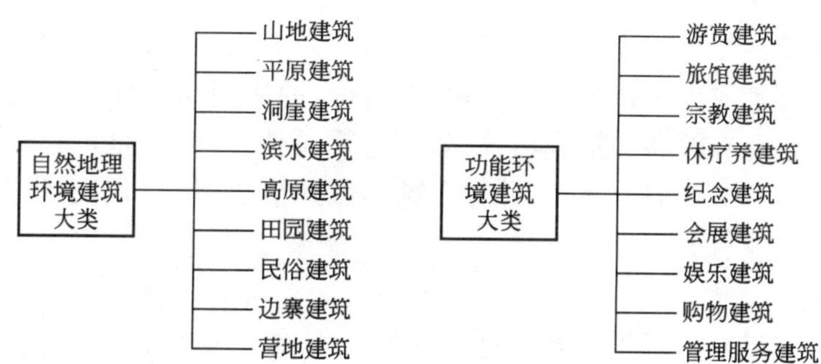

（注：大系表中只作大体分类，不再作细分，且尚未列出者均可插入归类）

在上述关系中，由于风景区建筑的环境因素极为复杂，或采用的分类方法不同，在同一风景区中有多种类型的风景建筑并存，或同一建筑出现在不同的分系归类，这都是可能的。

（四）风景区建筑规划设计的基本原则

风景区建筑的创作，因其影响性因素很多，较之一般建筑难度亦大，但以下几点应作为规划设计的基本原则加以考虑：

1. 环境因素第一

这是一条基本指导思想和根本原则，要明确地确立风景区建筑，在总体环境关系上应甘当“配角”，决不与自然景观比高低，搞自我突出。在具体建筑处理上，应选址得当，充分反映和利用自然地形地貌，其体量、比例、尺度均应与环境协调适中，宜隐不宜曝，不得妨碍观景视线与角度。任何以破坏自然环境为代价，或降低整体环境效果的建筑都不是成功的创作。

2. 先总体后个体

每座单个的风景区建筑，都不是孤立地存在，而是总体环境中的构成物，应为总体环境增色生辉。因此，它的创作过程应当遵循先总体后个体的规划设计程序，这样才能较好地处理好与环境的相互关系，避免许多矛盾。为做到这一点，就必须坚持先规划(尤其是详细规划)后建设的原则，防止盲目上项目，没有全局考虑的规划是不可能创作出好的风景区个体建筑来的。

3. 大统一小变化

在一个风景区内，应当形成大体一致的基本建筑格调，不能南北东西、古今中外大杂烩。对于规模较大的风景区，在统一规划原则下，不同片区、景区之间允许在大格调协调的前提下有小的变化，但同一片区、景区内仍应基本只有一种格调，且相邻景区间应能彼此协调过渡，避免反差过大而弄巧成拙。

4. 注重建筑环境处理

风景区建筑原本是环境的“外来户”(客体)，为使“外来户”落好户，并成为整体环境的一部分，就必须注重建筑物内、外部的环境处理。所谓环境处理，至少应包括建筑平面、空间、体量、材料、色彩与用地环境的密切结合，以及建筑外部的视感效果、环境绿化美化、无污害处理等方面，使人工环境与自然风景环境真正融为一体。

5. 充分发挥景观功效

风景区内的任何建筑，因它在体现与环境的密切结合和融合一致上，实际上已经直接介入了风景环境成为实体。所以，除满足自身的使用功能外，它的另一个重要环境作用就是表现出具有较高的景观功效(景观艺术价值)，而不是可有可无的或多余的摆设，这就要求我们对风景区的每一座建筑都做到精心规划、精心设计、精心施工，建成后充分发挥其应有的景观功效。

6. 宁少毋滥

既然风景区建筑是从属于风景区这个环境的客体，那么无论如何不应该也不允许在一个风景区内(尤其在游览区)到处房屋鳞次栉比，只见房子不见风景，造成“喧宾夺主”的局面，实则是大杀风景。尽量做到合理控制和选点布局，少而精巧，切忌粗制滥造，堆砌为患。

7. 切忌城市化建筑模式

人们到风景区来旅游，是一种回归自然的文化活动行为，接受大自然和历史文化的熏陶，领略大自然的情趣，而不是离开城市又进入风景区中的“城市环境”，不然又何须到风景区来呢？这是个起码的常识。但我们有的风景区却出现了“城市化”日趋严重的情况：房屋越建越多，层数越来越高，形式照套城市建筑模式，这实在是对风景区的人为破坏。

8. 创造风景区自己的建筑风格

中国风景名胜区，是中国传统文化的重要载体，包括建筑文化与工艺在内，有着极其丰富的内涵。我国幅员辽阔，地理、资源、文化、环境、习俗各异，完全可以创造出各风景区自己的不同的类型和风格的建筑，才能在整个中华锦绣山川中奇葩遍布，各显异彩。如若各个风景区内都是一个建筑模式，千人一面，则必然令人感到乏味无趣。风景区建筑也是中国传统文化的一个载体，它的根基和基本内涵，也仍应以表现中国悠久且优秀的传统文化为主体和特征。这样，才能体现我们民族的独特文化光华，屹立于世界建筑文化之林。

（五）结语

本文从环境美学的角度，对风景区建筑与环境的关系提出了一些理性的认识观点，并在此基础上构思了风景区建筑“环境分类”的方法，同时提出了风景区建筑规划设计的相关基本原则。当然，这仅仅是作为一种尝试性的探索，其理论、体系、方法和原则，均很不成熟也不完善，但愿就此抛砖引玉，觅求同仁们的启迪与共识，创立和不断完善风景环境的学科理论，繁荣学术，共同促进我国风景区事业的健康发展。

【本文为 1992 年 10 月出席中国风景园林学会风景名胜学术委员会、中国城市规划学会风景环境规划设计学术委员会联合年会交流论文，刊于《规划师》1993 年第 1 期】

中国国家级风景名胜区(国家公园)科学保护机制新探

对于人类赖以生存和发展的地球环境保护，是当今世界最瞩目的基本问题之一；而对于世界各国国家公园(中国称为风景名胜区)和保护区的保护问题，尤其受到人们的高度关注，成为学术界和实践界共求讨论的重点课题。本文仅就中国国家级风景名胜区(以下简称风景区)的科学保护新机制一题进行初步探索，作为加入这一国际范围大讨论中的一章。主要从四个方面加以阐述：一、两个基本认识观点；二、中国国家级风景名胜区保护管理现状；三、科学保护系统化模式构思及其基本内涵；四、若干改革措施。

(一) 两个基本认识观点

1. 风景资源开发利用有限论

这是因为：

(1) 风景资源是属于地球资源总体构成中的一项特殊资源，其特殊性表现在它的使用价值绝不是如同矿产资源那样可大规模开采直至消耗殆尽，而在于它的永久保存性所潜在具有的环境美学和科学研究价值。

(2) 风景环境(包括自然与人文环境)是风景资源生成并赖以维系的先决条件，有如子体对于母体，有着不可割离的共融性及其相互制约性。因此，对于风景资源的保护，也绝不仅仅是构成风景景观的景物本身，而应当是包括整个的风景环境——诸如地貌环境、地质环境、生态环境、气象环境、水文环境、历史与人文环境等。

(3) 所谓“风景资源”，当然是指自然形成或历史遗存的景观资源及影响环境，而不是指采用现代手段制造的人工景观。特别应指出的是：这种由自然和历史形成的风景资源，具有十分鲜明的不可再生的特性，它们的丰富内涵、丽质条件有其无上价值，绝不是任何借助于现代化先进科技手段复制、再造的人工景物景观可以比拟或替代的。一旦失去，就将永久失去。

为此，必须坚持：对于风景资源的开发利用，当以“保护第一”为最高宗旨，严格认识和掌握自然与历史法则，做到科学地适“度”与适“量”，决不能超“度”过“量”地豪取滥夺，把风景资源的合理开发利用，纳入科学保护管理的轨道。

2. 科学保护系统论

风景区的保护问题，归根结蒂是个科学管理的全机制性问题，是一项极为复杂的系统工程。这里，既有宏观保护与管理的战略性决策问题，也有微观保护与管理的工作环节和方法问题，而所有这一切均深深渗透于风景区整个规划设计、开发建设、经营管理及其延续发展全过程中的各个方面和不同层次，共同组成一个严密完整的科学结构体系，并由此需要一个科学化、系统化的保护管理机制与之相适应，才能在全机制共同作用下达到最佳状态的保护效果。因而，认真研究和提出一套符合中国国情，具有中国风景区特色并行之有效的科学化、系统化的保护管理新机制，已势在必行。

(二) 中国风景名胜区保护管理现状

在中国，风景区作为一项大规模的社会文化事业，是国家实行改革开放以来才正式起步发展起来的，它一经出现就充分显示出其旺盛的生命力和瑰丽美好的广阔前景。中国必将因拥有极为丰富的高品位的自然和人文景观资源而雄居地球景观之巅。

然而，面对目前现实，我们不能不指出：中国风景区的保护管理现状令人不无忧虑，各地风景区开发性破坏和管理上的混乱，已经对风景区造成了严重的威胁。如不立即改变，其后果不堪设想。综观归纳，主要存在以下几个方面的问题：

1. 土地管理权属混杂

根据我国现行风景区管理法规规定，风景区范围的划定不受其行政区划界线限制，以维护风景区合理的完整性，这当然是正确的。但问题的另一面，在风景区范围合理划定后，却没有解决在一个风景区内往往存在着多种土地权属矛盾的关系问题，给风景区的开发建设和保护管理留下了极大的隐患，导致了为争夺土地权属抢占建设地盘而引发的许多复杂纠纷屡屡发生，对风景区造成了严重危害。

2. 行政管理体制不适

主要反映在两个方面

(1) 作为同属国家级风景区(无论其面积大小)，本应具有同等的行政管理级别和职能，但我国风景区管理现状中，行政体制级别规格差异悬殊——由厅级、县级到科级不等，尤其对于那些级别太低的管理机构，直接限制了它的管理权限和职能的发挥，同国家级风景区的规格不相适应。

(2) 在一个风景区内，多种行政管理体制和机构并存，各自划分“势力范围”的情况仍然存在，有的甚至相当严重。如某个国家级风景区，规划面积逾300平方公里，但其管理机构却只能在山头不足50平方公里的范围内直接行使其行政管辖权，这就是极不合理的。类似这种情形决非仅有，只是程度不同却相当普遍地存在着。

3. 科技人才匮乏，技术管理尚未健全体系化

由于风景区事业尚属新兴事业，全国风景区专业科技人才十分缺乏，还没有形成一支雄厚的科技管理队伍和完善的技术管理体制，也缺乏各种必要的配套技术规范或规定，建设程序执行不严，存在着许多管理上的薄弱环节，导致了不应有的建设性破坏，对风景资源及其环境造成了严重后果。这是影响风景区有效地进行科学保护的一个不容忽视的重要因素。

4. 对经营效益和保护关系的认识处理不当

我们认为，风景区原本应属于一项文化科技事业，并不主要是一项经营型经济产业。发展风景区事业所获取的效益中，更重要的是价值要高得多的社会效益、环境效益，以及综合间接经济效益。风景区的这一属性决定了它的“保护第一”的根本宗旨。但是，有些风景区管理者(也包括一些领导机关和普通群众)并没有认识这一点，往往将风景区同都市大型游乐场或人造景观旅游点混为一谈，把赚取最大经济收益误为风景区经营的根本目的，甚至不惜“杀鸡取卵”以损害风景资源和环境为代价，或大搞城市化、商业化，或大建高级宾馆、“休养所”、“疗养院”、“培训中心”，还把大量的经贸交易活动引入风景区内，提出建立“××风景区经济开发区”等口号，大有将风景区都变为一座座山城、商城的决心。这种糊涂的观念将使风景区毁于一旦，必须迅速加以纠正。

5. 干部体制很不完善，素质急待提高

我国现行干部体制基本上还是任命制，而风景区干部(指主要领导干部)均由各地方自行任命。问题的症结还在于：受命担负着风景区管理领导职务的干部，大多数都是从未涉入或不太谙知风景区工作要求的非专业人员，或者是搞农业、林业、商业、工业等抓经济工作的人员，他们抓风景区管理如同抓商业和生产经营一样。不少人自己风景区意识就较淡漠，如此工作热忱越高，有可能导致的失误亦越多越大，无论是自觉的或不自觉的。这种干部使用体制急待改革。

6. 法治与人治关系尚须理顺

国家和各级地方事务能否纳入法治轨道，是当今社会进步与文明化程度的标志之一。我国一贯重视法制建设，特别是近十几年来，为适应改革开放形势的需要，更加快了法制建设的步伐，取得了巨大成就。但也应同时看到，在一些地方、部门和单位，人治重于法治的现象依然存在。特别应指出的是，在风景区工作中这种状况就更为突出，最典型的事例莫过于对已经批准的风景区规划贯彻执行甚差。究其原因就是管理者法制意识淡薄，受自身(如风景区管理领导变易)或外来(尤为各级上司领导)人为干扰、影响极大，没有通过正常的修改程序就可以任意改变规划确定的内容和原则，对风景区的科学保护和合理开发造成了严重的运行障碍。

上述我国风景区保护管理现状概貌，向我们揭示了两点：

(1) 我国风景区保护管理现状中，应当承认确实还存在着不少问题，并已产生了种种不良后果。

(2) 风景区的科学保护管理工作远不止是制定几条办法或措施，而是涉及风景区全部工作的各个方面和不同层次，它必须形成一个科学化、系统化的全机制，才能行之有效而具有生命力。从而，对现行管理体制进行大胆合理改革，就提到了议事日程。

(三) 科学保护系统化模式构思及其基本内涵

要建立一个既符合我国风景区实际，又科学缜密和行之有效的保护管理新机制，必须满足三个基本原则：①保护管理必须是全方位展开的；②机制改革必须是纵横深层次的；③新的保护管理机制应当形成科学化、系统化的全运转机制。中国医学治病的一个传统特点，就是既要治标，而更重于治本，使病人从内在人体机理上达到完全康复。

在这里，我们借喻中国人体医学词语释义和思维原理，提出我国风景区科学保护管理系统化新机制模式框图(图 1)。

框图中所谓器质性保护体系，即指构成风景区科学保护管理系统所必需的基因型本原体，是科学保护新机制赖以生存的依托条件；机理性保护体系，是指能够实质性发挥其科学保护效能的功能型运行体，是新机制生命力的保障条件；而护理性保护体系，指的是能够使新机制更好地发挥其保护效能所需提供的制约型相关体，是新机制

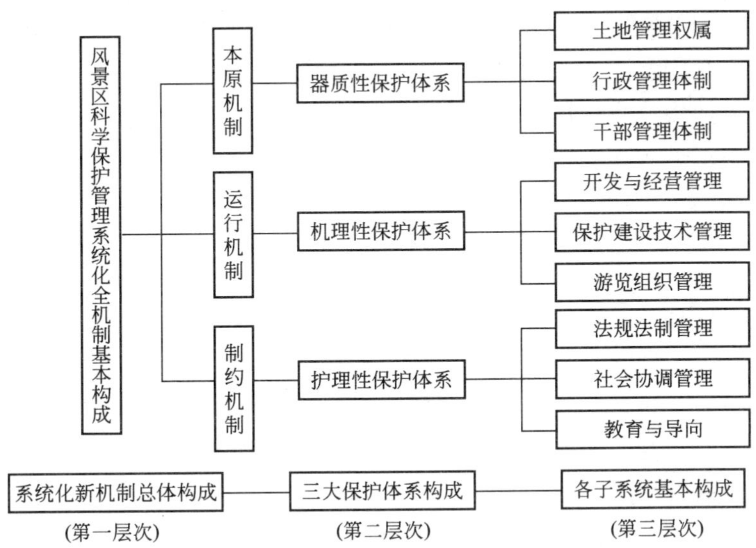

图 1　风景区科学保护管理系统化新机制模式

（注：框图中所列各子项并非囊括全部，尚未列入者可按层次分别补入）

高效作用的必要条件。在这三者中，前两者为新机制构成的内在性因素，后者为新机制构成的外在性环境。三者共体融通，相辅相成，整体作用，缺一不可。

深入分析上述新机制模式实质，其基本内涵至少应包括如下要点：

(1) 土地权属必须明确。凡通过合理规划纳入风景区范围的山林土地，应同时明确解决其归属管辖权，由风景区管理权力机构实行保护和开发的统一管理。

(2) 行政管理必须理顺。无论是在风景区设立一级政府，还是代行政府职能的管理机构，只能是一家管理，不得多个行政体制并存而造成多头管理的紊乱局面。

(3) 坚持风景区“保护第一，适度开发”的根本宗旨。风景区不应以追求经营盈利为主要目的，风景区全部工作的出发点和归宿点，主要就是保存与保护，这是我们的原则立场和神圣天职。

(4) 强化法制管理。必须加强风景区法制建设，逐步建立风景区完善的法规法制管理体系。坚持循章执法，排除任何单位和个人的干扰。

(5) 严格技术管理。在风景区内建设项目，必须严格执行规划，并对每个单项工程设计实行技术审定制度，坚持把好技术管理关。同时，积极开展保护技术研究和应用。

(6) 加强干部和人才建设。在任何事务中，人是决定的因素，而干部(主要指领导干部)又是决定因素中的决定因素。风景区全体工作人员，应当具有较高思想水平与科技文化素质，有清醒理智的科学头脑，有高度的原则性，有甘作地球环境的忠诚卫士和不懈地默默耕耘的无私奉献精神。

(四) 若干改革措施

针对我国风景区保护管理现状中的薄弱环节和为适应确立科学化、系统化保护管理新机制需要，现提出以下改革措施：

1. 统一土地权属

国家级风景区(国家公园)为国家幅员内所拥有的大地景观和人文景观精粹之所在，

并具有世界性典型景观意义，又是一个国家对外交往中接触面最广、容量最大的一鼎天地，直接关系到国家的形象和声誉。为统一有效地保护管理好国家风景区这块珍贵国土资源，其土地山林应一律实行国有，对现属集体、个体所有土地山林均应由国家或各级地方政府根据政策赎买后收归国有，以保障风景区土地权属的完整性，消除因权属矛盾而引起的妨碍保护管理的机制根源。

2. 统一政属体制

为避免因在同一风景区存在着多个行政体制而造成保护管理紊乱的情况，应由国家从上至下理顺这种关系。首先，应强化国家对国家级风景区的直接领导和管理，实行全国集中统一管理的体制。其次，应建立相应级别的一级风景区政府或相当于代行政府职能的统辖行政管理的权力机构。同时，应对国家级风景区实行统一的级别和建制，而不受风景区本身面积大小差异的影响。对于那些工作性质差别较大，又无法实行生产经营方向或管理机制转换，而不宜继续保留在风景区内的机关、部门及企事业单位，均应当责其逐步迁出风景区。

3. 改革干部管理制度

目前我国风景区现行干部(指主要领导干部任免使用)管理，均由所在地方政府或业务主管部门上级直接负责，如同所配套机构级别一样差异极大(分别为厅、县、科级不等)，干部素质差别也大，不利于事业的发展和保护管理工作的正常开展。为此建议：对于国家级风景区的主要领导干部，应由国家主管风景区工作领导机关或部门直接任命或批准授权任命；同时，改现行单一的任命制为任命与选聘相结合的干部使用制，公开进行社会考聘，把真正确有真才实学、专业对口、热爱风景区事业的贤才良士选聘到风景区工作的相应岗位上来，并且一经确定，只要恪守职责，胜任工作就不应随意更易。对保护管理作出突出贡献和有功者，应予重奖；反之，对玩忽职守，图谋个人私利，对风景区造成严重损失危害者应予重罚。

4. 加强人才建设

我国风景建设科技队伍尚十分薄弱，不仅专业人才少，现有人员总体素质也较低，而且所需人才难于得到(大学毕业生一般都不愿到山区工作)，因而队伍壮大发展缓慢，远不能适应事业迅速发展的需要。为此，建议国家和各级地方政府采取相应政策与措施，提高风景区工作人员(特别是科技人员)的工资生活待遇，欢迎和鼓励适于风景区工作的科技人员和有识之士投身于风景区事业。同时，加强对现有人员的专业培训，不断提高他们的思想素质和科学文化素质。

5. 加强技术管理

严格把好风景区开发建设过程中的技术管理关，是科学保护管理运行机制中实质性的重要环节。应当赋予在技术管理工作上的相对自主的技术职权，建立起以总工程师为首，技术总负责制为核心的全面技术管理体系。在建设用地选址、建设规模控制、工程设计方案、施工技术措施、环境容量确定、环境保护要求等重大技术问题决策时，如与规划原则不符，总工程师拥有一票合法否决权；坚决杜绝不合理的过多行政干预现象，真正发挥科学技术在风景区建设和管理工作中的主导作用。

6. 加强风景区基础理论和保护应用技术研究

风景区是一个极为复杂的自然、文化综合体，又是一个庞大的自然生态系统，所涉猎学科十分丰富且相互交叉融通，存在着大量的有关风景区基础理论和保护应用技术方面的课题需我们去研究、探索，去统一我们的认识，去寻求解决的途径，如地质危岩构景的固强，岩石风(粉)化层的补强，摩崖石刻的抗蚀，古树名木的护理及病虫害防治，原始生态的维护保持，风景区合理环境容量的科学测定，风景区合理开发度的研究，等等。同时，还应加强风景区环境监测工作，建立必要的监测工作机制，逐步形成具有中国特色的风景区理论和保护技术的完善科学体系。

7. 健全法制建设和管理

鉴于目前人们对风景区的认识还较模糊，加之各种法规建设滞后和不完善，造成了工作的被动。因而健全必要的法制管理手段就必不可少。要加强风景区各项法令、法规建设，制定配套的条例、规范和管理办法，形成完善的法制管理体制。加强法制宣传和教育，建立风景区监察机构和执法机构，以强化对风景区的保护管理职能。

8. 调整宣传导向

目前在对风景区的舆论宣传上也存在着很大片面性，只着重于报道宣传风景区的旅游发展、经济效益、宾馆游乐设施建设等情况，而不大注重风景区的性质、价值、内涵和风景区的保护管理及保护意识教育，而且有的宣传报道与风景区的保护原则严重相悖，起着不利于保护的反面效果，客观上将人们引上片面追求风景区经济效益的商业化经营方向，造成了对风景区保护工作的诸多障碍。对此，我们应当端正对风景区的认识，形成全社会正确的舆论宣传导向，为风景区保护创造良好的社会环境条件。

(五) 结语

正确认识风景区是确立科学保护管理新机制的认识基础，而科学化、系统化的风景保护管理机制本身，又是一个复杂的系统工程，这是由风景区的性质、内涵、价值和保护第一的根本宗旨所决定的。因此新机制的构成必须是全方位和深层次的，组成各个子系统共同作用运转的全机制。目前落后的管理机制已经不能适应自身保护功能和事业发展要求，改革现行机制中不合理的弊端，确立我国风景区科学化、系统化保护管理新机制已提到日程上来。对此，我们一要解放思想，大胆改革试验；二要密切结合国情，扬长避短；三要向其他国家学习，学习他们在国家公园保护管理方面的先进科学体系和方法。

积极动员起来，为保护和管理好地球上这片绿洲净土，肩负起我们神圣的历史责任!

【本文为出席 1993 北京“第一届东亚地区国家公园和自然保护区国际学术会议”会上宣读论文，并收入会议论文选集《绿满东亚》，中国环境科学出版社 1994 年 12 月出版；同时刊于《规划师》1993 年第 3 期】

风景名胜区与经济开发区的异类特征

——兼为风景名胜区请命

近年来，在风景名胜区的开发建设中，个别地方已出现了一种十分值得注意的新趋向——在风景名胜区内建设经济开发区，对风景名胜区、风景名胜资源及其环境造成严重威胁。虽属个别，但仍有蔓延之兆，如不加以正确认识和及时制止，后果不堪设想。为了国家根本利益，为了风景名胜区千秋大业，为了保护地球和人类这一最珍贵的景观环境，辨明这个问题，迅速走出这一认识和实践的误区，是必要的，乃当务之急。

（一）一个不可混淆的认识概念

中华大地，璀璨锦绣，历史悠久，文化古博，江山多娇，堪称世界景萃之苑，乃我国人之骄傲。特别当今改革开放十余年来，随着两个文明建设的发展和需求，风景名胜区这方汇集了中国数千年文化精粹和大地最佳景观的瑰丽宝地，才真正被发现、保护、发掘，并逐渐发挥其科学利用的价值，真正成为一项新的国家事业，开拓了它光辉的历史新篇章，闪烁着国家和民族的灿烂文明之光。

经济开发区，作为改革开放中涌现出来的一项新事物、新事业，其发展势头与速度相当喜人，已成为我国经济总体组织结构中一种新的发展形态，呈现明显的异军突起之势，日益发挥着愈来愈强的作用。

但是，问题的核心在于：风景名胜区，经济开发区，毕竟是两个不同事物的认识概念——范畴不同，内涵不同，生成条件与环境不同，经营方式不同，发展基本方略、目标和轨迹不同，等等。两者既不可同语并论，更不可混淆等同或取代更替。很显然，那种试图在风景名胜区内大力兴建经济开发区，甚至踌躇满志地将风景名胜区建设成为经济开发区的想法和做法，都只能表明当事者陷入了这个认识与实践的误区。

（二）两个不同事物的本质特征

风景名胜区，经济开发区，它们是两个不同的社会事物，各自均有着反映自身本质的性状与特征。

经济开发区是我国当今经济领域范畴中一种经济组织结构形态，是改革开放不断深化形势下创造出来的发展经济的新模式。依托这种模式，各不同产业品类、等级的经济开发区，如雨后春笋般在全国各地大批涌现出来，并以其能较好地改善投资环境，制定灵活的经营政策，高效能地组织生产，高效益地获取利润，以及更有力于推行高新科技，大力度增强国内外市场竞争能力等，为其本质特征；而最终目的在于在较短时间内较快地推进各经济领域事业更高速度和更高水平的发展，为国家经济发展总目标服务。换言之，它是经济建设领域中以物质产品生产为表现方式，以创造社会物质财富和获取较高经济效益为目的的经济组织形态及其生产型基地；在两大文明建设范畴划分上，应归属于物质文明建设总类。

风景名胜区，它在本质上是对国土资源中一种具有美学、文化、科学价值和特殊自然环境和历史遗产资源的地域划分概念，也是一个国家乃至世界上自然地貌形态和历史遗产中最精粹的部分。在我国，精妙绝伦的自然景观与悠久璀璨的人文景观的高度融合，更成为中国风景名胜区区别于世界各国国家公园的明显标志与特色。

风景名胜区的基本属性，在两大文明建设范畴划分上，应当归于精神文明建设总类，主要为满足人们精神文化生活的需求。在当今世界经济越发达，工业化、城市化水平越提高，而同时全球性污染日趋加重，人居环境受到侵害与破坏的情况下，人们在心理上和实际生活中渴望回归自然、返璞归真的精神需求与日俱增。从这一意义上说，风景名胜区事业是一项文化型事业和服务于全社会、全人类的公益事业，而不是以生产物质产品和获取经营利润为目的的经济事业。

从另一个角度看，风景名胜区实质上又是一项特殊的需保护的资源。风景名胜资源的特殊，不仅在于这类资源的品位之高优，更在于这种资源具有不可再生的珍奇性与永恒价值对应性，即利用价值与存在时间成正比关系的对应性。这种资源环境条件一旦遭受破坏或损毁，则无法重生或再造予以弥补，而铸成千古大错。毋庸说自然景观及其环境的破坏，无疑当非人力所能复原；即使人文景观，尤其是长久历史遗存下来的人文景观，一旦损毁，即便重建也将永远失去它原有的历史风貌和本来价值，需待少则百十年、数百年，多则千余年、数千年，方能再从历史的积淀中逐渐显示出它的价值，却永远不能等同于原物所具有的真实价值，而这种付出的代价又何其之巨、之艰！

诚然，风景名胜区事业的发展，也必将带来相应的经济效益，但在三大效益的地位、作用关系上，其体现的环境效益和社会效益，都远比经济效益要显赫得多。倘从单一的经济观点出发，也必须正视风景名胜区本体直接经营的经济效益(亦称内在经济效益)，确有极大程度局限性的现实；而它所带来的巨大的间接经济效益(亦称外在经济效益)，主要反映为相当广泛的社会性综合经济效益，因为它促进文化、经济、科技、信息乃至外事活动的交流和往来，促进了整个旅游业的发展，也带动了交通、运输、通信、商贸、饮食、旅馆业、娱乐业、服务业等一大批第三产业的协调发展。从这一意义上说，对于多数风景名胜区所处的老、少、边、穷地区和山区，积极开发风景名胜资源，发展风景名胜区事业，从而促进当地经济发展，就尤其具有特殊的意义和作用。

值得提出的是，我们的一些同志不太会算这笔经济效益账，他们只善于盯着眼前风景名胜区的内在经济效益账，而缺乏眼光算好它的外在经济效益账。明白地说，这是两本必须分开算的账，又是应当结合起来权衡算的账；既不能算片面账，也不能算混账。对于这一点，我想真正的经济学家和仁智领导者，是不会反对我的这一观点的。

(三) 三令五申坚持执行对风景名胜区的保护原则

基于上述认识；我们对于风景名胜资源开发利用和风景名胜区工作的基本方针是：“严格保护、统一管理、合理开发、永续利用。”在这里，保护始终是第一位的。

为了保护好管理好风景名胜这一永恒造福于人类的珍贵资源，保证风景名胜区事业的健康发展，党和国家历来十分重视并制定了一系列明确的法规、政策，采取了各种必要的保护管理措施：

1978年，国务院召开的第三次城市工作会议上，要求加强风景区和名胜古迹的管理；同年，国家建委提出了建立全国风景名胜区体系，实行分级管理的设想。

1979年，国家建委召开座谈会，研究全国重点风景名胜区的保护和规划工作。

1981年，国务院批准国家城建局、文物局、旅游局和国务院环境保护领导小组《关于加强风景名胜保护管理工作的报告》；同年，国务院发出了在全国范围内组织开展风景名胜资源调查与评价工作的通知。

1983年，中共中央办公厅、国务院办公厅发出《关于制止和清理在庐山风景名胜区建房的通知》。

1984年，中共中央、国务院两办发出《关于制止在骊山风景名胜区乱占乱建破坏风景名胜的通知》；同年，中共中央、国务院两办还转发了《关于西湖风景名胜区内违章建筑调查情况和处理意见的报告》。

1985年，国务院发布《风景名胜区管理暂行条例》。

1987年，建设部颁布《风景名胜区管理暂行条例实施办法》。

1992年，国务院办公厅批准建设部《关于进一步加强风景名胜区工作的报告》。

1993年，建设部颁布《风景名胜区建设管理规定》。

1994年3月，建设部召开“加强国家风景名胜区资源保护”新闻发表会，公布了《中国风景名胜区形势与展望》绿皮书。

目前，国家正在进一步加紧有关风景名胜区法令、法规的制定工作。

上述法令、法规和文件，三令五申在风景名胜区的开发建设中要坚持“保护第一”的原则，正确认识和处理好保护、开发、建设、利用的关系；当前要特别注意防止出现损害风景名胜区景观风貌和自然环境的开发建设活动，避免对风景名胜区造成破坏性的建设，还要防止风景名胜区建设出现“城镇化”和“人工化”的趋向；反复强调要大力宣传保护国家风景名胜资源的重要性，宣传发展风景名胜区事业的重要意义，增强全民族对风景名胜资源的保护意识；各级人民政府和建设行政主管部门，应切实担负起国家名胜资源保护和管理的神圣职责。

（四）并非结束语

风景名胜区事业是项奉献型事业，它主要向全社会和全人类作奉献，却极少地向人们索取或要求报偿，而只希望人们给它以生存的权利和条件。这就是风景名胜区如同它所拥有的景观资源一样瑰丽而高洁的品格。与此相反，那种视风景名胜资源为有利可图的“特种商品”，并试图把风景名胜区当作陈列这种“特种商品”的展销市场，进而变风景名胜区为商贸中心、娱乐城、经济开发区等糊涂观念，都是极为不当的。

尤其令人百思而不得其解的是，大量事实表明，在众多的造成各地风景名胜区破坏性建设现象的重大决策中，献策者竟大都出于风景名胜区本身管理机构的主要领导者，而决策者也多数属于本地区掌握风景名胜区大权的主管机关领导或政府领导。他们直接或间接地把这种长官意志转化为合法的政府行为，堂而皇之地开展宣传、资金筹措而实施，完全置国家根本利益、法度及其管理原则、程序于不顾。面对这种有令不行、久禁不止反而愈演愈烈的状况，难道不足以引起全党、全社会和所有关心、热爱并献身于国家风景名胜区事业的人们的严肃正视、痛惜与深思吗？

在这里，值得警示的是，造成这种状况的症结，未必全都可归咎于认识上的问题；其背后不乏追功求荣者、徇私图利者、受贿施报者、巧名渡洋者、拜金者。若不是如此，何以未见项目报批就签署工程建设合同；尚未科学论证、评审就得以破土动工；抑或无论评审能否通过工程照建不误，既成事实又岂能炮炸弹轰？凡此种种，他们慷国家、民族、人民之慨，不惜以损毁壮丽河川、千古名山为代价，殊可上仰祖先，今面世人，下遗子孙呢？

山河在呻吟，森林在流泪，环境在颤悸，人们在忿叹，心灵在渗血……

然，太阳在冉升，地球在旋转，生命在延续，人类在进步，希望之光在闪烁！

中国风景名胜区事业万古长青！

【本文为出席中国城市规划学会风景环境规划设计学术委员会 1994 年学术年会(丹东)交流论文，刊于《规划师》1994 年第 4 期】

环境·形态·景观

——刍议山水城市风貌构成环境与形态

我国著名科学家钱学森同志提出：社会主义中国应该建“山水城市”。这一科学构想符合中国国情，体现了中华民族思想与文化传统，顺应了社会发展和文明进步的自然趋势，作为城市建设的一种新模式、新思路，预示着中国未来城市的发展方向和目标。

（一）山水城市溯渊及含义

人类乃大自然造化之精灵，原本来自于山水间，无论从生命之进化，社会之演绎，无处不显映出人们对自然山水的初萌与浓情。中国文字的演进史最典型地记录了人与山水自然渊源关系的例证，从文字形成的最初思维就是临摹自然中物象、景象的特征来达到思想语言表述交流的。如象形文字、、、等，都是人与山水自然关系的真切写照。尔后，在数千年漫长的社会演绎发展的历史长河中，作为反映和代表人们思想情感和文化形态的缤纷多彩的文学艺术，由粗犷质朴的诗话、民谣到情韵抑扬的律诗、雅赋，乃至扩及绘画、音乐、舞蹈、雕刻各类艺术与文学创作，都从各个不同社会背景、人物层面及欣赏角度上，产生了纷繁浩瀚的以自然山水为写实或喻作情感抒发的精神作品，并逐步形成最早出现的“山水文化”，成为中华文艺百花园中别具神韵的一簇奇葩，也成为我们永恒创作的源泉。

时至当代之今日，社会发展，经济繁荣，生活安泰，却仍挡不住山水大自然对人们的巨大诱惑，尤其是对于长时间生活在熙攘而喧噪的大城市环境中的人们，更渴望着追逐山水、回归自然，去吸收和享受着大自然的洁净与山水之美感，实乃人类自然本性的显露和归宿。

纵观城市发展史，在有城廓、市井之初，常有达官显贵或名儒雅士，远避闹市而兴建行宫、围场、园囿及草堂、精舍之类山水建筑，至近代则有更多的郊野庄园、城堡、别墅构筑于自然山水之间；现代又进而形成了时髦热点的风景区、森林公园、度假村、休养基地、郊外游乐场等众多的都市外生活或休闲娱乐设施。凡古至今无有例外，随着社会时代的演进发展，人们对自然的回归渴求之心愈显浓烈，其原因本质就在于人类原本就源生于自然又归属自然这一永恒本能之属性。但人们对自然的每一次回归欲望和方式，都绝不是简单的重复，而是每一次比前一次要求更高，是社会文明的又一次进步。如是，当今提出建设有中国特色的山水城市的科学构想，当属事物之必然。

鉴于此，山水城市的含义为：山水城市是中华民族精神和传统文化的继承与弘扬，是社会时代发展和文明进步的标志，是中国未来城市建设形态的新模式，也是人类与自然原本关系永续反映的更高层次的最佳结合方式。

从本质说，山水城市与诸如园林城市、花园城市、生态城市等多种称谓，其实都注重城市环境与生活质量的改善提高，注重城市风貌特色的形成和完美，只是从对城市环境构成关系或形态特征的不同角度表述而已。山水城市应当就是最佳效果的自然式园林城市，理想的生态城市通过绿化美化和建设艺术的加工即成为花园式城市，它们对环境优化美化的要求实质并无差异。

（二）基本构成环境

顾名思义，山水城市一般而言，不乏山、水之美色，故亦有人简释为：城中含山水或城在山水间。诚然，这一表述含义侧重于突出它的自然山水环境和形态的风貌意境，而作为构成“城市”的环境因素还很多，诸如人文环境、经济环境、交通环境、人口环境、建筑环境、绿化环境、市容环境等，一字以蔽之，实则均在“城”中。在这里，可以择定其中最能展示山水城市风貌特色的四项构成环境，确定为基本构成环境，它们是：反映城市深厚历史文脉内涵的人文环境，表现城市自然形态特征的山水地貌环境，自然与人物相结合并具有传统与时代象征的建筑环境，以及融合于三者之间优化美化城市风貌的绿化环境。

1. 城市及地域人文环境

城市不只是一定地域经济能力的集中展示地，它更深层的内涵是一定地域（也包括城市本身）深厚历史文化积淀的载体，正是这一点构成了城市间不同的文化渊源及其特征，诸如城市的发展沿革史、重大历史事件、名胜古迹、考古发掘、名人轶事、经典文学艺术作品、民俗风情、民间传说等，都是城市文化渊源的深厚内涵。研究并准确地抓住其最能体现城市历史文脉内核的精华，就能形成山水城市的主要构成环境及其风貌特色。

在整个城市人文环境中，历史人文环境是主体，因为它最能展现城市风貌，是城市风貌中最富有特色与吸引力的部分。城市的现代人文环境，应当是历史文脉的延续，同时又反映现代人文发展的趋势和时代特点，只有将两者完美地有机结合起来，才能构架形成城市更完整的人文环境风貌特色。

2. 自然山水地貌环境

自然山水环境是山水城市最直观、最明显并以此作为城市模式分类的环境形态特征，也是构成并影响城市总体环境质量的最基本要素。这里它应包括两层含义，即城市所在区域、地域（如市域）范围的自然山水大环境背景和城市本身（如市区、城区）所拥有的山水自然环境及其地形地貌特征条件。或两者共同具有，或两者分属主次。如同建筑的结构框架，自然山水构成了支承整个城市的总体骨架及其基本轮廓形态；而千变万化的山水形态，本身又形成了特色各异的城市面貌及其山水景观，天下没有一模一样的山水环境，也就不可能出现完全一样的山水城市风貌。山水环境的这种独特性，是山水城市风貌形态中最重要、最宝贵的优越因素。只要我们合理地充分发挥运用这一优越条件，就可以创造出多姿多彩的山水城市特色风貌来。

3. 地方传统建筑环境

建筑是一定时期和地域内经济、技术、文化及意识形态的综合表现物，它具有鲜明的时代性(历史性)、地方性(地域性)和民族性。建筑又作为人居环境的主体，它与所在地域的自然环境有着客观上互相适应协调的要求；而同时建筑群又是形成城市的基本要素，并以其量、形、色、位(布局)影响着城市风貌效果。因而，建筑也自然就成为了构成城市环境的一个重要因素。

须指出的是，同一时代、地域和民族的建筑，必然有其共性，而同一时代但不同地域或民族的建筑，也必然有其个性。建筑在不同的时代，不同的地域，不同的民族间多方位、多时空、多层次交错演绎的过程中，形成了五彩纷繁的迥异建筑个性、类型和风格。对于一个地理定位固定的城市而言，建筑的发展则主要是以时间为纵向序列的传统继承与不断创新发展的演绎过程。在这里，传统建筑是根基，是温床，是再创作的源泉。因为它们经历了长时间使用检验，是依据当地自然环境、地域文化与民风习俗实际条件汰选形成的。因而传统建筑最富有地方性，而没有地方性的建筑是没有特色的。

4. 城市绿地绿化环境

绿地对于城市而言是无形的洁净仓和营养库，它滋润着城市，也补给人们各种必不可少的营养素。

不言而喻，对于山水城市，绿地有着特殊位置。可谓山水之间皆绿色，万绿丛中点点红，构成了山水城市环境中的绿色景观特征。誉为中国艺术精粹的国画，无论是山水、虫鱼、花鸟或是市井街坊、乡情田园，皆是无画不绿，无画不树，尤其在泼墨写意的山水画中，重峦叠翠，山清水秀，故山水城市绿化的意境亦概莫如此。此外，既为山水城市，城市绿化就应反映乡土山水风貌，以乡土树种为主，以绿化大环境效果为主，以自然清新的风格为主，重在形成完善的绿化体系，真正体现出山水城市绿化的地方特色和中国特色。

(三) 风貌形态

1. 风貌类型

城市风貌是一座城市展现出来的总体面貌和风格。对于不同的城市，由于他们的历史发展背景、文化渊源、经济水平、自然环境条件等诸多因素的差异，形成的城市风貌亦迥然。

山水城市风貌可大体分类：

(1) 历史文化型

城市具有悠久历史和文化内涵，在一定地域范围内占有重要影响地位，并以其大量珍贵文化遗产构成了城市的历史文脉及其典型的城市景观，由此而展现出显著的城市风貌特色，如孔府故地曲阜、江南名城绍兴就是这类典型的历史文化型山水城市。

(2) 经济发展型

该类城市一般多为后起发展城市，由地域经济结构和布局发展形成，往往具有某种产业(行业)的明显优势，形成在一定地域范围内的经济实力、中心力和辐射力，反映出较强的经济风貌特征。江西钢基地新余、铜冶炼基地贵溪均属于此类经济发展型的山水城市。

(3) 风景旅游型

城市及所在地拥有丰富的风景旅游资源，在城市经济总体构成中，风景旅游业已形成(或将形成)产业优势，并由优美的城市山水环境和丰富旅游景观而形成城市特色与魅力。如山水城市桂林、肇庆、苏州均属风景旅游城市。

(4) 自然生态型

城市拥有优异的自然生态环境条件——包括山水自然环境、生物物种环境、人居环境等，各项环境指标均达到国家优质标准，基本没有人为污染，人与自然关系协调和谐，展现出较明显的生态环境特征而形成城市的独特风格。赣东北边陲山区婺源县城(紫阳镇，朱熹故里)，山清水秀，环境清幽，森林葱郁，物种繁盛，就是颇为典型的自然生态型山水城市。

(5) 综合型(或多形态型)

该类城市风貌不是某种单一的类型表现，而往往兼容两种类型以上的风貌特点，如既是历史文化型，又是风景旅游型或经济发展型。当然，在多类型中也必然存在影响城市总体风貌中的主导因素，从而表现出较为突出的主体风貌特征来。像杭州既是历史文化型又是经济发展型的城市，但它以其优美秀丽的山水和丰富的旅游景点所构成反映的城市风貌更为突出，成为其城市的主体风貌特征，故通常人们也将它视为著名的风景旅游城市。

应说明的是，上述城市分类主要是从对山水城市风貌这一特定含义方面进行的基本分类，并不是确定城市性质，均未纳入城市定性的概念。

2. 形态构架

城市风貌是通过城市所展示的外向形态——表现城市内涵和特色的媒介与方式——来具体得以反映的，并由于这些外向形态所表现的鲜明度或侧重面的不同，而形成城市总体风貌在不同形态上强烈度和特征性的差异性，最终构成城市间不同的主体形态特征和主体风貌特色。

(1) 山水形态

它是山水城市风貌构成的地貌特征，也是区别于非山水城市的自然环境优势。山水形态确立了城市自然空间(包括平面和竖向)的总体轮廓，极大地丰富了城市的空间画面，构成了城市轮廓的自然序列组合与韵律变化美感，也为城市形成了自然山水的优美环境和景致，是山水城市最重要的标志性形态。值得提醒的是，我们有些地方在进行新老城区扩改建或近几年出现的各类经济开发区建设中，往往不注意对有效山水自然环境的保护，不是加强措施绿化荒山岗，改善城市面貌，而是动辄就炸山填塘(湖)夷为平地，使城市的自然地形地貌遭到严重破坏，这种简单而盲目的做法是极不可取的。

(2) 文化形态

它反映城市历史与文化的内涵，是属于一种深层次、高品位展现城市风貌的形态象征，如悠久的历史文化，自然纯朴的民俗文化，现代都市文化风采，都是构成和反映城市文化内涵并内在地影响着城市风貌的主要形态表现内容。为增强城市文化的氛围与形象，应大力发掘城市历史文化资源，加强对名胜古迹及各类古文物、古建(构)筑的保护。要特别提防在旧城改造中盲目拆建或翻修，应注意在城市文化表现形态中保持历史时空的延续性和完整性。

(3) 经济形态

经济形态是直观反映城市发展演绎的标志性形态，在现代经济与科技高水平发展的今天，它们对城市建设的影响亦日益增大，不同的经济产业结构、生产方式与手段、规模与布局，都将对城市总体格局及其风貌产生影响。显然，过去的小规模生产方式同现代化经济及高科技所表现的经济形态特征是不同的，它们对城市风貌的影响也是各异的。问题的关键是，为了更好地体现山水城市风貌特色的总体要求，尤其应注重加强对各类经济形态所形成的环境标准的控制与管理，使其纳入共构城市整体风貌的统一目标和规范内。近年来各地出现的大批园林式、花园式工厂，就是将经济形态同城市环境与风貌协调融合的好方式。

(4) 建筑形态

作为社会、经济、文化综合载体的建筑，它们从纵横双向时空上展现着城市发展面貌及其艺术风格。在这一特定意义上，建筑又如映示城市丰厚内涵与风貌变化的多棱镜，为城市折射出绚丽夺目的光彩。可见，建筑形态——包括建筑形式、结构、材料、装饰、风格等，与城市风貌的构成有着密不可分的关系。为此，我们在建筑形态的确定和建筑艺术的创作中，应当认真地研究城市的历史文化，研究城市(地域)的传统建筑风格，才能创造出既适合城市环境背景又富有个性及地方特色的时代新建筑。

(5) 绿化形态

山水城市绿化形态，除应具有显著的乡土树种特色外，还应注重山水地貌环境的相宜协调，形成浓郁的乡土山水环境情趣。除按城市需要设置的防护林、生态林、水源涵养林及其他专用林地外，应以风景林、果木林、常绿林为主，采用点、线、面结合，乔、灌、草结合，花、果、色、香、形兼具的布置原则，加强城市的竖向绿化，突出市树、市花特色标志性作用(目前城市绿化中市树、市花、省树、省花的展现率普遍较低)，共同构成城市立体型绿化形态结构和丰富多彩的绿化景观。城市雕塑、园林小品，应提高观赏的艺术品位。特殊环境与建筑(如风景建筑、古建筑、纪念性建筑等)、绿化，应与主体物的主题内涵及环境相协调。

(四) 特色风貌景观

特色风貌景观是城市风貌不可缺少的组成部分。所谓特色风貌景观，就是最能具体反映和体现城市风貌、特色的精粹景观，往往具有典型性、象征性与标志性，能给人以画龙点睛的传神魅力，构成强化城市风貌和特色的实体形象。不能想象，如果缺乏引人瞩目且富有品位和情趣的特色风貌景观，这个城市能给人们留下多少深刻的印象或鲜明美感。

一般地说，山水城市特色风貌景观的组织，可以从下几个方面构思：

1. 历史文化景观

是反映城市历史和文化内涵的代表性景观，具有相应的历史、艺术或研究价值，应作为城市风貌景观中重点保护的景观资源(包括其影响环境的严格保护)，如重点名胜古迹、庙宇、古建筑、古街间、古文物、代表性纪念建(构)筑等。

2. 山水地貌景观

是山水城市外向形态的重要标志。除已在总体上构成城市的自然山水宏观环境外，应充分结合山水具体地形地貌特征，通过精心规划设计营造若干处具有典型而独特聚景意义的山水景观及其环境，以丰富和提高城市自然山水的艺术涵养与品质。

3. 生态及园林景观

山水城市理应为生态城市，要进一步将自然山水条件科学地精化为城市生态系统，并使其形成各类型的城市生态及园林景观，如生态农业、生态小区、生态环保、生态田园、生态工厂、生态建筑等，共同构成山水城市显著的生态环境及其景观特征。

4. 风土民俗景观

风土民俗是一种现今仍延续存在且最富于个性化的社会文化现象，通常具有较明显的地域性特征。发掘和利用这一特种文化资源，使其形成城市特种人文景观，将大大丰富城市文化内涵与内容，增强城市特色和魅力。如杭州的茶文化及其茶道艺术，潍坊的风筝节、云南大理的蝴蝶会、湖南汨罗的龙舟节、江西大余的梅花节以及各地名目繁多、特色纷呈的民间节庆、民俗风情等。

5. 现代城市景观

主要是在城市新区建设或旧城改造中形成的反映现代城市面貌的新景观，是城市发展、昌盛的象征，也起着重点点缀、标志作用。如现代新型城市桥梁及立交、电视(或观景)塔楼、主题城雕、大型艺术墙(廊)、代表性及有特色公共建筑、中心广场或重点园林，颇具特色的新街区等。

(五) 归纳

1. 环境、形态、景观是山水城市风貌构成的基本三要素

它们之间的关系是：环境(包括人文环境和自然环境)是构成风貌的前提条件，也是形态和景观产生、展示的内涵依据；形态是环境与风貌表现的基本方式；景观则是具体展示风貌形态、特色并富有标志性、典型性的精粹化特征形象，三者共同构成山水城市风貌的整体基本框架。

2. 坚持环境、形态、景观自然协调的基本原则

在这里，环境属第一性，形态与景观为第二性。形态、景观的表现内容、方式和形象，应同城市风貌构成环境相协调融合，应体现人与自然关系中“天地合成”、“天人合一”、“人地协调”的自然法则，才能达到三者从深层内涵到外延表象内在关系的一致性，创造出更具典型个性的城市风貌。

3. 城市风貌规划是城市建设艺术的总策划和再创作

城市风貌与特色是需要通过有意识的科学规划与设计来实现的；不然，即便城市具有良好的构成环境条件，不经过提炼组织、强化与艺术加工，也只能是零星、涣散、缺乏系统和难以形成风貌特色的。只有在城市系统的总体规划设计的艺术再创作中，合理地构思与组织并创出城市风貌形态和展现城市特征的形象——风貌形态与特色风貌景观，才能将城市所蕴含的风貌本质和特征较准确、完美地展示出来，并使其构成较完整的体系，从而达到风貌环境、形态、景观的自然协调和艺术的升华。

【本文为出席 1996 年中国城市规划学会风景环境学术年会交流论文，刊于《规划师》1995 年第 3 期，并收入《中国科学科技文库》，中国科技文献出版社 1996 年出版】

风景名胜区事业可持续发展的战略思考

“风景名胜区事业是国家社会公益事业。与国际上建立国家公园一样，我国建立风景名胜区，是要为国家保留一批珍贵的风景名胜资源(包括生物资源)，同时科学地建设管理，合理地开发利用。”

“风景名胜区工作的基本方针是：‘严格保护、统一管理、合理开发、永续利用’。在任何情况下，都应严格贯彻这一方针，并贯穿于风景名胜区的各项工作的始终，全面落实。”

——以上引自中华人民共和国建设部《中国风景名胜区形势与展望》绿皮书(1994年3月4日)

(一) 正确认识风景名胜区的科学定性及多功能定位

(1) 风景名胜区它不是也不应视为一项经济发展产业，它的本质是一项文化型、科教型的社会公益事业，也是对国家和人类珍贵遗产的一项特殊资源保护事业。风景名胜区同作为国家一项新兴经济产业的旅游业的本质区别也正在于此。

(2) 风景区具有其多功能性：①珍贵遗产(资源)库；②科学研究与科普教育；③启智与精神陶冶(包括爱国主义教育)；④美学价值和游览观赏(旅游)……。可见，旅游只是功能之一，而绝非全部或唯一。将风景名胜区简单视同为一般旅游区、娱乐区，是对风景名胜区全面功能的片面认识。

(3) 风景名胜区的效益体现，应主要为长久的社会效益和环境效益，而它的经济效益，则主要体现在较直接经营效益要广泛、深远和巨大得多的社会性间接经营效益(即社会相关产业的经济总效益)。

据此，充分完整和准确地了解风景名胜区事业的本质属性及其多功能定位，是科学开发利用风景名胜区的认识基础。

(二) 坚持保护第一，在保护前提下合理开发的基本原则

(1) 保护是第一位的。风景名胜资源作为一种特殊资源，它具有不可再生和不可替代性(唯一性)。正由于如此，又具有其无价性，尤显珍贵稀罕。

(2) 风景名胜资源的保护，不仅仅限于形成景观(景象)的景物(包括自然和人文的)本身，还应当是涵盖生成景观的整个风景环境、历史遗存环境及生态环境。

(3) 风景名胜区的开发利用是第二位的。当保护与开发产生矛盾时，开发必须服从保护的原则。在现行条件下(如人们认识水平和科技水平)还不能科学完善地解决保护与开发之间的矛盾、问题时，应当给后人留下更多、更充分研究的时间和机会。

(4) 风景名胜资源的开发利用是有限度的。世界上任何事物都是在合理维系自身生成、发展的一定度量环境中存在(这个度量在客观上是个恒值)，超出限定度量范围的自然法则，必将导致由量变到质变的变异。风景名胜区也是如此，超限无度的恣意盲目开发，必将导致风景名胜区的破坏和毁灭。

(三) 防止和杜绝风景名胜区人工化、城市化、商业化

(1) 维护与保持风景名胜区各类景观的自然和历史属性，这正是它区别于(完全不同于)一切人造景观(景点)的本质所在。

(2) 风景名胜区城市化，不仅严重改变和破坏区内自然地貌及生态环境，势必造成无限膨胀的常住人口及相应扩增的各类设施与建筑总量，带来不可遏制的人为环境污染及恶性破坏后果；而商业化势必以追逐商业利润为目的，不择手段乃至于以牺牲资源与环境为代价，最终使风景名胜区毁之殆尽。肆虐牟利者，千古罪人矣！这方面的严峻现实和沉痛事例不胜枚举。

(四) 改革管理机制，实行对风景名胜区的体系化统一管理

(1) 目前国家(建设部主管)对风景名胜区的管理，只限于法规性、政策性原则指导管理及其申报国家级风景名胜区和国家级风景名胜区总体规划的审定、审批工作范畴内，而没有真正实质性发挥其行政管理的作用和效能。各地风景名胜区体制纷杂，政出多门，即使同属国家级也是行政管理级别和机制各异，缺乏行之有效的科学管理机制和管理手段，这也成为众所周知的造成大量破坏性开发建设矛盾和问题的重要体制原因。

(2) 要根本改变这一状况，必须吸收外国对国家公园管理的成功经验，强化实行国家对风景名胜区(主要是国家级风景名胜区)的体系化统一直接管理，包括在干部(风景区主要领导干部)使用制度上，改革现行由地方单一任命制，实行由国家和地方宏观双控、任命与选聘(亦可公开社会考聘)相结合的办法，选聘真正热爱风景名胜区事业，有高度工作原则性和责任感并具有相应专业能力的良才贤士，委以重任。

(五) 搞好科学规划，维护规划的法规严肃性

(1) 科学合理的规划，是风景名胜区建设和管理基本依据与蓝图。规划的科学性应体现在：符合国家风景名胜区的根本属性，符合保护原则，符合多功能作用的发挥，符合永续利用的方针，符合风景名胜区实际，并能形成独自特色与风格。应当充分发挥科学规划的龙头地位和作用。

(2) 规划一经批准，应竭力维护规划作为法效的严肃性，认真贯彻实施。任何个人或单位，不得擅自任意修改。同时，应加强规划的法制管理和监督。对那些以权代法，以利拒法，直接违反规划法令、法规并造成严重后果的人和事，必须严肃追究查处。

(六) 强化科学化管理力度，建立总工程师技术总责任制

针对风景名胜区在开发建设中存在的诸多矛盾和问题，强化科学化管理工作力度至关重要。应当建立以总工程师为主的技术总责任制，形成较为完善的技术管理体系，在日常风景区保护、规划、建设的各项技术管理中，确立总工程师的技术权威，并拥有总工程师一票否决权，真正把科学化管理落到实处。

(七) 加强风景名胜区建设和管理人才队伍建设

(1) 风景名胜区的建设和管理，涉及学科、领域广泛，科技含量较高，需要多方面专业人才共同参加，才能真正实现科学化管理的要求和可持续发展的目标。当前我国风景名胜区在人才需求与实际配置方面，差距甚大，整体素质在量和质上都比较低，远不能适应风景名胜区事业发展的要求，这是我们应该正视和亟待解决的问题。

(2) 大力加强现有自身人员的培养和培训，重点引进必要的专业人才，广泛进行横向学习与交流，积极争取各种社会力量(专业设计院所、相关大专院校)的支持与合作，采取走出去、请进来等多种方式，搞好风景名胜区专业队伍培养建设工作。

(八) 正确调整媒体宣传导向

目前在对风景名胜区的媒体报道和宣传舆论中，存在着很大片面性，只着重于报道宣传风景区的大型设施建设(如宾馆、游乐设施、缆车、索道、度假区等)、旅游发展、经济效益等(诚然这些也是必要的)，而不大注重对风景名胜区的性质、价值、内涵、功能作用、规划设计、保护管理等方面的宣传和教育，对于违背科学、违反规划、盲目开发乱建造成建设性破坏的严重状况，以及如何依法制止、查处等方面的情况却极少见有披露，造成了很大的宣传导向误区和社会负面影响。我们应当全面准确地认识、宣传风景名胜区，形成全社会正确的舆论导向，启发全体公民(包括各级领导干部及风景区本身的建设管理者)热爱风景名胜区，自觉维护和保护风景名胜区这一神圣绿洲的觉悟和热情，为风景名胜区科学保护、开发和建设，为风景名胜区事业的可持续发展，创造良好的社会环境条件。

对崂山的几点建议：

(1) 保护好风景资源，关键在于规划。景区规划时，要做好游览线路和景点的选择。

(2) 要防止景区内建筑的爬坡，控制开发建设的总量。

(3) 要对山上、山下做出详细的规划，统筹安排，防止城市化。

(4) 增加景区内的文化内涵与科普教育内容。

(5) 编制山、海、城一体化规划，将三者融为一体。

【本文为应青岛市崂山风景名胜区管理会之邀，出席 1999 年 12 月中旬组织召开的《崂山风景区可持续发展战略研讨会》，根据会上发言材料整理，收录在研讨会论文集】

刍议中国传统民居的环境形态特征及其现代价值取向

中国传统民居，因中华历史悠久，民族众多而人文底蕴丰厚，国土广博而地域特征迥异，具有鲜明的民族性和地方性，展现出绚丽多姿的风采。然而，面对着新世纪的到来和高度城市化发展的进程，如何认识、评价传统民居的现代价值取向，是我们应当关注和研究的课题。本文就我国传统民居的环境形态特征分析，作为问题讨论的切入点，进而从提出城市总体环境水平及未来城市建设模式(尤为住区建设模式)的角度，来透析它在新世纪的应用价值所在。

(一) 中国传统民居的环境形态特征

中国传统民居就其构成的环境形态而言，大致可反映以下基本特征：

1. 建筑外环境的自然融合性

传统民居无论其以单体还是群体存在，它在外环境的选择与处理上，最突出的形态特征就是与自然环境的高度融合性，而这种建筑与自然融合性体现出的思想文化内涵，则源自于“天人合一”宇宙观的内核真谛。根据这一哲理基础，民居在建造时反映出极为鲜明的风水学理论原则。比如建筑用地选址时十分重视山川形势，顺应“龙脉”“地气”，背山近水，向阳避阴，因地依势而建，组合有序，错落有致，都是常用的择地和布局手法；又如在对建筑外环境自然条件的利用上，总是善于巧妙地将天然溪、石引入村内宅旁，村宅外围和居屋外场内院，均有成片“风水树”或竹林果木，构成了民居建筑同自然外环境——地形、地貌、原野、田园环境的最佳关系。可谓虽由人为，却宛如“天工巧作”，村村宅宅尽然入画，形成了民居建筑朴实、清新、淡雅、亲切的外环境形态自然美，也极大地改善了居住环境小气候。自然大地孕育了人类，也培育了传统民居。

2. 建筑内环境空间的布局合理性

传统民居在建筑内环境空间的布局组织上，也充分体现了使用功能与空间布局组合密切结合的合理性。这种合理性一方面表现在使用功能上的充分实用性；另一方面体现在内环境空间在布局组合上的极大协调性。比如传统民居(尤以较大型民居单体或民居组合群体更为显著)在建筑内环境组织中，常见采用的布局手法是：除居住必需的各类功能用房外，还十分注重布置和利用建筑物内部空间中的天井、廊、庭、院，以及多进式纵向组合或水平组合等不同平面与空间组合形式，既构筑了建筑内部空间的丰富变化，又营造了浓厚祥和的居家环境；既满足了每个家庭不同居室使用要求，又营造了和谐亲切的公共空间与邻里氛围，展现出一幅祥和、亲睦的居家内环境景象。

3. 民居住区功能环境的整体协调性

传统民居的发展演绎，一般以家庭组合为构成细胞，以群体组合为基本骨架，逐渐连成村屯，随着经济生产的发展形成多片组合而构筑为群居共依的民居住区。在这里，我们不难发现的一个特征是：民居住区社会功能环境的整体协调性。具体而言，就是在具有一定规模的住区内，其社会公共活动环境(如街市、圩场、学堂、宗祠、庙坛等)必然与居宅环境相对分隔，互不干扰，保障各功能的和谐秩序，也确保了居家环境的宁静舒适。对照之下，我们当今城市生活中，“无路不商店”的马路经济混乱状况，严重扰乱了合理的城市规划布局，也扰乱了安宁的住区环境，破坏了城市整体功能协调性，这种杂乱无序的建设状况，显然是不可取的。

4. 建筑艺术鲜明的民族性和地方性

中国传统民居素以其极富民族性和地方性的瑰丽特色而屹立于中华建筑乃至世界建筑之林，其类型之丰、工艺之精、手法之巧、风格之异，均让人惊叹；而建筑艺术的体现则可概括表现为：建筑环境田园化，建造形制多类化，平面布置庭院化，建筑装饰图雕化，文化内涵民俗化。这些特色共构了传统民居突出的中华民族性和地方性，也成为珍贵的历史遗产，成为了我们今天建筑创作中取之不竭的源泉。

(二) 中国传统民居的现代价值取向

面对当今经济、科技高速发展和城市化进程迈向更高阶段的新时代，随同而来的城市环境问题亦日趋严重，以致对整个地球和人类生存环境造成威胁。基于这一点出发，我们借鉴研究中国传统民居在环境处理问题上的经验和手法，能够得到极大的启迪，并从中认识它的现代价值取向，为现代社会生活服务。

1. 崇尚“天人合一”的自然法则，增强现代环境意识

这里所指的“天”，即泛指大自然，主要有两层含义：其一，人原本就是属于大自然，人的生存也必须依赖于大自然；其二，人类要永续繁衍生存，就必须倍加爱护大自然，保护好自己赖以生存的地球环境和生活环境，不然就将会走向自我毁灭。当现代城市日剧污染时，久居空气污浊和嚣噪不宁的城市的人们向往回归自然的需求亦与日俱增。这绝不是一种生活方式上的时髦，而是人们本能环境意识日趋增强的反映。在这一点上，中国传统民居能够较好地解决人居环境同大自然的协调关系，这种传统民居建筑外环境的自然融合性，同我们今天提出的创建山水园林城市、生态城市的未来城市模式目标，正显现出它们之间本原的底蕴联系，也展示着它的现代深远价值。

2. 突出“以人为本”的主导思想，启迪住宅设计新思维

传统民居所构成的生活环境中，集中地体现出“以人为本”思想的双重内涵：既能够明确人为主体的地位，又能够充分促进人与人之间和睦共处关系。尤其对于传统民居中那种多种组合式或多进组合并联式大型民居宅院，这种家居和睦的生活环境气氛更显浓郁。这是现代生活中，我们居住的单元式、独户式住宅户型所不能达到的。如单元型住宅的组合中，把单个家庭一一分割开来，长年闭门关户，彼此极少往来，淡漠了人与人之间的情感。难怪那些住惯了老式民居的中老年人不愿意随子女住进单位宿舍，就是因为害怕“独守空房”孤寂难忍。当今，一方面，高楼林立之间，城市有严重的人口、交通、污染、环境等一系列问题；而另一方面，人们在致力于进一步改善城市环境和提高人民生活质量的同时，也在不断增强人际关系的亲睦和谐。鉴于此，我们是否能够从传统民居中汲取有益的启迪，从而对我们今日的住宅建筑设计提供新的思路，来一次大胆的创作“革命”呢？这是一个具有现实和深远意义的研究新课题。

3. 继承和再创我国民族建筑艺术的时代光彩

建筑是凝固的音乐。中国民居建筑因其多民族性、不同地域性及不同历史性而异彩纷呈、风格别异，这也许正是画家、摄影师们把它们作为执著不舍的艺术主题的重要原因。现代经济带来了现代城市的繁荣，也带来了现代建筑的发展。但当人们开始认识到“高楼大厦不等于现代化”时，我们应当很好地研究一下，传统民居作为一项民族建筑文化艺术财富，如何在中国的现代建筑中，融入民居建筑的艺术精华，再创我国民族性时代建筑的新光彩呢？

（三）结语

中国传统民居历经数千年历史沧桑，是民族政治、经济、文化的积淀和建筑艺术的结晶，在建筑发展史和建筑艺术史上，均有着重要的地位和闪光的色彩。尤其表现在建筑环境形态特征上，无论是于当今还是未来建筑环境——包括建筑本身内部环境及建筑外部环境问题的研究，或是对于现代城市总体环境的改善提高，把传统民居环境形态处理的思想和方法引入现代城市规划和城市设计中去，都仍不失为奥秘博深的可循法则，具有深远的现代应用价值。我们希冀在不断探索的再创作中，走出一条现代城市住区建设发展的新路子。

【本文为出席中国民居研究会 1999 年第 10 届学术年会交流论文】

风景名胜区认识及开发误区辨析

《中国建设报》原编者按：风景名胜区事业是国家一项资源保护型社会公益事业，必须贯彻执行“严格保护、统一管理、合理开发、永续利用”的基本方针。但在当前市场经济的大环境下，由于人们对风景名胜区真正意义和风景名胜资源珍贵性的认识还不深透，受经济利益和急功近利的驱动，在开发建设中仍然存在着各种认识误区，并严重造成破坏和威胁着风景名胜区的健康发展。该文就目前在认识及开发中出现的几种主要现象，提出了一己之见，以期对澄清一些问题的认识和促进风景名胜区的科学保护与利用有所裨益。

我国成功加入 WTO 后，必将在全方位更大程度上融入国际社会，尤其在科学管理体制、运行机制和实行规范管理、法制管理等各方面必须加快接轨。同时，在这对接过程中，应尽量缩小时空差距，避免多走弯路，并将可能产生的负面损失下降到最低值。

从这样一个视角出发，面对我国社会主义市场经济和旅游业快速发展的大环境，如何正确认识风景名胜区的真正意义，充分发挥其应有的科学价值，实现在保护前提下的合理开发、永续利用和健康发展，尽快与世界国家公园科学体系接轨，确立有中国特色的风景名胜区体系及管理机制，克服和排除当前在风景名胜区认识问题上的种种误区，坚决制止和纠正各类严重的破坏性开发与经营行为，正本清源，事关根本，尤有必要。

(一) 风景名胜资源≠特种市场商品

风景名胜景观资源的总体构成，可概分为自然和人文两大类。自然类由自然造物而天成，非运用人力手段所能产生；人文类在一般意义上虽由人工所建，但属年代久远的历史遗存，并非当代现时之造物。因此，无论是自然还是人文的，这种由特定的自然和历史所体现的资源的独一性、不可再生性和不可替代性，是风景名胜景观资源最本质、最重要的属性。

依据风景名胜资源的这一特殊构成关系及根本属性，也确定了风景名胜区所具有的真正价值：生物物种保存及生态价值(自然珍稀性)、文化历史价值(历史真实性)、科研科普价值(科学性)、美学艺术价值(观赏性)、健身价值(保健性)，等等。

风景名胜区是国家珍有的特种国土资源。目前全国有国家级风景名胜区 151 处，省地市级风景名胜区 526 处，总面积约逾 10 万平方公里，仅占国土面积的 1%强。风景名胜区是对这一特殊国土资源依法划定的保护管理区域，“风景名胜区事业是国家社会公益事业”(《中国风景名胜区形势与展望》绿皮书，以下简称《绿皮书》)。风景名胜区的土地和资源属国家和全民所有，国家明确规定：“风景名胜区的土地，任何单位和个人都不得侵占”(《风景名胜区管理暂行条例》，以下简称《暂行条例》)，“不得出让土地，严禁出卖转让风景名胜资源”（《绿皮书》）。

然而，一个时期以来，仍有不少同志(其中也包括一些地方政府及部门领导人和风景名胜区自身管理机构负责人)对风景名胜区认识依然比较模糊，“把风景名胜这一特殊的资源事业等同于经济产业，片面追求经济效益”（《绿皮书》），视风景名胜资源为可换取高额经济利益的特种商品资源。近几年来，一些地方更相继出现以各种形式出让、租赁风景名胜区土地和资源的现象，将本属于国家和全民所有的风景名胜区的土地和资源，以极其低廉的价格(风景名胜资源应当是无价的!)长期出让或租赁给开发商自主投资经营(其期限由30年、50年至70年甚至更长)；再加之有些风景名胜区目前管理体制仍未理顺，依然存在着多头管理或管理机构级别同风景名胜区等级不相适应的状况，如有的国家级风景名胜区(甚至世界遗产地)却只由乡级政府部门主管，而任凭村一级自行开发经营，则更加导致了这种严重缺乏政策、法令观念的恣意出让风景名胜区土地和资源的荒唐行为，显然是完全错误的。因为这种做法严重违背了国家对风景名胜区事业的科学定性、定位，违反了风景名胜区现行管理法令、法规，损害了国家和广大人民群众的根本及长远利益。我们认为，无论哪一级政府或部门，都没有这种超越的权力，只有忠实履行国家和人民赋予的保护和管理的神圣义务与职责。国务院早就明确指出：“各地区、各部门不得以任何名义和方式出让或变相出让风景资源及其景区土地。”(《加强风景名胜区保护管理工作的通知》)为什么我们一些同志三令五申，久禁不止，却偏偏置国家明令的法规政策于不顾而要做出如此下策呢？除了明显的为了短视近利、树建政绩之外，由于对风景名胜区缺乏全面正确的科学认识而陷入误区，则是其根本原因所在。

(二) 风景名胜区≠旅游区

在人们一般的认识中，往往将风景名胜区与旅游区混为一谈，认为风景名胜区即旅游区，分不清风景名胜区和旅游区的概念差别。尽管在风景名胜区诸多意义价值中也包含了开展旅游活动的功能作用，但这只是其功能之一，而它最重要的功能——对国土(乃至地球)上珍稀物种及特异自然与人类历史文明珍贵资源的永续保存和科学利用价值，却往往被忽视。

我们认为，风景名胜区与旅游区两者不同点，主要体现在：

1. 两者法定定位和区划界定完全不同

众所周知，风景名胜区作为一类特殊国土资源的区域形态和管理模式，无论是哪一级风景名胜区，它的确立都必须由相应一级政府正式审查批准，必须有明确的法定地理区划界线，有切实的管理机构、人员和相应管理职权。为了保护风景区，建设和管理好风景区，国务院颁布了《风景名胜区管理暂行条例》，国家建设部制定实施了《风景名胜区管理暂行条例实施办法》(以下简称《实施办法》)等一系列法令、法规；各级地方政府或行政主管部门也分别制定了对应的具体管理办法(细则)或管理规定。因此，风景名胜区具有明确的法定定位和区划界线。

其次，风景名胜区保护、建设、管理所依据的各层级规划文本和图件，必须经相应一级政府或主管机关审查批准，并纳入执法监督范畴。

所谓旅游区，则是为了在大空间旅游活动组织中便于促销和运作，人为划出的对旅游点区域分布给予一定相关组合的模糊地域概念。它本身并不能成为一种行政管理实体，既没有确定的模式，也没有确定的地理区划界线，更没有法定地位、管理机构和管理权限。

由上可见，风景名胜区和旅游区原本是不能相提并论的两个不同事物的不同概念，更不能两相等同。目前一些地方常见打出某某“风景旅游区”的名谓，不伦不类，其实是很不科学，很不适当的，混淆了两者不同概念、形态的区别，是对风景名胜区缺乏真正认识的反映。

2. 两者经济学含义截然不同

正如《绿皮书》所阐述：风景名胜区本质上是一项资源保护型的社会公益事业，主要为满足人们不断提高的物质和文化生活需求，而不是一类经济产业，不以追求和获取最大经济效益(利益)为目的。

在这里它包括三层含义：首先，风景名胜资源是国土资源总体构成中一类具有特殊意义和价值的不可再生的珍贵资源，它归于全人类、国家及全体人民所有。国家建立风景名胜区的根本目的，就是运用法定的有效管理体制来对这一资源实施科学保护和永续利用。其次，作为社会公益事业，它是向全社会提供特定范围的高品质共享性物质和精神的公益服务；再次，它既然是社会公益事业，就不能以追求和牟取最大经济效益(利益)为目的，而只能是以整体提升社会和每个公民的思想境界、道德水准、文化素养、生活品质、环境品质等为目标，不断促进社会文明的发展。

旅游业则不同，它是国家改革开放以来逐步形成、发展起来的一类新兴经济产业——被广泛称为“朝阳产业”、“时代产业”，它的最终目的自然是追求和获取其最大的经济效益(利益)。不可否认的事实证明：改革开放以来，我国旅游业取得了迅猛的发展，它作为第三产业的新兴经济领域，已强劲崛起，同时又作为链接型产业有力地拉动和促进了其他诸多相关产业(行业)的发展。在一些旅游地区和城市，旅游业在国民经济中所占比重日渐加大，一跃成为地方经济的支柱产业或主导产业，在地方经济发展中有着举足轻重的地位和作用。

鉴于此，两者存在着经济学含义上截然不同领域范畴的本质区别，绝对不可等同。

3. 两者资源构成内涵及开发原则不同

风景名胜景观资源的总体构架，简言之，即基本由自然景观和人文景观两大类型共同构成。与此不同的是，旅游资源在构成内涵上体现出更大的广泛性，除了风景名胜资源无疑是其重要的组成内容外，还可将凡具有观光、参观、休闲、娱乐、度假、购物等利用价值的各类资源都纳入总体构成范畴。旅游资源既无时代、时间的界限，也可能完全是人工造景，只要能促进旅游经济产业及其相关产业的发展，都可加以吸纳、策划和开发。

此外，两者在对其资源开发利用的条件原则上亦不尽相同。虽然，各地旅游业在起步阶段都较大程度上依托于风景名胜区的旅游功能价值，风景名胜区也就自然成为了主要旅游地。但风景名胜区的这一功能价值，由于其对资源开发利用有一定合理限度，它不可能满足旅游业希望无限度发展的需求以及相应的速度和量度的要求，这也就是旅游部门(也包括一些风景名胜区管理部门)对游人量要求是多多益善，而许多学者、专家和风景名胜区管理部门的有识之士则认为必须用合理的环境容量进行控制的矛盾所在；同样，这也是在对风景名胜资源开发程度及旅游设施项目策划、建设用地选址和规模、范围等问题确定上，开发投资者与规划设计人员、科学管理者之间出现异见的原委所在。

值得一提的是，一个较长时间以来，在如何正确对待风景名胜区保护问题上出现的所谓“动态保护”(自诩在积极开发中进行保护)与“静态保护”(被曲意谓曰“绝对保护”或只讲保护不讲开发)之争，只不过是前者强加于后者的一种莫须有的借口，也正是那些违背科学、不按规划合理开发者掩盖自己利欲目的的堂皇托词。岂不知，风景名胜区规划由编制、审批到逐步实施的整个过程本身，就是在坚持严格保护的前提下，对资源加以系统整合、科学组织和更好地实现合理有序开发，确保永续利用的最有效的科技控制手段。实践充分证明：科学编制并认真执行实施了规划，都既有效地保护了风景资源，避免了不适当的和破坏性开发的现象，又积极促进了风景名胜区的合理开发建设，有力地推进了风景名胜区事业和地方社会经济的发展。

问题的实质仍在于，旅游业作为经济产业，它的发展必然遵循其经济发展规律，而风景名胜区作为特种资源保护型社会公益事业，它的开发、利用主要遵循并制约于自然法则和社会文明要求，尤其在风景区开发达到相当量度后，这一特征(特性)反映就尤显重要和突出。国家对风景名胜区制定的基本方针是：“严格保护、统一管理、合理开发、永续利用”，这一方针全面正确地体现了以保护为核心的基本观念和科学原则。

(三) 风景名胜区≠宗教场所

诚然，俗话说“自古名山僧占多”，在目前各级风景名胜区中确有不少历史上都曾是宗教活动地，宗教文化也成了风景名胜区人文景观资源的一个构成内容，这是一个不争的事实。但认识的模糊(矛盾)之处在于：其一，对于历史地位影响较大且至今仍保存完好的著名宗教场所，作为一类历史人文资源，理当加以保留和利用；我国著名的历史宗教场所一个突出的双重性特征是：既为著名的宗教名地，同时又必须是山清水秀佳境，方能构成寺庙建筑、宗教文化与自然山川、生态环境的完美结合。因此，对于宗教文化风景地的保护与开发，必须注重对其丰富、优美的自然景观及其他人文景观资源的全面发掘和利用，着力提升风景名胜区整体品质，而不能简单地把风景名胜区等同于宗教场所。其二，一些风景名胜区原本历史上并无大的寺庙，却也东施效颦般大动土木建寺立庙，随心所欲地在游览区内乱塑露天佛像或凿岩成佛，到处设坛置案、投币入瓮、诓骗钱财；占卜、相命者也大肆乘势而入，大搞愚昧迷信活动，弄得风景名胜区内乌烟瘴气。也有的导游和讲解人员故意蛊惑误导，不去介绍该地宗教文化的渊源、寺庙的历史地位和建筑艺术价值，却通篇宣扬的是神化、鬼化、恐怖和迷信的意识，甚至公开诱导游人要“循规”、“随缘”，强制性让游人照着设定的程序和套式效仿，把风景宗教活动场地变成了合法的愚化宣扬场所。

上述这些现象，不仅严重损害了风景名胜区的整体形象，破坏了风景环境及自然景观面貌，也是对纯正宗教文化的玷污，对国家宗教政策的曲解，是同当今时代的文化和精神面貌极不协调的，更是对风景名胜区认识和开发建设的误导，应当引起特别关注与思考。

(四) 风景名胜区≠娱乐场

风景名胜区的建立和保护、开发利用，它们所依赖的先决条件及优势，应当是其所拥有的高质量、高品位的自然与人文资源及其风景生态环境本身。人们到风景名胜区来游览的目的是欣赏优美的自然风景，感受深厚的历史文化，汲取无尽的大自然生态之甘露，滋补广博的知识之营养，陶冶情操，提升现代生活文明品位。

然而，有的风景名胜区为了追求一时市场效益，将大量传统的或现代的娱乐性设施和活动项目引入区内，诸如：高空走钢丝、滑索、滑道、蹦极、恐龙世界、鬼城、人造迷宫、斗鸡、斗羊、跑马场、射击场、轨道小火车、充气游戏场、迪斯尼乐园、高尔夫等，不一而足，什么项目赚钱就开发什么项目，实在是大煞风景。殊不知，"风景名胜区要区别于城市公园"（《实施办法》），也绝不是一般城市娱乐场所，更不能时新时换地迎合人们消费喜好和热点，而将风景名胜区陷入市场化、商业化的歧途。这样做只能使本来净洁高尚的风景名胜区庸俗化了，大大降低了风景名胜区的品质。作为风景名胜区的直接经营管理者，要率先走出这一误区。

(五) 风景名胜区≠另类城市建设用地

还有一种认识上的模糊观念，就是将风景名胜区看作为城市外延的又一类城市建设用地。由于风景名胜区得天独厚的环境条件：这里自然生态优越、环境幽静、风景秀丽、气候宜人、空气清新，人们在喧闹污染的城市里是完全享受不到的。于是，一些投资开发者和经营管理者动起脑筋将大量各类开发区、度假区、别墅区、宾馆、商务中心、会议中心、培训基地、疗(休)养所、康复中心一股脑搬到风景名胜区内建设，必然造成大量侵占风景名胜区土地，破坏自然生态环境，使风景名胜区人口和建筑密度、交通及生活设施急增，污染加剧，最终导致风景名胜区不断的城市化、商业化、人工化。这种错误将风景名胜区当作另类城市建设用地的倾向，还在继续蔓延，严重危及风景名胜区的存亡，必须坚决制止。

对此，国务院和建设部早就出台了一系列法规、文件，明令禁止："风景名胜区的一切景物和自然环境，必须严格保护，不得破坏或随意改变。"（《暂行条例》）"在游人集中的游览区和自然环境保留地内，不得建设旅馆、招待所、休疗养机构、管理机构、生活区及其他大型工程等设施"（《风景名胜区建设管理规定》），"不得在风景名胜区各景区范围内设立开发区、度假区"（《绿皮书》），"禁止在风景名胜区内大兴土木和大规模改变地貌和自然环境的活动，防止风景名胜区的人工化和城市化倾向"（《暂行条例》）。

在这里必须强调的是，风景名胜区绝不是另类城市建设用地。对于风景名胜区的资源和环境保护，必须是整体的保护，具体通过风景名胜区规划对其规划用地范围内的不同性质及功能分区，分别制定和提出不同的保护原则、要求与措施。要防止任意改变规划用地性质，杜绝无原则迁就投资开发者的不合理条件和要求，切实避免风景名胜区土地和资源被侵蚀、圈占的现象，坚决制止各种不惜以牺牲风景名胜区资源、土地、环境为巨大代价，而换取一时开发的急功近利和博取招商政绩的极其错误做法。因为归根结底，伤毁的是风景名胜区，损害的是国家和人民的长远的利益。

（六）结语

风景名胜区事业是国家资源保护型社会公益事业，风景名胜区资源和土地均属国家和全体人民所有，风景名胜区的管理经营不能纳入市场化、商业化运作。面对在风景名胜区认识问题上的种种模糊观念，首先必须矫正对风景名胜区的思想认识，确立起对风景名胜区正确的科学价值观，提高各地政府部门和管理者的认识水平与管理水平；其次，要进一步改革和理顺风景名胜区管理体制与运行机制，强化风景名胜区管理的法制建设，大力加强执法及监督力度，认真贯彻施行风景名胜区各项法令法规，令行禁止，坚决抵制和纠正各种错误的认识观念及破坏性开发行为，保障我国风景名胜区事业的科学、健康、持续发展。

【本文为出席中国风景园林学会2002年学术年会(武汉)发言交流论文，后被选送出席中国科协2002年学术年会(成都)，在第22分会场发言交流，入编年会论文集；刊于《中国建设报》2002年8月20日第8版、《中国园林》2003年第2期】

论风景名胜区的“合理开发”

党的十六届三中全会提出的“坚持以人为本，树立全面、协调、可持续发展观，促进经济、社会和人的全面发展”这一科学论断，对于风景名胜区事业的健康、持续发展，具有极为重大的指导意义。在这里，“发展”是主题，“以人为本”是本质，“全面、协调、可持续”是基本内涵。

国家确立的风景名胜区工作“十六字”方针，即“严格保护、统一管理、合理开发、永续利用”，真正全面、正确、充分地具体体现了科学发展观的思想内核。在这里，“保护”是前提基础，“管理”是体制保障，“开发”是手段过程，“永续利用”是宗旨目的。换言之，风景名胜区事业的发展，应在严格保护的前提下。切实遵循自然和社会的客观科学规律，实现人与自然、社会，经济与生态、环境、资源的协调、和谐、可持续发展——这就是在风景名胜区问题上对科学发展观的真切注释。

(一) 全面认识风景名胜区的科学功能价值

风景名胜区事业是国家一项资源保护型社会公益事业，风景名胜资源则是国土资源总体构成中一类具有极为珍贵价值的特殊资源，其体现的独一性和不可再生性，是它最本质、最重要的属性。

风景名胜区具有极高的多种科学功能价值，一般地说至少可概括为：①珍异风景景观资源和风景环境的自然保存功能价值(珍稀性、独一性、不可再生性)；②生物多样性和生态功能价值(物种基因库、野生和珍稀动植物生命场、地球不同经纬度和垂直分布的生物、生态原生地)；③地学科学研究功能价值(不同的地质构造、地貌及其形成的地质景观特征)；④历史文化研究功能价值(历史遗存、名胜古迹为社会学、经济学、考古学、民俗学、建筑学、工艺学等各学科提供了极好的科学考察、研究的实物基地)；⑤美学艺术功能价值(为绘画、摄影、音乐、文学创作等提供重要的艺术创作源泉，陶冶情操，同时体现其游赏功能价值)；⑥科普教化功能价值(认识自然、传播知识、科普启智教育)；⑦运动保健功能价值(回归自然、调整肌理、强身健体)。

在这里需要强调的是，当前由于人们对风景名胜区的全面科学功能价值认识还存有较大的差距，人们往往仅把风景名胜区作为旅游景观资源的重要载体，只片面单一地强调了旅游观赏及休闲功能的发挥，而忽视了它们诸多的更本质、更重要的科学功能价值，简单地视风景名胜区等同于旅游区，从而陷入了认识上的误区。

现阶段，人们已充分认识风景名胜区的价值，而且国家正依托于风景名胜区这一重要载体，大力促进旅游业发展，这或许是当今我国现行发展阶段中特定的社会、经济环境所形成的过程产物(现象)。风景名胜区问题的实质在于：如何正确对待和处理好风景名胜区在旅游开发中的保护与开发的辩证关系，这也是本文议题的关键所在。

值得注意的是，一些地方错误地将风景名胜区事业混淆、等同于旅游经济产业，如同发展经济“三产”一样来开发“风景名胜区经济”，地方政府不仅不给必要的保护、管理经费，甚至下达每年大幅递增的上缴财政指标，或是硬性规定招商引资的任务量，迫使地方进行掠夺性的风景资源开发；有的地方进而采用引起风景名胜区管理体制和机制蜕变的方式——将风景名胜区直接交给旅游开发公司进行市场化运作，或将开发权、经营权转让，由投资者说了算，以追求开发的最大经济利益为目的，这不仅大大削弱了风景名胜区科学保护管理的力度，还给刚刚成长起来的国家风景名胜区事业造成严重损害。这种非常态的危险倾向，完全背离了国家建立风景名胜区的宗旨，也不符合国家有关风景名胜区的一系列方针政策，不符合国家和广大人民群众的根本利益，应当引起各级政府的高度正视和重视，并应及时采取有效的政策与措施，加以纠正和引导。

笔者深信，随着国家社会经济的发展，人们整体思想与文化素质的不断提高，风景名胜区必将不再以获取经济效益为主要目的，而取代它的必然是风景名胜区更本质、更重要和日益凸显出来的科学功能价值，回归和重塑风景名胜区圣洁、高尚的形象。

（二）风景名胜区“合理开发”原则的基本内涵

科学发展观和风景名胜区工作的“十六字”方针，为风景名胜区的保护与开发建设提供了指导的理论和必须遵循的原则。但在风景名胜区保护、规划和开发建设的日常工作中，笔者认为最难把握的是“合理开发”的问题，这既是个理论问题，更是个必须在实际工作中切实把握的具体问题。

究竟怎样才能把握“合理开发”的尺度呢？笔者认为必须在风景名胜区保护、规划、建设中坚持以下基本技术原则(即“合理开发”原则的基本内涵)。

1. 原真性原则

原真性原则即无论是自然景观还是历史人文景观，都必须保持景观(景物)的原生形态和真实的历史原貌而不加以任何人工雕饰和改变，更不允许破坏。这不仅是针对于构成景物景观的资源本体，还应包括生成景物景观的整个风景环境及其风貌。因为“原真性”在本质上反映了风景名胜资源的真实性、独一性和不可再生性的特性；同时，也只有这样，才能体现风景名胜资源珍贵的真正价值。显而易见，任何人工的雕饰或人工造景的充塞，都是违背原真性原则的，都是惟利思想作祟的结果，必然对风景资源及其环境造成破坏。

2. 生态性原则

我们也将能够生成风景环境与风景景观的自然生态称为“风景生态”。风景名胜区的山系、水系、谷壑、林木、气候、野生动植物及其生物多样性等自然条件，共同构成了比一般生态系统更为优异的风景生态系统，它们特殊的地质、地貌和生态环境生成了不同地域及风景名胜区内特定的风景景观，形成了风格迥异的风景特色。山有山“脉”，水有水“脉”，依“脉”而衍生，依“脉”而流动，这就是风景生态的“脉络”。一旦开发不当，断了“脉络”，就会对风景生态、环境和景观造成破坏。20 世纪 70 年代，庐山修建山南登山公路时，因选线不慎而导致著名景点仙人洞内天然珍泉“一滴泉”的泉脉断毁而干涸，就是一个真实的负面例证。

3. 适度性原则

俗话说"物极必反"。世界上一切事物都有"度"和"量"的问题，凡事不能过"度"或过"量"，否则，就必然走向事物的反面，这个哲理是浅显明晰的。对于风景名胜区更是如此，更必须坚持适度开发的原则。通常，我们在编制风景名胜区规划或进行景点设计时，须按要求对游览区内游人环境容量进行合理测算，或在接待区内限定其建设规模，并对必要的建筑密度、容积率、控高、层数、体量等进行规定，就是为了较好地把握这个"度"，将其控制在适应风景生态、环境允许的范围之内，防止"超负荷"状况，避免因过"度"过"量"开发而造成对景观生态及环境的破坏，就正是这个道理。

4. 协调性原则

风景名胜区内依据规划需要建设的风景游赏设施及配套服务设施，均应遵循与风景环境和当地历史文化背景和谐相融的协调原则：这些设施大多以建筑物形态来体现(本身即成为风景建筑，亦称景观建筑)，但无论何种建筑，对风景而言，建筑永远是配角、配景，绝不能争当主角、主景，不能与风景"抢眼"而造成本末倒置。风景建筑应循地形环境依势而建，切忌抢占高地、更严禁推(劈)山造地或破坏环境和地貌修建。此外，风景建筑在其选址、布局、体量、尺度、形态、风格、材料、色彩上，都应与实地风景环境和地域社会文化背景相协调，精心设计，精心施工；切不可盲目抄袭、攀比，甚至滥刮"欧陆风"，使建筑完全丧失了自身生长的根基。

5. 系统性原则

风景名胜区规划和建设是一个相对完整的系统工程。在开发建设时，必须树立全局的、统筹的观念，从全局和整体上合理安排各个子系统及专项设施的建设。特别是对于那些由于管理体制不顺，出现多块、多头管理或多个投资者开发的风景名胜区，尤其需要强调规划、建设和管理的统筹性，防止各行其是或顾此失彼，出现重复建设或超量建设的状况，并由此而造成不必要的破坏性建设后果。

6. 按规划建设原则

规划是龙头，这是任何建设事业都共同遵循的法定工作程序原则。没有规划就不能立项建设，违反规划的项目也同样不得建设。规划一经批准生效，就具有严肃的法律效力及延续性，任何单位与个人都不能擅自或任意改变。在这里需要强调的是，应当根据风景名胜区保护建设工作的特殊规律性要求，认真做好不同阶段时序中的层次规划设计工作(如总体规划、景区规划、风景点详细规划、景点设计及单体工程设计等)。上一层次规划为下一层次规划提供依据，而下一层次规划应与上一层次规划相衔接，并且应该是上一层次规划的延续、深化，从而确保各阶段规划设计的系统性、协调性。规划设计中必须贯彻执行国家相关法令、法规，遵循风景名胜区规划设计的技术规范和标准。切实防止无规划，不执行规划，或恣意迎合建设方不合理开发要求而造成破坏性建设现象的出现。政府行政主管部门和风景名胜区管理机构应当严格执行规划，在项目审批时切实把好关，认真地担负起自己的历史责任。

7. 防止人工化、城市化、商业化原则

一些风景名胜区为了追逐经济效益，任意建造人造景观，滥建商业网点，甚至将城市中的购物街、商品市场、娱乐城、游乐园、杂耍场等都搬进了风景名胜区，什么项目赚钱就搞什么项目。更有甚者，竟然将风景名胜区当作了“另类”城市建设用地，明知故犯地侵占风景名胜区的土地和资源，用来建设私人豪宅或富人别墅区，大搞变相的房地产开发，对风景名胜区造成了极为严重的破坏。最近引起国务院和建设部高度关注的在某世界遗产地、国家级重点风景名胜区范围内违规成片建设私人度假别墅区事件，就是一个典型的例子。

8. 旅、游、宿分离原则

旅，是游人进入风景名胜区之前到达目的地的一个路途过程，可以通过不同方式的交通工具实现。游，是游人进入风景名胜区之后的风景游赏行为活动，进行风景品赏和体味，当应以步行为主。宿，是为游人提供必要的住宿生活条件，需要相应的设施和基地，一般分为旅游城、旅游镇、旅游村、接待站等不同规模和等级，但与游赏活动本身无关，不应在风景游览区内建设旅游设施。我们历来主张的“山上游，山下住”或“区内游，区外住”观点，就是这一原则的体现。然而，在一些风景名胜区的开发建设中，往往混淆了这三者不同行为、目的的本质区别，将它们混为一谈。有的开发投资者为了追求经营利润的最大化，也常常不顾规划布局的统筹安排，将各种旅游设施建在游览区或风景点上，其结果必然是对生态、环境、自然地貌和风景景观造成极大的破坏。目前，这种现象在一些风景名胜区比比皆是。对于这种违规建设的现象，国家早有明文规定，并三令五申禁止在风景游览区内建设宾馆、招待所、各类培训中心及休(疗)养院(所)，以及在风景名胜区内设立各类开发区、度假区等。当前问题的关键在于，如何加大法治和管理力度，做到令行禁止。

上述八项技术原则只是笔者在工作实践中得到的一些粗浅体会(当然不是原则的全部)，但这些基本的原则，可以为处理好风景名胜的保护与开发关系提供一定的必要技术参照条件。

(三) 风景名胜区资源和土地出让之风必须强力遏制

近几年，在全国各地风景名胜区开发建设中掀起了一股出让或变相出让风景名胜区资源和土地的风浪，其对风景名胜区乃至整个事业构成的威胁、危害极大，切不可漠然视之。造成这一状况的原因很多，错综复杂，本文暂不加以分析。但不论何种原因，一些地方政府或主管部门出台这一政策，显然是极不恰当的，这与国家有关风景名胜区管理的法令、法规和政策是相违背的，也是不符合国家和广大人民群众的长远根本利益的。

国务院《风景名胜区暂行管理条例》、国务院办公厅《关于加强风景名胜区保护管理的通知》、建设部《风景名胜区形势与展望》(绿皮书)中早就三令五申明确规定，风景名胜区事业是国家社会公益事业，风景名胜区资源和土地属国家和全民所有，任何单位和个人都不得侵占，不得以任何方式出让或变相出让风景名胜区资源和土地。但这些地方政府和部门领导却狭义地以发展地方经济为由，借招商引资之名，树“政绩工程”之实，急功近利，出此下策，不惜出让国家珍贵资源和土地，这无异于是对国家风景名胜区和风景名胜区事业的肆虐与摧残。作为一级政府或主管部门及风景名胜区管理机构，允许和迁就这种违规开发行为甚至为其创造条件，是一种严重的渎职行为，严重损害了国家和人民的根本利益，也从根本上违背了科学发展观。对于这种严重违规开发而久禁不止的现象，应当加以强力遏制。尤其是对那些无视国家法令、政策，造成风景名胜区遭受开发性破坏的严重后果，以及滥用职权、权钱交易、图谋私利的相关责任人，应当严肃追究其应负的法律责任。

【本文为《规划师》杂志“风景名胜区保护与旅游开发规划”论坛特约撰稿，刊于《规划师》2005年第5期、《中国风景名胜》2005年第11期】

风景名胜区旅游产业化发展趋向思辨

我国当代风景名胜区事业以1982年国务院批准公布第一批国家重点风景名胜区为标志，自创立以来，至今已走过23个春秋的成长、发展历程，形成拥有177处国家重点风景名胜区、700多处省级风景名胜区及数量更多的市县级风景名胜区的体系完整、蓬勃发展的社会主义新型事业，在为保护人类和国家自然与文化遗产的千秋伟业中，取得了令人瞩目的成就。

“我国风景名胜区事业是国家社会公益事业”，“风景名胜区工作的基本方针是‘严格保护、统一管理、合理开发、永续利用’”，“必须强调资源保护工作的首要地位”。各级政府和风景名胜区管理机构应当全面、准确地贯彻执行国家相关风景名胜区工作的法令、法规及方针、政策，把保护好这一特殊珍贵的自然与文化遗产资源并永传后代，作为自己光荣而艰巨的历史重责。

然而，当前由于人们对风景名胜区认识上还存在着较大的片面性，特别是受到日益发展的市场经济社会环境的深刻影响而陷入种种误区，导致风景名胜区出现了“旅游产业化”发展趋向的种种征象，务必引起我们严重关注和高度正视。

其“产业化”发展趋向的主要征象表现有：

(一) 扭曲的“产业”定位

一些风景名胜区所在地的地方政府和领导同志，对风景名胜区这一特殊资源保护事业的社会公益性质、定位认识不清，片面地从发展地方经济的愿望出发，如同抓其他经济产业一样，将风景名胜区也当作产业来抓，要求其成为促进地方经济全面和快速发展的“经济新增长点”，纳入地方经济发展规划与目标，下达风景名胜区年度经济增长比例、上缴地方财政硬性任务和招商引资规定指标，甚至还作为对风景名胜区及主要管理干部年度工作考核的基本目标等。因而迫使风景名胜区为了完成这一系列经济指标而煞费心机，以图实现当地政府提出的“经济新增长点”总体发展目标的要求，从而使风景名胜区步入愈陷愈深的“产业化”发展的歧路。在这种极端片面的认识的影响下，一些风景名胜区的挂牌命名和机构名称也改变为“×××旅游风景区”或“×××风景旅游管理局”，将风景名胜区转变成了旅游产业的同义词、代名词，这是不符合国家对风景名胜区科学命名和法定定位的。

应当指出，持有这种片面认识的同志，严重混淆了风景名胜区与旅游产业的本质区别：前者是国家一项对特殊资源——人类和国家极其珍贵的自然与文化遗产资源——的保护型社会公益事业，而后者则是国家新兴的一项经济产业。风景名胜区作为重要的旅游资源的载体之一，当然可以成为理想的旅游目的地，但风景名胜区所带来的经济效益，不应也不可能是风景名胜区本体所能全部体现的，而主要应在于风景名胜区之外由旅游活动全过程所带动的社会经济产业链——包括旅游产业及相关其他经济产业(如交通运输业、宾馆业、餐饮业、商业、娱乐业、信息业、建筑业等)——共同产生的社会性综合经济效益，并努力使其达到最大化，这才是我们真正追求的经济效益目的所在。对此，我们一定要有全面正确的认识观念和清醒理智的对待态度。

(二) 背离的开发方向

首先应当澄清一个概念，即所谓风景名胜区的开发，应当是在保护前提下的科学合理开发，是在不损害、不破坏风景资源及风景环境、生态与生物多样性和不影响风景审美环境的原则下，为提供良好的游赏、观光、休憩所必需的基本条件而进行的有严格控制的适度开发，绝不是无度的，甚至以破坏风景名胜资源及其环境为代价的掠夺性开发；保护，在风景名胜区全部工作中自始至终是第一位的。

严峻的现实是：在风景名胜区被“产业化”错误认识的误导下，风景名胜区的科学合理开发被异化成为了追逐经济效益最大化的商业性开发，把风景名胜区蜕变成了以图谋经营效益为主要目标的“超级市场”，风景名胜资源成了具有特殊品牌价值的另类商品。

一些地方政府和领导同志受“新经济增长点”片面观念影响，在风景名胜区内大搞招商引资，如同发现“新大陆”一样把风景名胜区作为发展地方经济而八方融资、极力挺进的“新方向”、“新领域”。开发过程中不顾国家一系列有关风景名胜区开发建设的禁令和规定，不执行风景名胜区规划的明确要求，曲意采用市场经济条件下的“市场需求”和发展产业经济的“规模聚集效益”等理论来指导风景名胜区开发，于是什么项目赚钱就开发什么项目，想建在哪里就建在哪里，已建规模不够就再加大，一切任由投资者说了算，并由政府提供最优惠的条件和政策支撑。结果形成的局面是：就怕投资者不来，不怕项目建不成，违法违规，弄虚作假，屡禁不止，比比皆是。更有甚者，将风景名胜区当作另类城市建设用地，什么会议中心、康复中心、休闲中心、购物城、娱乐城、酒店式宾馆、定时分享式度假别墅……一股脑都搬进了风景名胜区，有的还公开或变相进行房地产开发等等。大量的开发项目根本上背离了风景名胜区的建设方向，也不符合风景名胜区合理开发的基本原则，并不断侵占、蚕食风景名胜区土地和资源，使风景名胜区已见严重的城市化，商业化、人工化状况更加日益加剧。

诚然，平心而论，出现这种状况是不能完全归咎于开发商的，“在商言商”，作为一个投资者，讲究的就是投入产出比，追求的就是效益最大化，他有选择自己投资项目的权利与自由，这自在情理之中，也是能够理解的。但问题的要害在于：手中掌握部分权力的政策制定者和决策者，必须要有正确的认识和清醒的头脑，要用更高、更远的眼光坚持以科学发展观指导政策与决策思维，牢牢把握国家和人民根本利益及国家法制的高度工作原则，严格把好这个关口，忠实地履行保护好、建设好、管理好风景名胜区这一神圣的历史职责。

(三) 异化的体制蜕变

风景名胜区必须实行统一管理的体制，这一原则是在《风景名胜区管理暂行条例》、《风景名胜管理暂行条例实施办法》及《中国风景名胜区形势与展望》绿皮书中一再明确和强调的，并在风景名胜区“十六字”工作方针中得到了充分的体现。各级人民政府和由人民政府授权的风景名胜区管理机构，“其主要任务是根据《风景名胜区管理暂行条例》和规划，对风景名胜区的资源保护、开发建设和经营活动实行统一管理”，应当说这是具有充分的法规与政策依据的。

但是，风景名胜区的管理状况实际上并非如此。特别是20世纪90年代末至今以来，一些风景名胜区的管理体制出现了异化蜕变，将原来应该统一的保护、规划、建设管理权分离开来(个别风景名胜区甚至出现将统一管理权一分为三、一分为四)，而在风景名胜区内部或从外部引入人员机构和资金，另行成立专营旅游开发的企业实体，分管着不同权限，完全依据市场经济理论和市场需求，按企业经营体制去开发和经营，必然一切决策都从企业自身的发展和追逐经营利润的原则出发；还有的开发企业实体成立的目的，就是为了扩大融资，增强市场竞争实力，发行上市股票，把风景名胜区当成了押注的资本，如同经营金融产业一样来开发经营风景名胜区。更有的地方，无视国家法规、政策的规定，恣意出让或变相出让风景名胜区资源和土地，将一个完整的风景名胜区割裂成几个、十几个、几十个独立开发经营的小地块，开发商自行做主，各行其是，协议一签就是几十年不变，将风景名胜区这一最珍贵的国有无价遗产资源转为私有企业所占有，这是根本背离风景名胜区统一管理、保护原则和永续利用的发展宗旨的。国务院办公厅《加强风景名胜区保护管理工作》通知中明确指出：“风景名胜资源属于国家所有，必须依法加以保护。各地区、各部门不得以任何名义和方式出让或变相出让风景名胜区资源及景区土地。”然而，值得高度警示的是：这一明令禁止的行为，不仅没有得到遏制，反有更大范围蔓延之势，十分令人痛惜和深思！人们不禁要问：作出这种决策的同志，如此大慷国家之慨，是谁赋予了你们这种巨大的权力？这种权钱交易的大幕后面究竟掩盖着什么，难道不能引起人们的警示吗？

通观当前风景名胜区存在的各种纷繁而复杂的问题，为何长期以来得不到根本解决，甚至愈演愈烈，笔者认为：除了认识上的重要原因之外，现行风景名胜区管理体制的严重不适，是造成这种局面的主要原因之一。其主要表现在：国家层面上对风景名胜区管理的权限及工作深度不到位，国家主管风景名胜区工作职能部门机构设置的强度不到位，国家对风景名胜区范围的法制建设力度、执法渠道及执法监督不到位等。俗话说：“问题在下面，根源在上面”，这从一定意义上来说，是不无道理的。

(四) 结语

综合上述分析，这里归纳出三条结论：

(1) 风景名胜区是国家一项对特殊资源——自然与文化遗产资源——保护型社会公益事业，必须由国家高度统一管理，不适用市场化、商业化运作；当前风景名胜区出现的“旅游产业化”发展趋向，更严重背离了我国风景名胜区事业的性质定位和目标方向，不符合国家相关法令、法规、方针和政策要求，严重危害风景名胜区事业健康发展，必须坚决遏制和纠正。

(2) 在现阶段，我国正处于社会主义市场经济全面深入展开和经济建设快速发展中，由于人们认识的差距及法制、政策的执行力度、效率不到位，这种情况的出现或许应当看作为特定经济社会环境和发展阶段的“过程产物”，但必须将其延续时间和造成危害损失缩小到最少、最低。

(3) 风景名胜区“产业化”及其他诸多问题的存在，也充分反映了我国现行风景名胜区管理体制的严重不适，国家对各地风景名胜区的主管权力影响存在诸多重大缺失，受地方局部和狭隘经济利益及政策的制约影响程度极大，必须进一步严格明确和划分国家与地方权力分管范围，全面深入地改革现行管理体制已势在必行，从而保障我国风景名胜区事业的科学、健康、持续发展。

【本文为出席中国风景园林学会风景名胜学术委员会2005年年会交流论文，刊于《中国风景名胜》2005年第12期、《中国建设报》2006年2月17日第7版】

遗产资源(地)被“产业化”是保护和科学利用的大忌

(一) 引言

本文所论及的“遗产资源”，是指涵纳了正式列为世界遗产名录、国家遗产名录和已进入遗产预备名单，以及国家级风景名胜区、历史文化名城等在内的特定范围的珍贵自然与文化资源的总称，并重点以国家级风景名胜区、国家和世界遗产地为主要分析对象。

所谓遗产资源，即具有全球或国家意义的自然界造化和人类历史文明中创造的最具有价值和最值得传世保存的精粹资源。由于这些资源漫长的生成过程是由特定的时间、空间、地学、生态及社会文化背景等极为复杂的环境条件所决定的。因而，遗产资源具有显著珍稀性、独一性、不可再生与不可替代的本质特性。

当今，在全球范围构建和形成人类遗产资源地的世界和国家层面的保护管理系统，其根本主旨就是有效地发动组织各国政府和全体人民的力量，使这些现有遗存的自然和人类历史文明的瑰宝免受摧残、破坏而最大限度与尽可能完整地得以保存和永继传承，并使其合理有序地为现代文明服务。

然而，在我国现阶段经济高速发展的社会环境背景下，如何正确对待遗产资源保护和利用问题，尚存有不可忽视的认识偏离和运作错位的倾向，应当引为充分关注与正视。这里，仅以国家级风景名胜区为例，试剖析其被“产业化”的种种表现。

(二) 被“产业化”的主要表现

一直以来，对于风景名胜区在保护与建设中出现这样或那样的诸多问题，撇除其规划编制滞后或执行不力，建设项目选择不当，监督机制不健全，法制管理缺位，人才素质亟待提高等多方面因素外，就其产生后果而言，造成了通常人们所说的“人工化、商业化、娱乐化、城市化”的不良影响。更有甚者，近年来，这种局面不仅久禁不止，且更进一步呈现出被“产业化”的严重倾向。其主要表现为：

1. 表现之一：错位的产业定位

在这里，人们在认识上混淆了风景名胜区事业(国家特殊资源类保护型社会公益事业)与旅游业(国家经济产业)之间的根本界限区别。于是，便出现了下列情况：如有的地方将风景名胜区事业视为(等同于)旅游产业，像抓经济产业一样抓风景区开发和管理，将风景区的经济开发作为地方经济发展的支柱产业或新的经济增长点，给风景区明确下达年度经济增长指标、额度以及招商引资任务(甚至作为干部年度工作考核硬性指标)，直接纳入 GDP 增长计划和地方财政收入进行控管运作。

也有的地方对风景区实行错位的管理运营机制“改革”，将社会公益性质事业单位转变为企业化管理的经济实体，在政府或投资方的鼓励和支持下，以各种形式融资操作上市或积极筹划上市；还有的地方认为风景区的全部功能与价值利用就是为旅游(业)服务，混淆了风景名胜区与一般旅游景点的本质区别及其不同行业管理的区别，于是出现了错位的行业管理或挂出了一些不伦不类的风景区名称(如“风景旅游区”、“旅游风景区”等)牌子的紊乱现象。显而易见，这些都是由于对风景名胜区事业尚缺乏全面足够的认识而导致错位的产业定位所造成的。

诚然，遗产资源地作为丰富旅游资源的重要载体，也自然成为主要的热点旅游目的地，承担着应有的旅游功能作用，但遗产资源保护事业归根结底是一项特殊资源保护型社会公益事业，而不是(也不能是)主要以 GDP 衡量的经济产业，不适于(也不能)将其纳入“产业化”的管理目标、管理法则和管理模式。

2. 表现之二：市场化的开发方向

由于认识上错位的产业定位，导致一些地方政府的领导和风景区的主要管理者，迫使他们考虑问题的出发点及部署工作的重心，往往都放在了为赚取最大化的旅游经济收入上面，将风景区的建设与经营管理纳入了市场化开发模式，盲目地提出“以市场为导向”的口号，以寻求风景区经济发展之路。即风景区内缺什么，市场需要什么，就开发什么项目，而不是根据风景区的资源特色、自然环境、历史文化背景等优势，着力发掘自身的潜能使其更完整更有深度更完美生动和更具价值地展示出来，这也是造成风景区长期以来出现城市化、商业化、娱乐化、景观人工化、同类化的主要原因。更甚者，近年来大有一些房地产商将目标瞄向风景区、进军风景区的势头，他们大批征购和囤积风景区土地(有的甚至在核心景区内)，或大建酒店、宾馆、别墅区、娱乐场、购物街等旅游设施，或将大量收购的土地及已建设施变相开发转为房地产的二级市场、三级市场。

实例：如某家国内知名品牌企业瞄向了某一国家级风景区，通过各种途径向当地政府购得了 2500 亩位于中心区域内的土地，自诩用 300 亩建设国际中心，而剩余的 2200 亩，则筹划转让形成房地产二级市场(用该企业的话说，政府做一级市场，我们就做二级市场)。前些年，地方政府或风景区管理机构恣意出让或变相出让风景区土地和资源，任购买者自主开发、经营管理的现象，更是比比皆是，也正是将风景区视为经济产业而投向市场化运作管理的不堪后果。

3. 表现之三：异质化的体制蜕变

为了适应“产业化”、“市场化”需要，在风景区管理体制和机制(机构设置)上也出现了明显的异质化状况，使风景区发展误入了“产业化”的歧路。

如某国家级风景名胜区的管理体制，为适应市场化要求，由原本统一管理的机制，变为机构分设、职权剥离的管理运作机制，在这里，风景名胜区管理局，不管协助政府组织规划编制和设计审查，不管建设用地审批(另设有市属规划局)，不管工程项目建设(另设建设局)，不管门票管理(另设门票管理局)，也不管风景区内对各景区的辖属管理(另设风景名胜开发管理公司，其前身为旅游开发总公司)，而所给的职能只是对在建项目实施过程规划督管、环境保护及安全卫生管理、市政设施建设与维护管理等，且各另设机构级别权限均与风景区管理局平行甚至更高，致使风景区管理局无法实行整个风景区工作的全面统一管理。更不可思议的是，该风景区管理规划的是城市规划主管部门，采用的是城市规划的思路、理念、建设模式及其相关规划设计技术规范与经济指标，又怎么能符合和适应风景名胜区这一完全不同事物的实际情况与要求呢？这种“五不管”的管理体制和机制，明显折射出被“产业化”、“市场化”的影响，实际上是肢解和削弱了风景区实行统一管理的职能，显然是不符合《风景名胜区条例》中“风景名胜区管理机构，负责风景名胜区的保护、利用和统一管理工作”的法定要求的。

（三）两点核心提示

提示一：应当特别提示的是，作为遗产资源地，它们已成为地球上最稀有的瑰宝和人类最珍贵的财富，其所有权当归于全人类。我们从申报世界遗产和国家遗产之日开始，绝不(也不能)仅仅是为了创出一个更响亮的旅游品牌或成为门票涨价的理由，而必须切实铭记和履行我们对国际社会和对国家、对人民所肩负的光荣使命与承担的郑重承诺。

提示二：还有一点当引为告诫(也借此呼吁和倡议)的是，我们作为一名科学工作者及规划设计专业人员，尤其需要进一步提高对遗产保护事业的认识，应在学科专业理论研究和规划设计具体工作实践中，坚持科学发展观，坚持人类与自然和谐发展的基本准则，坚持遗产保护的基本理论、理念、原则与方法，把握住正确的科学研究和规划设计方向。

《风景名胜区条例》明确确定了“科学规划、统一管理、严格保护、永续利用”的基本原则，将科学规划放在了首位，充分突显其“龙头”地位和作用。一方面，我们一定要保持严谨的科学态度，坚守自己职责，不趋附于各种不正确的违规逆行和经济利益的诱惑，务实求是，严格把好规划设计第一关，确保规划设计的科学性、合理性及原则性；另一方面，要区分遗产地、风景名胜区规划与旅游(或旅游产业)规划两个不同性质、概念、类别、内涵和要求的规划的界限，切不可将其等同或混淆，反倒成为了造成建设性破坏后果的“挡箭牌”和误导、助长违规建设的糊涂“推手”，真正为世界和国家遗产保护事业作出积极贡献。

【本文根据出席中国城市规划学会风景环境规划设计学委会 2010 年年会上口头发言内容整理，刊于《中国风景名胜》2010 年第 5 期、《江西风景园林》2010 年第 2 期】

质疑“风景名胜区转型论”

（一）论点缘起

近年来，在风景园林和旅游学界以及相关媒体的言论、文章和与论中，时有出现“风景名胜区转型”之说。如前些时某杂志编辑给我送来一篇送审稿件，文章内容中多处提及“风景名胜区转型”的观点，其文章观点立论的基本依据是：现代旅游已经由观光游览型初级形态发展为较高级形态的休闲度假型。由此作出推论，风景名胜区也必须与之相适应，实现风景名胜区由低级阶段向高级阶段的发展转型。

这一论点目前还在社会上不断扩散流传，不乏见诸某些领导者的讲话、报告、官方红头文件以及相关信息资讯、宣传广告等，甚至成为了风景名胜区管理者自身“提升”认识观念和部署工作的思路基础。

然而，笔者对此论点却不敢苟同。虽说“转型论”并非完全事出无因，但实际上这是误导观念，是陷入了对风景名胜区认识的又一新的误区，极易造成人们思想上的更大混乱，有必要予以澄清。

（二）论点正、悖论释义

笔者认为，上述观点的提出，具有正（正论）、反（悖论）双重释义，当进行具体分析：

1. 正论

旅游，是现代经济社会中人们一种必然的精神文化需求与生活方式之一。随着社会的文明进步，物质生活水平不断提高，人们对精神文化生活品质的需求亦相应提升。从本质上说，旅游活动当归于精神文化层面的范畴，而旅游活动的内容与方式多类，旅游活动的品质自然也有不同的层级和发展阶段，这是任何事物发展的一般性规律。因之，如果说现代旅游已从（一般性）观光游览向（较高层级）休闲度假转型，或的确应是发展的一种趋势，此可当为正论。

值得指出的是，这里问题讨论的范围和基础，应指的是旅游活动及其旅游业。从经济学角度，现代旅游已远不止是旅游者个体意义上的行为方式，从国家和各级政府层面，它早已壮大发展成为现代社会新型经济产业（归于第三产业）；而作为经济产业，它的根本目的是发展经济（GDP），同时充分发掘与利用旅游业与众多相关产业共同契合产生的极富生命力的产业链这一突出特征与作用，拉动促进整个经济产业群的更快发展和获取更大经济效益，这也就是作为正论的内涵释义及其巨大经济社会价值。

2. 悖论

上述论点被指为悖论，系指问题讨论的范围已超出了上述限定的范围前提，论点被违义衍生而滥用，及至以讹传讹。尤其在当前市场经济全面深入发展的社会背景下，人们原本就对风景名胜区这一新生事物认识不足，而悖论进一步造成人们在理论与实践中的更大混乱，必将导致戕害事业和社会，故此当为悖论(亦称作伪论)。

(三) 论点质疑

“风景名胜区转型论”这一悖论的出现及其扩散流传，至少造成以下几个方面思想认识上的混淆：

1. 混淆了风景名胜区法定释义和价值取向

国务院2006年颁布施行的《风景名胜区条例》清晰地指出：“风景名胜区，是指具有欣赏、文化或者科学价值，自然景观、人文景观比较集中，环境优美，可供人们游览或者进行科学、文化活动的区域”，“设立国家级风景名胜区……报国务院批准公布。设立省级风景名胜区……报省、自治区、直辖市人民政府批准公布”；“风景名胜区事业是国家社会公益事业”，“我国建立风景名胜区，是要为国家保留一批珍贵的风景名胜资源(包括生物资源)”，“我们的风景名胜区将与世界各国的国家公园一起，共同维系地球上已经十分脆弱的自然生态和生物多样性”(中华人民共和国建设部《中国风景名胜区形势与展望》绿皮书，1994年)。

上述《条例》与《绿皮书》对风景名胜区的建立和事业性质的阐述，实际已对风景名胜区的释义、法定定位和事业价值取向，作了明确而简要的诠释。换言之，即我国风景名胜区事业是珍贵资源保护型国家公益事业，是国家乃至全球人类共护共享的公共事业。由此，保护、保存和科学利用，才是建立风景名胜区、发展风景名胜区事业的根本宗旨及核心价值所在。

而旅游业，作为新兴经济产业，它是为国家经济建设发展总目标服务，以各个经济发展时期不同经济目标(GDP)为考量标准的，这也就决定了它是经济产出型的事物本质及核心价值取向。

可见，风景名胜区事业和旅游业，原本分属于不同范畴和属性的事物，两者不同的释义、内涵、定位及价值取向，是不可混淆或等同的。

2. 混淆了风景名胜区的根本职能和主体功能作用

风景名胜区具有多方面功能作用，主要包括：①保护和保存珍贵的风景名胜资源；②保护和维系自然生态及生物多样性；③组织相关专业领域科学考察与研究；④开展科学普及及启智教育；⑤开展自然与人文览胜及户外健身活动等。在上述多种功能中，尤其是保护、保存一批具有代表国家和世界意义的珍贵自然与历史文化遗产资源及生物资源，这才是风景名胜区的根本职能和主体功能，也是历史给我们这一代人的光荣使命。因此，在风景名胜区全部工作中，任何时候保护永远都是第一位的。

诚然，风景名胜区作为旅游资源的重要载体，它为旅游业发展提供了理想的活动平台，但这并不意味着可以改变它的基本属性定位和根本职能，更不能将其混淆(等同)为旅游产品和旅游产业。那种如同抓经济产业一样抓风景名胜区工作(组建风景区旅游上市公司，出让或变相出让风景区土地与资源，将本应低微(或减免)的门票变成没有上限的“门票经济”等)，一切无节制地提高风景名胜区旅游经济效益为目标的思维、政策和手段，都是违背国家建立风景名胜区的宗旨和目的，不符合《风景名胜区条例》的。

3. 混淆了风景名胜区的建设内涵与控制界限

风景名胜区的建设不同于一般旅游(旅游点)的建设，有严格的限定控制要求，《条例》均已作出了明确的规定。对于风景名胜区的建设内涵，笔者认为大致应包括：①生态建设(生态和风景保护、生态修复、野生动植物保护、人文生态保护)；②科学研究与文化科普教育设施建设［科学研究专项活动及设施、重点保护试(实)验室(所、站)、博展设施、科普文化教育宣传设施］；③游览景区设施建设(游步道、观景、游憩、安全、指示设施)；④必要的基础设施和服务设施(对外及区间交通、水、电、通信、绿化、环卫、游人中心、服务区)；⑤生态安全和科学监控设施建设(森林防火和生物病虫害监控与防治、自然与人文生态环境科学监测与管理等)。

这里特别需要强调的是，风景名胜区建设应严格防止城市化、人工化和商业化。如果设想，风景名胜区随着旅游类型与形态的变化(由观光游览转向休闲度假)而“转型”，也就是说风景名胜区将以度假旅游为主，势必需要大量建设度假设施(诸如宾馆、旅社、餐饮、购物、休闲、健身、文化娱乐等设施，抑或成规模的度假区、度假中心、度假村等度假基地)，这势必会使目前风景区已趋过度城市化、人工化、商业化的局面更加加剧，大面积的建设用地、大规模的建筑量以及大量区内人口增加，必将带来更为严重的对自然地貌与生态的破坏和环境污染……还不只如此，当前各种另类形式及名目繁多的产权式公寓、产权式酒店、度假别墅、养生基地等房地产业，已初现端倪日渐频繁地渗入风景名胜区。如此下去，风景名胜区最终不可避免地将蜕变成为一个个兴起的度假地或一座座“风景秀丽”的山城、湖城，岂还有风景名胜区可言？这是我们于国、于民、于事业都不愿看到的。

综上分析，风景名胜区是具有国家法定定位的资源保护型社会公益事业，这一根本属性决定了它本质上区别于一般的旅游资源、旅游地和旅游经济产业，也决定了它为全民(乃至全人类)所有与共享及其不可改变的事业发展方向和目标。这里原本就不存在是否需要“转型”的问题，不能因为旅游业的蓬勃发展和旅游活动方式与内容的不断拓展、更新，而盲目地将“转型论”导入运用于风景名胜区，实际上这是对风景名胜区认识的又一个新误区，必须予以澄清。

(四) 两点建议(呼吁)

(1) 作为风景园林和旅游学界，希望同仁们共同来讨论和澄清这个问题，及时遏止这一认识误区的继续蔓延扩大，消除其已造成的社会不良影响。

(2) 作为从事风景区规划设计的科技工作者，要在实际工作中不断学习、运用和践行科学发展观，坚持真知与原则，正确认识和宣传风景名胜区及其风景名胜区事业，切实辨明风景名胜事业与旅游经济产业两个不同事物的相互关联性和本质区别，认真把好风景名胜区规划设计关，为风景名胜区事业的科学发展，努力作出自己的贡献。

践　行　篇

名山当保护　开发应精心

——由黄山建索道之争议想到庐山的开发

《中国市容报》1985年11月7日头版头条，以醒目的标题刊登了安徽省建设厅罗来平工程师《救救黄山》的文章，谈到了他对黄山加紧筹建第二条索道的一些不同意见。我认为议之有理，评之有据，对此我亦有同感，并由此而联想到江西庐山近两年来开发建设中的种种情形，着实令人深思和焦灼不安。

（1）在近两年国内一些名山相继建设索道的"热浪"冲击下，庐山从1983年开始也不甘落后。经多方对外接洽，计划在庐山北麓连接山上著名风景点小天池之间的剪刀峡上，架设一条长达2800米的缆车索道，不惜以破坏两点一线的风景环境为代价，来换取上山交通条件的"改善"。殊不知，庐山内部游览交通条件在全国各名山中尚属第一流的：目前全山有公路达90公里，仅山上就有环行公路45公里，游览汽车几乎可到达每一处景点，还有九条步行登山便道。可见，这样完善便利的游览交通有哪一座名山可与之相比？反之，正由于公路四通八达，山上已是车水马龙，人满为患，造成了旺季超负荷的接待，对风景和生态环境带来了严重损害。现在庐山已经是应当控制的时候了，根本不存在用增建索道以求"改善"上山交通的需要。至于想用建索道提高经济收入的想法显然是完全达不到的。据笔者对庐山索道经济效益问题进行的初步分析，其结论是否定的，建索道比不建索道经济总收入甚至反而会下降3～4倍！

（2）具有两千多年悠久历史文化和十分丰富自然景观的庐山，1982年已完成风景名胜区总体规划编制工作，次年5月经江西省人民政府审查通过。但庐山管理部门又于1985年6月间，与国外一设计事务所签署"庐山观光开发综合基本计划"合同书，完全置总体规划于不顾。根据"计划"，庐山将变为一个大型"国际会议中心"、"国际贸易中心"，并将在山上建设跑马场、高尔夫球场、大型游乐场等所谓现代化游乐设施。试问，究竟要将庐山建设引向何方？对于像庐山这样具有悠久历史文化和丰富自然景观的名山风景区，能否与"国际会议中心"、游乐场、跑马场相互协调？否则，庐山被毁，我们将遭到后人唾骂！

（3）庐山的别墅类型繁多，被列为八大景之一，本应倍加爱护，编号入档。但近两年来庐山大兴别墅加层"改造"之风，竟提出了这样荒唐的理由：过去树木矮小，房子低(一至两层)是相称的，但如今树木高大了，房子不加层怎么能与之协调？若按计划，每年将有20～40幢别墅被"改造"掉，用不了多少年，作为庐山特有景观之一的别墅建筑，恐怕就所存不多了。

（4）庐山山上的牯岭镇，现已是一座拥有一万余常住人口的高山城镇，并有各类固定接待床位一万五千余张。近年来牯岭旺季日高峰人口总数已逾四万。然而，山上基建连年有增无减，乱建之风未尝稍戢，其环境臃肿之状可以想见，城市化日益加剧。为制止这一情况，中共中央、国务院曾先后两次专门发文明令制止，但仍未见明显效果。更有甚者，据新的“开发计划”，牯岭镇还将要拓宽现有东、西谷道路，建设正街外围的环行街廊等等，莫非想使牯岭镇与山城重庆一比高下？又岂容对党中央、国务院一再三令五申的指示漠然视之？

(5) 鄱阳湖是我国最大的内陆淡水湖泊，具有开展水上游览的良好前景。庐山南麓地区拥有十分丰富的风景名胜资源，庐山的主要瀑布(李白观瀑之处)和人文景观大都汇集于此，开发潜力极大。这两处均已纳入庐山风景名胜区总体规划范围，且据众多专家意见，庐山今后开发建设的重心应由山上转向山下。如若不然，庐山旅游事业就不可能有更大的发展前景，只会造成对山上风景环境的更大破坏。但时至今日，庐山管理部门并没有真正认清这个问题的实质(应当承认，这里不排除在一定程度上受到现行管理体制的某些客观因素的制约)，仍然抱着小庐山的旧观念，不求建立大庐山的新体系，恰恰阻碍了庐山风景名胜的建设和发展。

凡此种种，不一而足。黄山如此，庐山亦然。必须引起上级领导机关和各有关部门以及社会各界的广泛重视和关注。否则，风景毁损，名山危患，其后果不堪设想。

总之，风景区的建设不仅要有一个科学完善的规划，更要有规划的立法、依法执行和延续一贯的规划法规效力。尤其是对于国家重点风景名胜区，它的每一次建设都不能孤立地看成为本风景区或本地区、本部门的“内务”，而应当同我们国家与民族的历史尊严和根本利益挂上钩，同千秋万代联系在一起。任何时候都不能因人设置，长官意志，一意孤行，更不能无视或抛弃我国悠久的民族文化传统，应注重坚持走我国自己发展风景游览事业的正确道路。

【本文刊于 1985 年 12 月 15 日《中国市容报》】

加速建设南昌梅岭风景名胜区

南昌梅岭地处南昌市区西北郊，距市中心区约23公里，归属湾里区辖区内，时为江西省级风景名胜区。1986年完成首轮风景区总体规划，近年来主要开发建设了洗药坞、脚龟潭等部分景点。但总体上在建设开发的速度和力度方面仍均显薄弱滞后，尤其在对各类风景名胜资源发掘利用、景区景点规划和游览基础设施建设方面，未见有较大进展，风景区的诸多优势亦远没有显示和发挥出来。特别是改革不断深化，开放日益加大，促进了各项内外部环境条件的较大改善，为风景旅游事业的发展创造了良好机遇。基于未来21世纪对风景名胜区事业更大发展的形势要求，进一步提高认识，加紧开发建设南昌梅岭风景区，势在必行。

（一）突出的地理区位和地位

梅岭风景区以江西省会南昌为依托，不仅具有十分优越的经济、交通、信息、科技和市场优势，而且随着我国第二条贯穿南北的大动脉京九铁路的建设，南昌新航空港的启用，昌九工业走廊经济区域的形成及南昌公路大桥的架设等一系列重大内外部环境条件的明显改善，这一地理区位的极大优势还将得到进一步增强。再从江西省风景旅游发展总体战略和布局结构看，南昌作为战略主导和总枢纽地位，而梅岭风景区则正处赣北大旅游区腹地，是连通赣中、赣南和东、西两翼的铰接点，具有重要的辐射核地位与作用。这种以大城市为中心依托辐射全省乃至更大区域的发展区位和地位，在国内各省中实属不可多见。

（二）得天独厚的城郊自然文化公园

有人问：梅岭风景区就是南昌人熟知的“梅岭头”吧？我说只对了一小点，却远不是全部。根据已编风景区总体规划确定，梅岭风景区范围面积约150平方公里，总体布局分为不同游览内容和功能的八大景区，而梅岭头只是其中一个景区而已。

梅岭，亦名飞鸿山，属西山山脉主体。整个山脉古称为散原山、逍遥山或南昌山，最高峰洗药坞海拔841米。西汉时因有南昌尉梅福(字子真)曾在此弃官学道，梅岭山名由此而得。梅岭历史悠长，文化内涵深厚，历代为道、佛、儒三界云集之地，最盛时各类寺、宫、观、坛多达135处。文人墨客纷至沓来，诗咏瀚文名篇浩繁。据史载，梅岭素有“洞天福地”之称，亦曾传为我国十大名山之一。南昌两千多年的历史文化中，西山文化当为豫章文化和赣文化的重要一脉，古“豫章十景”中就有“洪崖丹井”、“西山积翠”两大景致源出于此。

梅岭无限自然风光，融峰峦、谷壑、峡涧、溪瀑、云霞为一体，集寺坛、怪石、古树、名柯于一山。尤其这里空气清新，气候爽凉，山上全年平均气温14.5℃，酷热夏季时平均气温也只有27.5℃，这对于被称为“火炉城市”的南昌市区来说，真是一个天赐般的清凉世界，故素有“小庐山”美称，是人们风光览胜、度假避暑、登山探幽、科学考察、运动健身以及开展青少年夏令营科学活动的绝佳境地。它既是一处多功能的综合型风景区，又是一座得天独厚的特大型城郊自然文化公园。

（三）加紧南昌市风景旅游体系建设

我们多年来苦苦求寻研究南昌市风景旅游事业的发展为何长时间缓慢滞后的原因，恐怕其重要因素之一，就是作为省会城市的南昌，长时期来尚未能够形成和建立起完善的城市风景旅游体系，资源“家底”仍不甚了解，开发建设目标与重点不清晰，市场发展方向不明确，现有景点少而零散无序，旅游推进也缺乏凝聚力和辐射力，等等，这就必然导致无力承担并发挥其在全省风景旅游业发展中的战略主导和总枢纽地位的作用，致使既缺乏汇聚力，又弱无辐射力。近年来，随着滕王阁的重建，八大山人纪念馆(青云谱)的完善，西山万寿宫的修葺，佑民寺的修复以及青山湖、艾溪湖等一大批景点的开发建设，虽然使这个体系已得到初步充实和加强，但面对着 20 世纪 90 年代的今天和未来 21 世纪国家风景旅游事业大发展的新形势，我们认为进一步提高认识，增强力度，加紧梅岭风景区的开发建设应符时务之需和当务之急。如果说滕王阁无愧于南昌市龙头旅游点，则梅岭风景区以其丰富的资源内涵和未来宏大的游览规模和容量潜力，就将足以使其成为全市风景旅游体系中的主体，发挥出重头戏的作用。换言之，倘不抓住这一环节，那就不可能最终建立起完善的全市风景旅游体系，也不可能真正把南昌市这一事业推向新的发展高度。基于此，南昌市下一个主要开发建设目标当属梅岭应是为定论。

（四）坚持科学规划和开发

风景区的开发建设，不同于一般经济区开发。风景区以其自然和历史环境为生存依托条件，以资源内涵为景观对象，而这种自然与历史的环境及其形成的景观资源，具有不可再生的特性。因此，风景区开发建设过程中，科学保护始终是第一位的。梅岭风景区的开发，应严格执行总体规划的原则和布局，实行统筹管理、合理开发，不得各行其是。同时，要抓紧编制各景区(点)详细规划，搞好不同景观与环境设计，真正做到科学规划对风景区保护、开发和建设管理的指导作用。我们相信，梅岭风景区的开发建设，必将对南昌市乃至整个江西省风景旅游事业的发展，日益发挥出它的作用。

开发赣南旅游业之初探

赣州地区行署《外事侨务动态》原编者按：1986 年 5 月 19 日至 30 日，省城乡规划设计研究院和省外办旅游处的四位同志，带着专门的课题，对赣南地区主要风景名胜资源进行了实地考察，并写了这篇“考察报告”。本文作者是该院的主任工程师。他对赣南地区丰富的风景资源作出了恰如其分的评价。对开发赣南地区旅游事业的意义进行了精辟的分析。并对如何发展赣南地区旅游事业提出了宝贵的意见。这对赣南地区各级领导和从事旅游工作的同志，对所有关心赣南地区旅游事业发展的人们，是一篇难得的好文章。我们深信，你们读了之后，一定会引起共鸣，并为发展赣南地区旅游事业作出积极的贡献！

地处“粤户闽庭”的江西省赣南地区风景资源及其旅游开发地位如何？我们带着这个问题，于 1986 年 5 月中、下旬，根据省科委下达的《江西省风景名胜资源评价及旅游开展前景预测》课题，由课题组组织开展了一次对赣南地区主要风景旅游资源进行为期两周的实地考察活动。尽管这次工作时间较短，但在地区行署和所到各县(市)政府及有关部门的大力协作配合下，取得了比预期更好的效果。考察过程中的所见所闻，充分反映出地委、行署及各市县政府和广大干部群众，对大力开拓江西省赣南旅游事业的强烈愿望和信心，也从总体上对赣南地区旅游资源及其开发条件有了进一步的认识。如果说，以前我们对赣南这方面的情况了解甚少或认识不足，那么本文就拟作些初步的探讨，以求取得必要的再认识。

(一) 资源评价

我们这次赣南考察之行，分别对赣州、上犹、崇义、大余、会昌、瑞金、石城、宁都等一市七县的三十余处主要风景区、点进行了实地踏勘调查。如果加上赣县、兴国、于都、信丰、安远、龙南等县在内，截至目前止，赣南地区已发现拥有风景名胜资源的市县共 14 个，资源分布率达 77%，略高于全省平均覆盖密度。

从本次考察的三十余处风景区、点资源情况看，如按照人文风景(包括革命人文和历史人文)与自然风景两大类别划分，其中以人文风景为主的风景区、点有 20 处，自然风景为主的有 10 处，分别占已查资源区、点数的 66%和 34%。这些资源所含景物内容有：革命旧址故居、石窟、寺塔、古城墙、古驿道、溶洞、山石、瀑潭、温泉、民居古建、原始森林及大型水库游览区等。

综合分析上述风景资源状况和旅游开发条件，我们认为，开拓赣南旅游事业，具有以下主要优势和劣势：

1. 革命文物荟萃

地处赣、闽、粤、湘结合部的赣南地区，是江西省主要的革命老区之一。艰苦卓绝的长期革命斗争，不仅为这一地区的人民留下了优秀革命传统，也留下了大量珍贵的革命文物，这是极为宝贵的精神财富。作为一种景观类型，它在赣南整个风景资源中占有突出的地位。瑞金，曾是我国革命时期苏维埃中央人民政府所在地，完整保存的国家与省级革命文物保护单位就分别有 15 处和 10 处，冠全省之首。此外，兴国、于部、宁都、石城、会昌、大余等县，都拥有丰富的革命人文资源。

2. 历史人文典型

赣南地区拥有的历史人文资源，不仅在数量上占有相当优势，尤其在景观类型上反映出显著的典型性，具有较高的观赏价值与历史价值；而这一特点的表现，又以赣州市最集中。地居章、贡二水汇合处的赣州市，不仅为江西省赣南地区政治、经济、文化、科技中心，也是江西省一座具有悠久历史的古城，历史人文资源十分丰富。其中颇有代表性的佼佼者如：通天岩石窟为江西省目前保存规模最大和最完整的宋以来历代石窟；古城墙建于宋朝，长达 3500 米，至今保存完好；七里古窑是江西省最早古瓷窑之一；文庙在江西省同类古建中规模宏大，保存最好；著名历史古建郁孤台、八境台，现正预修复；此外，还有慈云塔、北塔、广东书院、武庙、马祖岩、虎岗等各类名胜多处。大余县梅关及古驿道，始建于秦、唐，为江西省最早古代防御和交通设施，至今亦保存尚好，具有重要的历史价值及较高的游览价值。

3. 旅游物产资源丰富

赣南地区区域广大，各类旅游经济物产资源亦相当丰富。这里不仅是著名的“有色金属之乡”，在全国和世界上占有重要的地位；且各种地方土特物产资源亦颇丰硕，享有盛誉的主要名牌产品有：大余南安板鸭，寻乌、安远无籽蜜橘，宁都、石城通心白莲，赣县、信丰红瓜子，上犹石鱼、玉兰片，南康甜辣酱，以及这一带盛产的蜜瓜、削皮柿、香菇、木耳、名茶等。此外，赣南地区的烹饪技术也远近闻名，具有独特地方风格。这些均为开拓旅游事业提供了良好的物质基础。

4. 外联社会经济基础较好

发展旅游事业，积极有效地开展外联工作，具有重要的作用。赣南地区有着较好的开展外联工作的基础，这主要反映在以下三个方面：

(1) 赣南地区同广东、福建等沿海地区保持着传统的经济文化联系。地处“粤户闽庭”特殊地理位置的赣南地区，由于距江西省经济文化比较发达的赣北较远，长期以来形成了这种历史的传统联系；从而也就为开拓赣南地区旅游业，提供了较好的对外口岸。

(2) 赣南地区同港、澳及海外侨胞亦有甚密联系。该地区侨属较多，有可能借助这种“桥梁”寻求开拓赣南旅游业的更多的有效途径。

(3) 赣南地区在统战工作中具有重要地位。新中国成立前，这里曾是蒋家父子一度苦心经营的地方(至今仍保留着他们当年活动的旧址多处)，逃往台湾时又带走这里大批人员。这些历史遗留下来的问题，为我们今天统战工作加重了责任，也为早日实现祖国统一大业，提供了更多的外联机会。

5. 交通闭塞与资源分散，是发展赣南旅游业的两大弊端

赣南地区风景资源的地理分布，从总体上看，点多面广，加之缺乏铁路、航空等大运输量和快捷的现代旅游交通条件，故而不利于组织高效的集中开发和游览。而要从根本上改善这种状况，难度亦较大，这是一个必须正视和亟待解决的实际问题。

(二) 开发意义

开拓江西省赣南旅游事业，对全面振兴江西经济，特别是对促进本地区社会经济的综合全面发展，具有积极的意义，其表现在：

1. 有利于加速开辟江西省旅游发展的南部通道，积极促进南北协调发展

目前江西省旅游业发展水平，尤其是国际旅游的开展，基本上处于温冷线状况。究其原因当然是多方面的，但客源不足是其中一个重要的因素。应当指出，从江西省整个风景资源及目前旅游开发基础等各项实际条件考虑，将发展的战略重点摆在以庐山为中心，包括南昌、九江、景德镇及鹰潭在内的赣北地区，这无疑是正确的；但从现状客源条件来看，除继续加强同上海、杭州等东部沿海地区对外口岸的横向联系外，广州、深圳等南部沿海地区，显然也应当是江西省客源发展的另一主要方向。据有关资料分析表明：今后整个国际旅游发展趋势，广大亚太地区将可能成为我国主要境外客源市场。因此，如能尽早开拓赣南旅游事业(比如：近期可先行建立广东韶关丹霞山—赣州—井冈山之间的旅游网络)，将对打开江西省旅游发展的南部大门及通道，增强赣南吸引力及辐射力，并由此而促进江西省旅游业的南北协调发展，尤有重要的作用。

2. 有利于促进赣南地区经济结构的调整改革，加速老区经济发展

长期以来，赣南地区的经济发展，由于受到地理及历史条件等种种因素的局限，不仅发展速度滞缓，且在其经济结构上亦见单调，基本上仍处于以单一农业体为主的半封闭型的经济结构状态。显而易见，这种经济结构关系，与当今建立在以高度综合发展和先进科学技术为基础的现代经济趋势，已经不相适应。对此，我们认为，为实现这一结构的有效改革，除了其他方面的措施外，也应包括充分发挥利用其丰富的风景资源条件，积极开拓旅游业这一新的经济领域，并通过这一经济脉络的扩张，发挥其特殊的链带作用，有效地推动其他各项事业的全面发展，尤其对于拥有这类优越条件的革命老区的开发建设，当是一条可取的发展经济的有效途径。

3. 有利于进一步促进赣南地区同省内外的横向经济联系

过去长期处于半封闭型的赣南经济体制，必然同时表现出其相对程度的地域独立性。正是这种自给自足的“独立性”，如同一张无形的网，束缚了经济的更大发展。而在这一点上，发展旅游业较之其他行业更具有充分开放的规律特性。可以预见，赣南旅游事业的开展，势必大大进一步加强和扩大它与外界更加广泛深刻的横向联系，从而有效地突破原有地区经济的局限性，打开迈向现代化大区域、大系统经济的新路径。

(三) 几点建议

1. 正确引导，加强政策管理

这次考察予人教育至深的一点，就是赣南地区各级政府和人民对开拓旅游事业，都充满着高度的热情和对国家目前财力困难表现出充分体谅的精神，并决心立足本地，主要依靠自己的力量积极进行初步开发和建设。然而，值得注意的是，越是这种地方和群众的自觉性和积极性愈高，就愈需要有正确的引导。既要充分发挥国家、部门、地区、集体、个人一齐上的政策威力，又要统一认识，统筹部署，实现全区一盘棋，做到有领导、有计划、有目标、有步骤地分期分批进行开发，克服其盲目性，避免造成不应有的人、财、物力的损失，以取得更高的开发效益。

2. 突出重点，明确开发部署

地委、行署对赣南旅游业的开发建设极为重视，已初步制定出“一线三点”的总体部署及布局方案。这里所指的“一线”，即赣州—上犹—崇义—大余，“三点”为瑞金、兴国、宁都。我们认为，这个总的部署设想基本是正确的，但在具体执行中，还可略加调整和更加集中一些。特别是在近期内，应当先集中搞好若干处重点区、点的开发，以便形成一定工作基础后，再逐步扩大，比如在“一线”和“三点”的相互关系中，“一线”应当优先开发；而在“一线”各点的关系中，则又应将赣州市和大余县摆在开发的首位。在东部地区，为使其布局更加合理。可考虑将“三点”调整为“四点”（加上会昌县），但近期以重点开发瑞金和宁都两地为主，整个赣南地区的旅游发展，则应以赣州市为总枢纽和依托中心，逐步向四周辐射，进而形成包括“一线四点”在内的基本框架体系。

3. 统筹集资，实行联合开发

鉴于目前国家和省里用于旅游开发的财力有限，主要还须依靠当地力量，自筹建设资金。因此，在筹集和使用资金的问题上，可以考虑实行“统筹集资，联合开发”的灵活政策。就是说，根据全区开发的统一部署，除重点开发区、点所在地积极筹集资金外，可以有目的地组织和吸收包括本地区或省内外以及海外人士在内的其他各方面的资金，共同进行投资，并由投资和接受投资的双方达成协议。这样做，有利于广开投资渠道，集中使用建设资金，加速重点风景区、点的开发建设，取得一地开发、多方收益的效果，是一种现实可行的好办法。但在实施这种办法时，任何外来的投入资金须由当地政府或风景区、点开发建设主管部门，根据正式编制并经上级批准的建设规划，统一管理使用，均不得自行其是各自为政。

4. 抓住关键，竭力改善交通

应当承认，缺乏便捷快速的对外交通，是赣南地区发展旅游业目前面临的一大劣势。从这个意义上来说，能否取得交通条件的较好改善，是影响到整个赣南旅游业是否能高效快速发展的一个关键。因此，我们必须下大的决心和大的气力，务求竭力解决这个问题。根据江西省“七五”和“十五”经济发展规划的近期及中长期安排，努力使下列有关改善赣南地区交通条件的建设项目，尽早付诸实施：

(1) 完成105国道赣州至中村坳二级公路改造，接通广州、深圳。

(2) 完成闽、赣、湘三南公路赣州—于都—隘岭段二级公路改造和泰和大桥建设，接通福建厦门。

(3) 尽快完成赣州黄金机场改造，开辟赣州对外航空交通联系。

(4) 力争建成向赣龙和向赣韶铁路新线，分别由抚州出轨，经南城、南丰、广昌、宁都、瑞金至福建龙岩；由宁都出轨，经于都、赣州、南康、大余至广东南雄、韶关。进一步打通与福建、广东之间的大运输量铁路交通联系，同时连接省内浙赣线，建立与抚州及赣北、赣东北地区的庐山、景德镇、三清山、龙虎山等重点风景名胜区之间的旅游网络联系。

(5) 此外，根据有关方面的建议，还可以考虑建设赣粤运河水上直接交通的可能性，近期内做好可行性的研究工作。

5. 注重保护，搞好规划设计

认真做好对风景资源及其环境的保护工作，是风景区开发建设的基本前提，也是贯穿于风景区建设全过程的一项根本性指导原则。要尊重科学，按自然和社会客观规律办事。风景区建设是造福子孙后代的千秋大业，决不能允许这些壮丽的山河与悠久的历史文物等风景名胜资源，由于不重视保护或建设不当而毁于一旦。要认真抓紧抓好风景区开发建设的规划设计工作，严格执行基本建设程序。坚决克服无规划设计盲目施工建设和长官意志、以权拒法等倾向，努力提高风景区建设与管理水平。

综上所述，赣南地区丰富的风景资源及其旅游开发价值，在江西省整个旅游业开拓发展中，占有自己应有的地位。据此，我们应当在首先坚定执行省委、省政府对江西旅游发展总体战略部署，重点抓紧进行赣北旅游区开发建设的同时，适当腾出一定人力和财力，对赣南地区的风景旅游建设给予必要的支持与关注。我们相信，江西省赣北地区旅游事业的先行发展，必然会带动包括赣南地区在内的全省旅游事业的发展；而赣南旅游事业的开展，也同样会地促进江西省这一新兴的社会主义经济事业的兴旺发达。

【本文为 1986 年《江西省风景名胜资源调查评价及旅游开发前景预测》（省科委一级科研课题）项目开展过程中对江西省赣南地区所作资源考察工作基础上写出的一份调查总结，当年先后被选录发表于赣南地区行署《外事侨务动态》、《江西日报》、《赣南日报》，引起社会较大反响】

风景·环境·旅游

庐山风景名胜区是国家列为第一批(44个)重点风景名胜区之一，我们从1980年5月至1982年10月，在进行风景资源调查和评价工作的基础土，完成了第一轮《庐山风景名胜区总体规划》的编制工作，为今后的建设管理提供了规划科学依据。但在近两年规划实施中，仍然存在着一些原则性的问题，有待进一步的探讨研究。本文拟结合庐山具体情况，就风景、环境和旅游三者之间的关系问题，谈一些看法，以引起更加广泛深入的讨论。

(一) 内涵联系性与相互制约性

所谓风景，简言之，是指具有较高美学艺术或历史文化研究价值，并可供人们游览欣赏的一定社会物和自然物。如峰峦林泉、江湖溪瀑、寺宇古建、摩崖碑刻、珍花异草、风云冰雪、日月辰星、地方风情等，都可以成为风景。但任何风景又都具有它们不尽相同的特异性和地域性，从而产生出不同的景观(或称景感、景效)差别，这就是景物的“个性”表现。风景又与其所处的环境有着极为紧密的联系。不同的环境条件可以直接或间接地影响景观的构成和景效的优劣。换言之，即一切景物的形成不可能离开它所必需的一定环境条件而孤立存在，并且一旦这种条件被改变或丧失，就可能造成景物本身的变异乃至消亡。譬如，庐山如果离开了其周围无垠的平原沃野、奔腾激涌的长江和烟波浩渺的鄱阳湖，那就肯定形不成“一山飞峙大江边”和“横看成岭侧成峰，远近高低各不同”的特异景观和美感。若庐山的林木被破坏，水源遭枯竭，那么构成庐山风景特色的瀑布和云雾，自然也就不复存在了。据此，我们把风景与环境的关系概括为三句话：“相依而存，相映而辉，相损而毁。”

除上述自然环境条件外，还有一种间接的(从特定角度看也可视为直接的)影响风景的因素，这就是人为的社会环境因素。如果将前者视作“先天性”形成的环境条件的话，那么后者则是“后天性”的必要环境条件。在风景区内人为地砍伐林木、开山取石、修建公路、建造房屋、增加人口、兴办工业等，这些人为活动，有可能改变原有的自然环境条件，乃至使整个生态系统遭到破坏，造成水土流失，水系水质污损，小气候改变，动植物种群萎缩或变迁等不良后果，从而大大降低风景的景观价值，直至被完全毁灭。

庐山因其山势高峻，林木茂盛，雨量充沛，气候异常清凉，很早就成为世界闻名的避暑胜地。据历史气象资料记载，庐山过去夏季最热的7月平均气温要比山下酷热的九江市区低7℃。近几年由于山上常住人口增多，各种机构庞杂臃肿，建筑物密集，新开道路多，使原有良好环境受到很大的异变。据1982年环保状况调查，全山有大小烟囱290余个，年耗煤量为14.240吨，年排污水总量200万吨，生活垃圾5400吨，煤渣2400吨，有毒物质二氧化硫年排放量342吨，灰粉570吨等，造成环境质量的一定恶化，气候条件也相应起了变化。经测试，现在山上气温比过去平均上升了3.9℃，以前暑期上山仍可穿上薄毛线衣，而如今只穿件衬衣也觉汗湿衣襟了。

位于南麓的秀峰庐山瀑布(亦称开先瀑布)是庐山最著名的瀑布景观之一。它分东西两道飞泻于双剑峰、行龟峰、鹤鸣峰壑谷之间，一若银河倒悬(黄岩瀑)，一似奔腾骥尾(马尾瀑)，气势磅礴，蔚为壮观，唐代大诗仙李白咏赞："飞流直下三千尺，疑是银河落九天"，传为千古绝唱。但近几年来，自汉阳峰以下林木大面积砍伐，山麓地区更是连树兜、长石也挖取一空，山体地貌一片秃痕痍斑，失去了蕴含水源的天然条件，造成瀑布水量大幅萎减的恶果，极大地影响了风景区的环境状况和景观价值。

由此可见，风景与环境不仅表现出内涵的必然联系(依存)性，也同时表现出严密的相互制约性。因而，从风景规划的角度来看，对任何风景资源的开发，都应当有一定的限度，只能在不影响和破坏环境的前提下，科学合理地加以利用。不能超出其允许限度而豪取滥夺。这是风景区规划工作所必须遵循的基本原则。

(二) 在保护原则下的合理经营

丰富和具有特色的风景资源，是每个风景区赖以建立与发展的根本。我们在进行风景区规划、建设、经营和管理的全部工作中，应始终坚持把对风景和景区环境的保护放在首位。对于这一点，乍看起来，大家似乎都是没有异议的，但在真正实际处理风景和旅游(通过一定的经营方式和手段)关系时，却往往存在着只注重旅游，强调经营的收益，而忽视保护的重要性的不当倾向。

风景的旅游价值能够满足人们游览欣赏满足审美的需要，陶冶人们的情操，也能够通过合理的组织经营，获得一定的经济效益。但如果对风景资源的开发利用离开环境条件的制约，抱着单纯经营观点，就会做出"杀鸡取卵"的蠢事。庐山著名的仙人洞，原先入口处有一片茂密的森林，苍郁古遒，深邃隐秘，人们沿着幽曲小径蜿蜒行至洞门，已感到一股奇异清凉的"仙气"。但前些年修建南山公路时劈山砍林，使生态环境受到很大破坏。近来为了增收门票，又在洞门围墙外砍去大片树林，辟出一块水泥场地开设茶座，顿使"仙气"尽消，完全改变了原有的自然及历史环境。

庐山酒厂曾是风景区规划与旅游经营矛盾的焦点之一。该厂位于牯岭街西南3.5公里，处庐山主要风景点聚集的腹地(图1)，周围有仙人洞、大天池、园佛殿、龙首岩、铁船峰、石门涧、电站大坝、乌龙潭、黄龙潭、三宝树等风景点，距各景点平均距离1公里左右，海拔约1000米，原有神仙台、神龙宫旧迹，是游人游览穿插的必由之地。酒厂在布局上极为不合理，生产过程又形成大量污水、废渣未加任何处理随意排放，对附近一带风景环境和石门涧水系造成了严重污染，林木枯黄、花草坏死，而体量呆板的工厂建筑与周围环境完全不协调，大煞风景，更兼之该厂取用仙人洞内"一滴泉"水(生产"一滴泉"酒)，终因开山炸石、修路建房，泉源枯竭、名存实亡，铸成一大憾事。我们曾多次呼吁酒厂必须立即搬迁下山，并直接纳入总体规划的要求，望尽早实施。

应当承认，近几年来由于庐山旅游事业发展较快，原有风景点和旅游服务设施已不能完全适应需要，存在着一定的矛盾，迫切希望解决。但决不能以抓收入为目标，恣意经营。据1983年调查，仅牯岭附近现有房屋1442栋，总建筑面积49万平方米，拥有各类正式接待机构114个，床位18000余张，每年新建工程项目约60～70个(1983年为104个)，近三年增加房屋建筑面积等于前30年的总和，却仍然还是不够用。问题在于没有从整个风景名胜区的全局着眼，打开全区旅游经营的新局面。庐山旅游发展的潜力和出路，不应当局限在牯岭这小块山头上，应该广泛开拓新景区，要把全山其他未辟景点和山下广大区域(包括鄱阳湖)极为丰富的风景资源充分开发利用。要改变过去“小庐山”的旧观念，确立“大庐山”的风景体系。庐山四周山麓地区，风景名胜荟萃，各具特色，可观瀑布、看峰峦、赏文物、品名泉(茶)、浴温汤(泉)。如主要著名景点海会寺、白鹿洞书院、观音桥、秀峰、玉帘泉、温泉、谷帘泉、东林寺、石门涧等都在山南，自古就有“庐山风景在山南”之称誉。此外，庐山西线风景名胜区有狮子洞、涌泉洞、岳母墓、陶渊明祠和墓，东线有石钟山、龙宫洞等，形成更为广宽的风景游览体系。这既符合庐山旅游事业发展的需要，也符合对庐山风景区及环境实行有效保护的需要，从而合理控制山上环境容量和平衡协调地开展全区旅游。不然，就无法减轻已经相当饱和的山头的压力和超负荷的失调状况，使山上有限的风景和环境遭受极大的威胁与破坏。

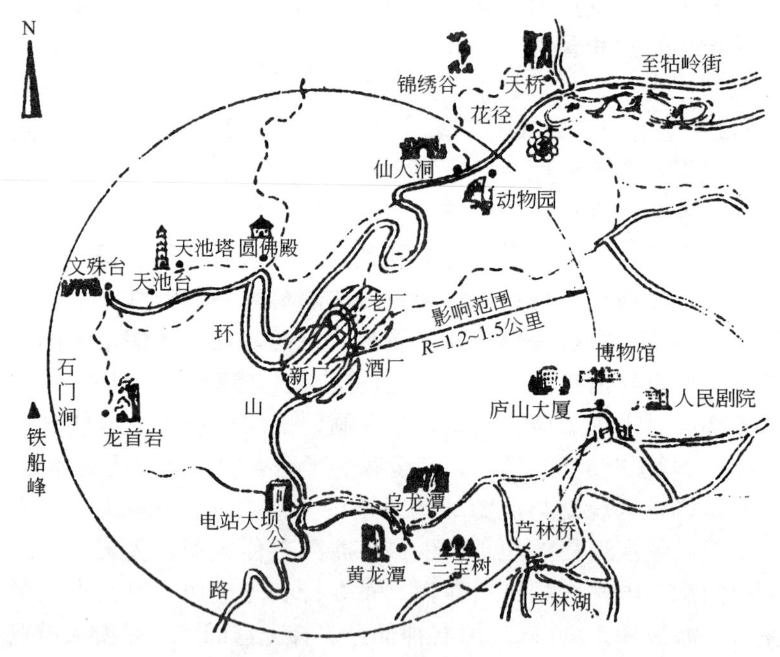

图1 “雄居”群秀腹地的庐山酒厂

关于庐山旅游经营中对现有别墅建筑实行改造问题，也存在经济效益与环境效益的关系问题，存在一个如何正确对待历史遗产问题，值得斟酌。为了适应现代旅游接待需要和解决部分高档床位不足的矛盾，有选择地、少量地对现有别墅建筑进行适当的改造(主要应为建筑内部改造)，并非绝对不可，但动辄就采取将一层改两层，两层改三层，甚至全都拆除重建的办法，未必是妥当的。更不能提出如此“理由”作为

“改造”的“论据”：这些数十年至近百年建造的别墅(大部为一、二层)，原先周围树木尚矮小，建筑与环境是协调的；但现在已长成参天大树，房子就显得矮小了，变得不协调了，所以需要加层增高，以便取得新的“协调”。——如此观点何其荒谬！庐山近百年来的开发经营，拥有 26 个国家和地区的各种形式的别墅建筑 1000 余幢。这些别墅建筑风格迥异，与环境融洽和谐，形成庐山特有的建筑景观，是我国珍贵的风景资源和历史遗产之一，它们除了具有一定的使用价值，还具有较高的人文生态、风景观赏和对近代各国建筑研究的学术价值。因此，在改造利用中应当尽量保持其建筑原貌与风格，保持它与环境的和谐统一。而那种简单地加层翻修的做法只能导致这些建筑价值的贬失和风景环境的损害。

关于庐山建设客运索道(指剪刀峡—小天池索道)的必要性和经济效益问题，据某单位建设庐山索道的可行性研究报告声称，庐山索道主要功能为游人上下山提供方便的交通条件。但个人认为，庐山目前旅游交通的进一步改善，主要应是对外交通尚不够便利快捷；至于庐山风景区内的游览交通，已相当方便，庐山山上现有景区游览公路 45 公里，南、北上下山交通公路 48 公里，可以乘车游览全山主要景点；另有上下山步行游览道 9 条，分布在山麓四周。像这样交织如网的交通游览条件，在国内风景区实属不多，建设索道似无迫切感。对索道建成后的经济效益分析，亦可商榷。比如索道运载能力的计算，不能以全天不间隙地连续满载运行 14 小时为计算的主要参数，这不符合游人游览的时间规律。据笔者推算结果表明，索道建成后经济损失大大超出收益的 3～4 倍，是蚀本经营。而它的选线正当北山剪刀峡风景线和主要风景点小天池范围之内，将对风景景观与山上的接纳容量产生极大的损害和压力。何况现在旅游旺季时山头已是人满为患，出现“臭、乱、脏”的混乱局面，索道建成后将加剧这种局面。所以，一定要从庐山的实际出发，慎重研究环境与旅游、经营与效益之间的利弊得失，得出科学的结论，然后作出正确的抉择。

必须强调，在权衡风景、环境同旅游经营关系时，任何时候保护都是第一位，经营只是兼得利益的一种方式和手段。只有当风景区本身所具备的功能——物种与生态保护、科学研究与科普教育、自然与文化陶冶，提供人们游览、休憩、激励精神、凝练情操、增长知识等诸多作用得到充分发挥时，才达到了目的。从这一原则出发，我们认为：任何旅游发展计划，都必须服从风景区建设的总体规划，不能脱离总体规划另搞一套，更不能与其相抵触。一经上级批准实施的风景区总体规划，应当具有法律效力。

特别要提醒的是，应当将风景名胜区同那种纯娱乐游艺性质的旅游中心区别开来，不能将诸如什么跑马场、打靶场、高尔夫球场等一类的东西都塞进风景名胜区内。那实在是降低了风景名胜区品质和损害风景环境的一种愚蠢做法。

(三) 结论

风景离不开环境，风景是环境的典型化、形象化及精粹所在。风景又必受环境的制约，因环境的变异而变异，且随环境变异的程度表现出从渐变到突变、量变到质变的演绎过程。对特定的风景环境条件，只有在科学合理的条件下加以充分利用，才能发挥其最大的风景价值和环境效益；如果违背了风景与环境的客观规律，盲目地豪取滥用，超出其允许的负荷限度，则必然导致风景与环境的污损破坏。据此，无论是对风景资源的开发和利用，对风景区的规划和建设，还是对旅游计划的安排和经营，都必须严格遵循保护的基本原则。这就是风景、环境、旅游“相依而存，相映而辉，相损而毁”之真谛。

【本文为出席中国园林学会风景名胜学术委员会 1986 年年会交流论文】

井冈山风景名胜区总体规划基本思路概析

井冈山风景名胜区位于江西省西部井冈山市境内，属国家重点风景名胜区。我们于 1983 年 5 月至 1984 年 7 月，开展完成了首轮《井冈山风景名胜区总体规划》的编制工作。风景区总体规划范围，南北长 27 公里，东西宽 17 公里，规划面积 213.5 平方公里，占该市行政辖区面积(659 平方公里)的 32%；其中游览景区面积约 64.3 平方公里，占整个风景名胜区面积的 30%。该区以茨坪为中心，划为 8 大景区 60 处风景点，为目前国内规模较大的风景区之一。

本文就有关该规划的基本思路，谈谈我们的一点认识体会。

(一) 构思基础依据

1. 以革命纪念地为基本性质的风景名胜区

井冈山作为国家重点风景名胜区，也是第一个以革命纪念地为基本性质的风景区。在中国革命的历史进程中，毛泽东、朱德、彭德怀、陈毅等老一辈无产阶级革命家，在这里开创了我国第一个农村革命根据地。井冈山斗争的光辉革命业绩，在我党、我军和我国革命史上占有极为重要的地位。至今，这里保存着大量珍贵的革命文物和旧址遗迹，不仅是我们党和国家十分宝贵的革命财富，也构成了井冈山丰富而独具特色的革命人文景观资源。目前保留有革命旧址 27 处(其中列为第一批全国重点文物保护单位 8 处)，已有 16 处对外开放。无疑，这些革命旧址和文物在整个风景名胜区总体构景中，居于主导位置；从而，也就十分明确地表现了它对于开展革命传统思想教育和社会主义精神文明建设所具有的巨大历史与现实意义。

2. 质量优异的环境条件

井冈山坐落于湘赣边界的罗霄山脉中段，地理位置为东经 113°49′至 114°23′，北纬 26°27′至 26°49′。地势西高东低，由西南至东北走向。全区峰峦层叠，峻岭重嶂，谷壑纵横，绵亘方圆数百里。大部山峰都在海拔千米以上，市境内最高峰江西坳海拔 1814 米，景区内最高平水山海拔 1779 米，中心区茨坪海拔 842 米。

井冈山属中亚热带季风型气候，年降水量 1865 毫米，年均日照 1500 小时，无霜期 246 天，相对湿度 80%。四季温差变化幅度小，年均气温 14℃，7 月最热日均 24℃(极端最高 34℃)，1 月最冷日均 3.3℃(极端最低－8℃)。宜人的气候为全年开展旅游和休疗养事业提供了优越的条件。

井冈山森林茂盛，植被覆盖率高，全境平均为 64%，景区范围内平均达 89%，最高龙潭景区达 97.5%，为国内其他风景区不可多见。这里生态环境维护好，人口密度低，山清水秀，几乎没有受到污染，亦未见地方性疾病。据 1981 年全国环保监测会议现场采样测定表明，水质、大气含尘量、噪声等项指标，均达到国家规定的一级环境质量标准。

此外，这里高山盆状谷地遍布，村寨星疏，田畦错落，水资源十分丰富，不仅形成了独有特色的高山田园景色，更提供了较充裕的可供用地，构成了井冈山另一特有的环境优势。

3. 蕴含丰富的自然风景资源

井冈山作为著名的革命纪念地，早已闻名遐迩，但对它蕴含丰富的自然风景资源，至今却很少为人所知晓。据规划普查表明，这里自然风景资源相当丰富，不仅类型众多，而且分布范围广，综合开发利用价值高。主要景观有：峰峦、奇石、瀑布、溪潭、气象、溶洞、温泉、动植物等，其中尤以群山大谷、瀑布群组和原始森林最为突出。

井冈山的山峦，巍峨逶迤，雄峰如林，峻伟奇险，气度无量，尤为群山所组合，乃孤山独峰所不可比拟。闻名于世的当年红军五大哨口：黄洋界、八面山、双马石、桐木岭、硃砂冲，就岿然屹立在峭崖峰巅之上，成为井冈山英雄威武的象征。

井冈山的瀑布溪潭遍布谷壑，或细流潺潺，或咆哮奔湍，或珠帘垂挂，或龙游蛇舞，其数量之众，规模之巨，形态之美，常年水量之大，实为他山少见。这里的大小瀑布数以百计，推主峰飞龙瀑最雄(落差 150 米)，金狮面白龙瀑最奇(为一间歇瀑，当地俗唤“马撒尿”，落差 83 米)，翡翠谷五瀑最美：在相距不到 2 公里峡谷内汇集了碧玉、锁龙、珍珠、飞凤、玉女 5 座瀑布，其中又以碧玉瀑最壮观(落差 67 米，且水量最大)，玉女瀑最妩媚，形态宛如飘洒的仙女。

井冈山犹如一座天然的动植物资源宝库。这里拥有各类植物 400 余科，3800 余种，占江西全省植物总类的 70%，并以其多层次、多类型和呈垂直分布的特征，被认为是当今世界上同纬度生物区系保存中最完整和最有价值的一处；而称为“十里杜鹃长廊”的笔架山脊巨型杜鹃林(树高 5～10 米，最大胸径达 1.2 米)，更成为井冈山的一大植物名景。主要的珍贵动植物品种有：井冈山杜鹃、井冈山寒竹、井冈山猕猴桃、白豆杉、红豆杉、铁杉、水杉、香果树、观光木、鹅掌楸、福建柏、台湾松及黄腹角雉、白鹇、云豹、华南虎、水鹿、羚羊、大鲵、短尾猴等。

井冈山既是革命的摇篮，又是优美的风景胜地。在这里，珍贵的革命人文景观和绚丽的自然景观融为一体，具有“雄、险、幽、秀”的风景特色。朱德同志称誉井冈山为“天下第一山”，郭沫若同志赞咏“井冈山下后，万岭不思游”，都给予了井冈山极高的评价。

(二) 基本指导原则

井冈山作为国家重点风景名胜区，其本身的深刻意义，不仅在于充分体现了党和国家对井冈山老区人民极大的关怀和支持，更应看作是井冈山区整个社会经济发展进程中迈出的一个重要历史性步伐，是同我国现阶段全面实行社会经济体制改革的新形势紧密相适应的一项重大变革，有重要的现实和深远意义。对此，我们在认真编制风景名胜区总体规划时，着重提出并处理解决好以下主要七个方面的关系，作为规划编制必须依循的基本指导原则：

1. 风景名胜区建设与全市其他各项经济事业发展之间的关系

较长时期以来，井冈山地区的经济发展基本上依赖于天赋的丰富森林资源条件作为地方经济基础，加之这里地处远离中心城市的偏远山区，交通不够便利，信息、技术落后，生产力水平低，基本上属于以农林业生产为主的封闭型地方经济，造成了经济发展较缓慢的状况。现在作为国家重点风景名胜区，大量的林木砍伐已受到很大的限制，势必会影响到原来以农林业生产为主的整个经济发展基础。针对这种情况，必须用一种新的经济结构和体制来创新发展局面。而风景名胜区的确立，就正为它今后的建设和发展开辟了新的道路。这一起着主导地位的经济结构和体制的改革，无疑将成为影响和决定全市社会经济长远发展的一个巨大历史转折。

诚然，在这里风景名胜区总体规划虽不能(也不可能)取代当地各项社会经济事业的发展规划，但必然会成为整个社会经济发展总规划中的一项重要规划，并以此来协调和促进其他各项社会经济事业的全面发展，使其共同转移到为风景游览事业发展服务的总方向上来。这是纵观全局和指导风景名胜区规划编制的一个首要的核心问题。

2. 革命人文景物与自然山水景物之间的关系

井冈山革命人文景物与自然山水景物之间的关系，简而言之，有如红花与绿叶之关系：绿叶因红花而更加嫩翠，更加富有生命力；红花也因有了绿叶而更加鲜艳，更加具有依托。据此，革命的业绩与当地自然和社会环境，无疑应当是相互融洽协调一致的。井冈山光辉的革命斗争，只有在当时特定的社会环境和它所具有的特定自然环境中，才有可能产生、存在与发展。这里的山山水水、村村寨寨，都与井冈山革命斗争有着不可分割的机体联系。至今保存的大量革命纪念文物，正是这种不可磨灭的历史胜迹，并随着时间的推进其历史价值将愈见珍贵。

然而，较长时间以来，这种本来完全融洽的协调关系，曾经一度被绝对化地对立起来：如若宣传了这里优美的自然山水，便被认为是有意贬低了革命纪念地的政治意义；而在人们思想认识的固有落后概念中，极其片面地认为井冈山即等于地处偏远、山高路隔、人迹稀少、穷僻荒芜的游击地，而绝不会想到这里却具有如此丰富和优美的自然风光。为此，要逐步改变人们以往这种传统的旧概念，真正建立起全面、完整的新观念，就必须明确坚持革命纪念地同自然环境高度结合融洽的生态意义及其景观价值这样两个一致性，并把它作为一条重要的指导思想和规划原则确定下来，努力在规划编制中尽可能地得到充分反映。

3. 发展风景旅游与休(疗)养事业之间的关系

按照风景区规划的一般原则，风景游览与休疗养是不宜同地兼行的。特别是疗养，因其本身具有和游览不同的性质及功能要求，容易造成对游览环境与心理上的不利影响。对于休养，虽然一方面它具有和游览不尽相同的目的性，但它大都带有休而兼游的作用，这也是我国现行休养制度的一个明显特点，尤其在目前国内旅游的人员构成中，休养人数仍占据主流。这种现状和趋势，是不可不予正视的。因而在处理上，休养与疗养是应该有所区别的。

在这里，我们结合井冈山具体的环境条件情况，考虑到该风景区区域范围大，各种可供不同功能用地的选择度亦较大，可以通过合理的规划布局，充分发挥和提高这里优越的自然环境条件的综合利用效益。在这方面，井冈山具有得天独厚的自然地理环境优势。为此，我们从实地踏勘调查入手，在全面摸清掌握情况的基础上，采取了比较灵活合理的规划布局，提出了规划遵循的三项原则是：①在风景游览区内，一律不得安排休疗养设施；②必要的休养设施，只在非游览区或景区边缘地段因地制宜地合理安排，并以不妨碍公共游览为前提；③个别疗养设施，只在远离游览区的温泉资源地定点安排，并适当控制其发展规模和范围。

4. 自然景观与人工缀景之间的关系

毋庸置疑，对于自然风景区，自然景观是风景的主体，少量的人工缀景必须处于次要的从属地位，只能是对主体起着一定的烘衬作用，而不应当是它的反面——主次倒置、喧宾夺主，这是风景区规划设计的一条普遍原则。

对于井冈山风景名胜区来说，就尤其具有这一原则的鲜明属性：其一，就自然环境而言，井冈山属于典型的山岳型风景区，体现了自己极为突出的山岳型自然地理风貌和浓郁的地方山区乡土气息，而绝不同于一般的城市公园、公共绿地等风景设施；其二，井冈山又是以革命人文景观为主景的风景区，具有它特定的强烈的纪念性，而不允许改变它作为革命纪念地这一原有环境面貌的属性特征及其山林野趣的自然风格。尤其应把那种所谓现代化的城市化建设与自然和历史型风景名胜区建设的概念严格区别开来，生搬硬套地将这类设施强塞于不相宜的风景区内，势必将对风景环境和景观资源价值造成严重的损害。

5. 近期建设与远期发展之间的关系

从一定意义来说，远期发展具有战略性，而近期建设更具有现实性和实施紧迫性。但无论是远期或近期，其两者的辩证关系是：用远期目标指导、规范近期建设，而近期建设则应为远期目标的最终实现积极创造条件。二者兼顾，不可偏废。

根据井冈山的具体实际，目前尚存在着两个应予面对的现实：其一，井冈山与其他历史名山和早期开发的风景区比较，它起步较晚，基础较差，存在着相当的差距；其二，从自身建设现状看，亦集中在茨坪和个别景点，大多数景区未得到开发利用。针对这种状况，我们认为必须实行重点建设和分期实施的原则，并以远期发展的总体目标来指导、控制、部署近期建设的各项任务，量力而行，稳步发展。为此，我们确定规划近期建设阶段主要任务是：在首先全面保护好各类风景资源的前提下，集中搞好茨坪中心区和龙潭景区的开发建设，部分开展主峰景区的规划开发工作；加强各项服务性旅游设施和基础设施建设，重点改善风景区对外交通条件等影响今后发展的关键性问题；同时，加紧各景区、景点的分区规划与详细规划编制工作，为远期全面开发建设做好一切必要的技术准备。

6. 保护与开发、经营、管理之间的关系

在这里，我们确认保护是第一性的，开发利用属于第二性的。保护的观点必须贯注于风景区开发、建设、经营、管理的全部过程，是指导、检验风景区建设的总前提和总原则。这是因为风景名胜资源不同于其他人工造景，尤其是自然风景资源(包括整个风景环境条件)一旦被毁，是无法再造的。文化历史景观亦如此，即便有可能予以修复，也丧失了它们原有的真实历史面貌和价值。

应当认识风景区的这样一个特性：即对任何风景资源的开发利用，都要受到一定限度的制约，不可超出其允许极限而无度地豪取滥夺。诚然，这种制约的因素是多方面的，诸如交通、接待、供水、供电、用地、食品给养能力等，都可能成为风景区发展规模或容量的重要制约因素，但更为重要的是环境对容量的制约，它是所有制约因素中的决定性因素。因为其他各种因素条件，相对来说都是可能通过人为努力得到逐步解决或改善的，而惟有环境容量是为自然客观规律的必然所决定了的。只有控制有限的合理开发，才能确保风景资源的无限使用价值。根据这一原理，我们在进行风景区的开发、建设、经营和管理中，如若发生与保护相矛盾时，则必须无条件地服从于保护这个总前提和总原则。换句话说，只有保护好一切风景资源及其生成环境条件（包括自然与历史人文环境），才是真正意义上的本源保护和风景区生存、发展根本利益之所在。

7. 井冈山风景名胜区与邻近省、县风景区(点)之间的关系

井冈山作为一个特定历史阶段的政治地理概念，方圆五百里，它所影响的范围还包括江西省的宁冈、永新、莲花、遂川、泰和及湖南省的茶陵、酃县、桂东、资兴等县部分地区在内。为此，在确定井冈山风景名胜区合理规划范围时，我们一方面考虑到既要尽量保持风景区内革命人文与自然面貌及游览体系的相对完整性，不应受拘于现有行政区辖界线的限制；另一方面也注意到避免将风景区范围划得过大，减少景区、景点布局组织的难度，以致对多地山区经济发展造成影响。根据区域地理特点和资源分布状况，除少数景点打破了地区界线外（如黄洋界哨口属原宁冈县，热水洲温泉属遂川县等），基本上均划定在中心部位的井冈山市（原井冈山县 1984 年撤县改市）行政辖区范围之内，我们认为是比较合理可行的。

但鉴于邻近省、县其他风景区（点），也都拥有不少革命人文及自然风景资源，虽不直接纳入井冈山风景名胜区范围之内，但均可以作为其外围风景区（点），由所在地政府积极组织开发，同时逐步发展扩大，建立起以井冈山风景名胜区为中心的区域性联合旅游体系。

（三）总体规划布局

井冈山作为风景名胜区加以开发建设，仅是 1982 年底以来开始起步的；但它作为著名的革命纪念地，早在 20 世纪五六十年代，就已是我国最早对外开放地区之一。因此，规划考虑在总体布局中，应当充分利用现有的各项设施基础条件，并根据风景区建设发展的性质、功能要求，全面合理地进行布局安排。

1. 有机组织风景游览体系

井冈山风景名胜区地域范围大，景观景点类型多，如何合理组织形成一个完整有机的风景体系，是总体规划布局中应予解决的首要问题。对此，我们提出三项基本规划布局原则：①依据革命文物和自然景观的地理分布，尽可能使二者紧密结合，成为内容丰富、情景交融的统一整体，避免单一感；②能够从不同侧面构成和反映出不同景区的主要景观特色，防止雷同；③有利于游览路线和服务设施的合理安排，便于参观游览。因而，我们采取了风景名胜区—景区—风景点三级风景体系，全区划为：茨坪、龙潭、黄洋界、主峰、笔架山、桐木岭、湘洲、仙口 8 大景区，共 60 余处风景点。

各景区基本构景要素（即景区主要风景特色）如下：

茨坪中心景区：范围包括茨坪、土岭、草坪、刘家坪、下庄，面积约 20 平方公里，含景点 10 处。以革命纪念性人文景观为主（革命旧居群、烈士陵园、革命博物馆等），同时充分利用和组织周围风景环境条件（岗峦、水面、瀑布、绿地、村舍等），增添少量人工缀景(纪念性革命领袖及英雄塑像),使整个景区达到既庄重充实又清新雅致的环境效果。

龙潭景区:范围包括小井、龙潭和金狮面,面积约 20 平方公里,含景点 16 处。该景区以革命人文景观(主要有小井烈士墓、红军医院、红军洞等)和自然景观(主要有龙潭瀑布群、峰石、幽谷等)密切结合为特点,集井冈山风景精粹于一处,具有景观丰富、刚秀并蓄的风景特色,当推八大景区中最佳游览景区。

黄洋界景区:范围包括黄洋界、八面山、双马石、大井等景点 4 处,面积约 7 平方公里。景观构成以毛泽东同志大井旧居和三大哨口等革命人文景观为主体,同时兼有山岳、气象(云海、日出、“佛光”)、田园风光等自然景观,兼具雄伟旷达和幽秀绮丽的风景特色。

笔架山景区:范围包括笔架山、河西垅、硃砂冲、黄坳、小溪洞,面积约 23 平方公里,含景点 13 处。该区以由奇峰、怪石、云雾及动植物等构成的自然风景观赏为主,具有幽险、粗犷、高山野趣特点;也同时有部分革命人文景观(毛泽东同志黄坳旧居、硃砂冲哨口等)。但该区最突出典型的景观,尤推延绵于笔架山脊绵亘二十余华里的巨型猴头杜鹃长廊,每当花期盛开之际,犹如彩龙横空出世,蔚为壮观,被誉为井冈山自然风景中最具代表性景观。

主峰景区:范围包括主峰(又名五指峰,海拔 1438 米,为井冈山第一雄峰)、荆竹山(1695 米)、平水山(1779 米),面积约 52 平方公里,为全区最大的景区,含景点 10 处。主要以雄峰、大谷、瀑溪和浓密如盖的大莽林构成主体风景,具有高峻、壮伟、雄秀的景观特色,为发展潜力最大的一个景区。

湘洲景区:范围包括湘洲、严岭嶂,面积约 35 平方公里。主要景观为保持较完整的大面积原始森林和珍稀动植物,井冈山三千余种植物种类和多数珍稀动植物品种,都集中这一带分布。规划拟建立井冈山自然生物园,为开展专业科研、教学实习和科普野营活动提供了理想的天然基地。

桐木岭景区和仙口景区:桐木岭景区包括桐木岭哨口、罗浮水库、石姬、石燕洞,面积 45 平方公里,含景点 7 处;仙口景区包括牛头冲、仙口、热水洲(遂川县境内),面积 15 平方公里。该两处景观以溶洞、水库、山石和温泉为主,适于组织多种形式的游览活动和发展休疗养事业。

2. 合理配置接待服务设施

规划遵循“服从景区布局,满足游览服务,方便经营管理”的原则,分别采取以下四种不同级别方式配置接待服务设施:

(1) 全区接待服务中心(茨坪):按全套完整设施建设,包括接待、餐食、住宿、交通、电信、商业、文化娱乐、医卫保健等,对全区发挥最大接待服务功能和总调度控制作用。

(2) 旅游村(下井、行洲):配置较为齐备的接待服务设施,包括食宿、交通、邮电、商店和一般文化医疗卫生等,对全区游览接待发挥协调作用,以减轻对茨坪中心区的压力,并为合理组织分区游览和接待服务提供便利。

(3) 接待服务站(笔架山、井冈山村、湘洲、罗浮、仙口):主要为距茨坪中心区和旅游村较远而少数需要就地留宿或开展野营、科研活动的偏远地区,配置小型初级简易接待服务设施，就地解决对食宿、电话、供销点、医务站等基本需求。

(4) 服务点(在各景区及风景点内适地设置)：主要满足游人在参观或游览途中的休息、茶点、饮料、照相、电话等需求。

3. 因地制宜安排休疗养用地

一般地说，休(疗)养和旅游之间有着不同的目的、要求和条件，应当加以区别对待。但考虑井冈山风景名胜区规划区域较大，自然环境优越，尚有一定的用地，根据自然资源和环境条件可以适当安排部分休养和疗养设施，以充分因地制宜地发挥其环境优势潜力，提高综合开发利用效益。对此，规划确定的用地选择除遵循前面提出的三项原则外，还同时考虑到：①尽量靠近公路，有便利的对外交通，以利人员和物资的流通；②环境优越，气候适宜，水源充足，用地有一定的发展余力；③在可能条件下，允许休养同接待服务实行合理的结合(如下井)，以利提高公用服务设施的综合利用率，依据上述考虑，规划安排了以下几处休(疗)养用地：

(1) 高垅坑休养区：位于茨坪东北 2 公里，南接兰桂坪，北通梨坪村，谷地平缓开展，水源充足，用地潜力较大，与茨坪一山相隔，既联系便利又呈相对独立地段。

(2) 罗浮休养区：位于茨坪东北约 20 公里的罗浮水库北坡，与服务站结合进行建设，临水背山，视野开阔，朝向好，容量大，交通便利，有隧洞同罗浮镇隔开，内部环境秀美幽静。

(3) 下井休养区：位于黄洋界与主峰两景区边缘交接处，距茨坪约 10 公里，同旅游村结合进行建设，这里坡地开阔，修竹碧翠，水源充足，气候宜人(最热 7 月平均日温 23.8℃，为山上夏季最佳气候区)，当地典型的山区田园景色更提供了优美的自然环境条件。

(4) 上井休养区：位于龙潭景区西端，距茨坪约 5 公里，地势开阔，竹翠林茂，空气清新，进入龙潭和黄洋界区游览颇为方便。

(5) 热水洲疗养区：位于仙口景区南端边缘，距茨坪约 45 公里。这里天然温泉资源丰富，出水量大，水温高，水质矿化度适于治疗多种疾病，周围环境幽美。

4. 重点改善对外交通

井冈山风景名胜区由于地处江西西部偏远山区，目前对外交通尚不够便捷。从这个角度上来说，能否创造一个较好的交通条件，打开对外联系的新局面，将成为决定井冈山今后旅游事业能否取得较大发展的关键。

现状：主要依靠三条公路对外联系：①井吉线(井冈山—吉安)，接通省级公路或赣江航运，可与南昌、赣州南北联系；②井遂线(井冈山—遂川)，接省级干线后经赣州沟通与广东的联系；③井宁线(井冈山—宁冈)，可接通永新和湖南酃县、茶陵。

规划：除上述三条公路均需要提高技术等级外，必须尽力争取提高对铁路客运的依托性，同时寻求开辟航空客运的可能性，以解决扩展客源地区范围和长途快速、大运输量的问题。规划拟采取如下措施：

(1) 修通井新公路线(井冈山直达永新)。具体走向为茨坪—拿山—白沙(仅此段七八公里未接通)—永新县城，再由永新至分宜铁路接转浙赣干线，从而打开通往沪、鄂、湘的出入口。

(2) 开辟西线出入口。具体走向有两条：①接通井冈山—湖南酃县公路段，经茶陵、醴陵由铁路沟通浙赣线，进而由株洲接转京广线(如能建设将茶陵铁路延伸至酃县更为理想)；②利用改造现有井冈山经湖南资兴至郴州公路线，从而打开粤、湘由京广线进入井冈山的出入口。

(3) 开放泰和机场，实行军民两用，为发展旅游事业服务。并分别开辟泰和—南昌—北京、泰和—南昌—上海、泰和—广州、泰和—福州、泰和—庐山(马迴岭)的客运航班，以创造更为快速便利的交通条件。

(4) 考虑修建永新—宁冈—茅坪短途铁路线的可能性(仅几十公里)。

(5) 修建茨坪直升机场。

5. 积极发展区内旅游经济事业

通常人们所指的风景区旅游，可能往往认为只是同人们的游览观光活动本身相直接联系所反映的小部分经营内容，但实际上远不止如此。从广义的角度来说，它还应包括可为旅游提供必需的物质基础(其中包括旅游商品的生产和流通)，从而大大扩大了整个经济社会效益的生产性活动的范畴。因此，我们在编制风景名胜区建设总体规划时，已经充分考虑到这一点。

据此，我们在对该风景区规划范围划定时，除主要依据其风景资源分布状况、生态环境保护要求、自然地域相对完整性等重要因素外，还充分结合了井冈山区呈小片(块)状村落与人口自然分布的人文地理特征以及当地丰富的物产条件等这些客观的特定具体情况；且实际划定的游览区域面积只约占整个风景区面积的 30%，这就为可能发展区内生产性旅游经济活动留有较大的空间余地。对此，我们提出了积极发展具有井冈山地方特点的旅游经济事业的方针。规划中采取的具体措施是：

(1) 大力兴办地方性旅游工艺品加工业。对现有主要面向农业服务的市办工业、场(垦殖场)办工业，进行必要的产品结构转型，部分转向旅游食品、工艺纪念品及竹木编制品的生产加工。对产品的要求应尽量做到新工艺、精加工、高质量，形成若干项具有自己特色的高档品牌产品，提高市场竞争能力，不仅在本地区销售，还应力争打入国内和国际市场。

(2) 积极组织地方土特产品加工生产。井冈山地区土特产资源相当丰富，如茶叶、香菇、木耳、笋制品、猕猴桃、药材等，有的已形成自己的传统产品，都可以在不破坏风景资源和环境条件的前提下，继续就地组织扩大再生产，从而直接同当地群众的经济利益挂上钩，以促进村民脱贫致富。

(3) 建立为旅游服务的农副食品生产供应基地。主要指蔬菜、禽蛋、肉畜、水产、水果等，而目前山上对这些物品的自供率很低，远不能满足旅游事业发展的需要。

(4) 大力开展园林苗木和花卉的生产与销售。井冈山发展苗木花卉事业具有得天独厚的自然条件和物种优势，应当采取国家、集体、个人一齐上的办法，积极组织开展以井冈山各类名种杜鹃花为重点的苗木花卉生产与工艺制作，创造出自己独具的风格，以供应内外销市场的需求。

6. 大力开拓区域性旅游网络联系

考虑到井冈山目前对外交通条件的局限性和今后逐步得以改善的可能性，其旅游市场的拓展必然大致分两步走，即首先发展国内旅游，然后再开展国际旅游；而为促进其市场的较大发展，必须大力开拓区域性旅游的网络联系。对此，规划提出以下几种旅游网络拓展途径：近期，可先行组织三条旅游路线：①建立吉安—井冈山—萍乡省内地区性游览体系；②建立丹霞山(广东韶关地区)—井冈山—衡山(湖南衡阳地区)省际区域性旅游网络；③建立广东韶关—大余—赣州—井冈山—湖南郴州旅游网络；远期，待对外交通条件进一步改善后，可考虑建立广东肇庆—井冈山—广西桂林之间的省际三角旅游圈；开展井冈山—庐山—三清山—龙虎山省内名山之间的旅游网络，以及全国更大范围的区域性旅游网络。

(四) 茨坪中心区

1. 总体构思

茨坪是井冈山革命斗争时期重要纪念地，目前为井冈山市人民政府所在地，全市政治、文化和科技中心，规划将其确定为井冈山风景名胜区中心景区和主要旅游接待服务管理区。因此，在对茨坪规划和总体构思上，要求能反映较鲜明的思想内容，达到融思想教育与风景览胜于一体的效果。规划考虑远期应将现有市人民政府及所属各行政管理机构全部迁离茨坪(另在厦坪、拿山一带建设新的井冈山市)，并从规划开展之时起，任何与旅游无关的机构和工厂企业均不得迁入茨坪中心区内，以满足其作为中心景区的性质、功能、人口控制和环境要求。

2. 景点组织

根据总体构思的要求，茨坪中心区在景点组织上须重点加强体现革命纪念地思想内容的环境设计，同时充分发掘自然风景资源条件，以形成二者有机结合、协调统一的参观游览体系。规划的主要措施是：

(1) 修整完善南山公园，建设“井冈山斗争胜利纪念碑”(朱德同志生前亲书“井冈山斗争胜利纪念碑”题字)。

(2) 重建北山井冈山革命烈士陵园。茨坪现有烈士墓、塔系由小井烈士墓部分遗骨迁建，位于镇东商业街道一侧，岗地狭窄，环境喧闹，同陵墓氛围极不协调。规划拟在北山重建革命烈士陵园，建造由邓小平同志题字的“井冈山革命烈士纪念碑”，可与南山“胜利碑”遥相对映，更加突出革命纪念地主题内容与思想教育意义。

(3) 保护修整茨坪革命旧居群。茨坪革命旧居为井冈山保存规模最大的旧址群，属国家一级文物保护单位。但现状布置及环境状况同历史原貌不完全相符，须予进一步整治和扩展，切实做好重点保护规划和设计，剔除不必要的现代园林花草，再现当年真实的历史环境和风貌。

(4) 修复兰花坪、桂花坪。兰花坪、桂花坪原系茨坪一处自然胜景，以盛产井冈山特有野生“井冈兰”及大片桂花林而得名。朱德同志尤喜“井冈兰”，1961年重上井冈山时曾在此品茶赏兰，家中养花亦常有“井冈兰”，被群众传为佳话。规划拟予恢复，以表达对老一辈革命家缅怀之情，亦为茨坪增加一处游览胜景。

(5) 开辟青少年夏令营。重点面向全国青少年，将深刻的思想教育寓于生动活泼的参观游览活动之中，使其成为广泛开展爱国主义和革命传统教育的全国性重要基地。

(6) 适当增置艺术雕塑。紧密结合井冈山斗争历史和科普教育内容，在公共绿地及公建广场上适当增置具有鲜明思想性和知识性的艺术雕塑，给人以有益的启迪。

(7) 扩建挹翠园。在现有挹翠湖基础上，适当扩大绿地面积，建成以文化游憩为主要功能的公共绿地，以进一步提高镇区内环境条件，满足当地居民和游人文化生活需要；

(8) 逐步建设南山水库、土岭山村、五马朝天、猴子山瀑布、下庄瀑布等新游览点。现正建设的南山小型水库至土岭村一带，丘岗连绵，环境幽美，尤以土岭村梯田层翠，小桥流水，农舍阡陌点缀其间，是距茨坪最近的一处极具典型井冈山山村田园风韵特色的自然人文风景，应很好地加以原生态保护和旅游发掘利用。

3. 用地布局

规划拟对茨坪用地现状作出适当调整，以求达到功能明确、布局合理、使用方便的要求：黄洋界路南段为景区管理服务用地，中段为文化活动用地；北段至鲤鱼垅一带，以现有宾馆、大厦、外办招待所、党校等为基础，形成接待区；商业区集中在桐木岭路北段。现有镇区内居住用地应严加控制，不得再继续增建。中心大道以南建成以挹翠湖为中心的休闲游憩公共绿地；中心大道以北仍保留现有农田并整治村落环境，展现茨坪原有农作自然居民点风貌及当年真实环境的历史印迹。现有镇区内各系统、单位物资仓库，均应逐步迁出茨坪，另在由草坪至小井坳规划过境公路段沿线建设新的仓储区。

4. 建筑设计及风格要求

对茨坪及其景区内建筑设计要求，总的原则应认真研究和发扬当地传统手法与风格，如采用吊脚楼、内天井、坡顶、瓦屋面，以及土黄、灰、白色外墙粉刷等。空间组织应尽量依山就势，且体量宜小，层数宜低(以不超过三层为妥)，并充分利用石、木、竹等地方建筑材料，力求自然、朴实、大方；切忌套搬大城市的建筑模式，不滥仿用古典宫廷建筑及琉璃瓦，避免过分人工雕琢，以取得建筑与环境的谐调一致，创造出真正反映井冈山区地方特色的建筑风格。

【本文为出席中国园林学会风景名胜学委会 1986 年年会(张家界)交流论文，刊于《建筑学报》1988 年第 7 期。《井冈山风景名胜区总体规划》1984 年编制完成，获 1987 年江西省第三次优秀勘察设计评选一等奖、江西省人民政府银奖(本次评选最高奖项)】

略论庐山山南

——旅游开发战略地位及基本规划对策

庐山风景名胜区为国家重点风景名胜区之一。根据1982年首轮编制的总体规划确定，其风景区规划范围包括“四县一市”（即星子、湖口、九江、彭泽四县和九江市区）区域资源地在内的302平方公里，总体规划为四大景区：牯岭景区、九江市区、沙河景区和山南景区。本文拟就山南景区的旅游开发问题谈点个人的看法，愿与有关领导和专家们共同商榷。

（一）地理及资源优势

这里所指的山南景区，位于庐山风景名胜区东南部，大部属星子县行政辖区内，上至太乙村，下含南康镇，北到海会寺，西抵康王谷，一般通称为山南地区（或简称山南）。山南背山（庐山）畔湖（鄱阳湖），据庐山山下环山公路交通要衢，又是水陆游览及交通枢纽和鄱阳湖水域游览地理中心。这里，与山上牯岭中心区躯首一体，同山下其他各大景区（点）唇齿相连，游客出入灵便，汇聚量大，集散迅速，因而具有十分显著的地理位置和充足的旅游客源市场优势。

山南风景旅游资源相当丰富，不仅量多质优，且独有特色，自古就有“匡庐奇秀甲天下”，“庐山之美在山南”之赞谓。主要风景游览点有：海会寺、白鹿洞书院、观音桥、秀峰、温泉、简寂观、玉帘泉（归宗）、醉石馆、栗里村、太乙村、康王谷、点将台、爱莲池、落星墩、蛤蟆石等数十处。其中白鹿洞书院为我国宋代著名“四大书院”之一，是理学家朱熹讲学处；观音桥为我国古石桥构筑中稀有的珍品；秀峰庐山瀑布是李白名诗“飞流直下三千尺，疑是银河落九天”所指观瀑处，乃匡庐第一胜景；龙潭石刻乃庐山摩崖上品，康王谷中谷簾泉和观音桥招隐泉，分别被唐代茶圣陆羽品评为“天下第一泉”、“天下第六泉”；栗里村是东晋著名田园诗人陶渊明故里；简寂观是陆修静创建的山南最大的道教观宇所在处，还有历史上著名的山南佛教“五大丛林”——海会寺、秀峰寺、万杉寺、栖贤寺、归宗寺，均坐落在这里。这些具有代表性的景观都是庐山风景的精粹，而鄱阳湖浩瀚的水面及这里拥有的世界上最大的鹤类、候鸟珍禽越冬栖息湿地，为开辟各项水上游览活动与候鸟观赏提供了得天独厚的优越条件。此外，庐山第四纪冰川遗迹和鄱阳湖湿地资源，为开展科学考察和猎知旅游增加了珍贵的内容；而这里盛产的鄱阳湖“水上三鲜”、星子金星墨砚、庐山茗茶（云雾茶）等土特名产，亦为旅游事业发展提供了充足的、具有地方特色的物产资源。

综上所述，从总体上看，山南风景资源类型丰富，品质优异，具有“古、幽、秀、奇”四大特色，尤以水景为最，确有很高的旅游开发价值。

（二）开发地位评估

庐山山南地区的旅游开发，我们认为具有以下明显意义和地位：

1. 有助于建立起对庐山风景认识的全貌观

宋代著名文学家苏轼有诗赞庐山云："横看成岭侧成峰，远近高低各不同。不识庐山真面目，只缘身在此山中。"诗句不仅从不同的观赏角度形象地描绘了庐山山体的形态与内涵之美，也同时提示了这样一个真谛：即游览庐山远不止停留在山上游，而应当山上、山下、近观、远眺一起游，才能真正领略庐山美景之妙趣，获得对庐山准确完整的全面认识。庐山是一座历史悠久、文化璀璨的名山，而庐山文化的形成、发祥地正是山南地区，它是庐山历史文明的渊源之地。因此，研究庐山必须首先研究山南，这里是整个庐山文化中最重要的内核。可见，无论从大众化游览或是学术研究角度出发，山南地区都占有十分重要的地位；不然，就无法得到对庐山完整的印象和真正的认识。

2. 有助于充分发掘山南水风景资源优势

"庐山瀑布传天下"这一素负盛誉的古人评赞，说明了水景是庐山风景的主体景观之一，而山南风景区尤以水景最为突出。

鄱阳湖为我国最大淡水湖泊，是一座天然的水上游览乐园。它以星子县城南康镇为中心，北可经鞋山与石钟山相连而直入长江畅游，南可接老爷庙进蚌湖、蓼南而观赏珍禽候鸟，宽阔的水域为开辟丰富多彩的水上游览和水上运动项目，提供了极佳的场所。

山南地处庐山山体地质构造的断裂面带，使这一地区成为瀑布汇集之地。除最著名的"秀峰黄岩瀑布"（即李白诗中"庐山瀑布"）外，还有秀峰马尾瀑布、龙潭瀑布、观音桥玉渊瀑布、简寂观东西双瀑、归宗玉帘瀑布、康玉谷谷簾大瀑布（俗名"大马尾水"）等，落差均在数十米至百十米，声形各异，彩虹耀目，当为庐山瀑布精华之所在。其他水景景观还有：白鹤涧、玉渊、爱莲池、王羲之洗墨池、养鹅池、第一泉（康王谷洞帘水）、第六泉（观音桥招隐泉）、温泉等水景名胜。山南这些水景资源的发掘和利用，不仅是对山上水风景资源的呼应、补充，更加反映了庐山风景本质和山南风景的特色。

3. 有助于改善整个庐山风景名胜区的合理规划布局

由于近代历史百年以来庐山山上牯岭地区的大量集中开发，庐山风景区已有相当规模和基础，但大多仅局限于山上不足40平方公里极小范围内，而近几年国内旅游事业的迅猛发展，每年接待游人量达200～250万人次左右，相对容量已达到一定饱和程度，并由此而产生一系列与风景区环境不相协调的种种弊端：房屋建筑密度过高，公路逶迤山头，常住人口日渐增多，环境质量不断恶化，"城市化"倾向更为严重，自然生态已见失调，等等，给山上造成了不能承受的压力，如再不及早引起足够重视和采取有效的防范与治理措施，必将引起更为严重的后果。

依据庐山风景名胜区总体规划提出的指导思想和基本原则，必须从总体上调整现状，进行合理布局，全面开发山上和山下其他尚未开发的景区、景点，充分发挥它们平衡协调的极大潜力。而山南地区在这方面尤其具有特殊的杠杆作用，能够大大减轻山上的负荷，为促进和保证整个庐山风景名胜区建设及旅游事业更加兴旺协调地发展，展示了最有效的途径。

4. 有助于推动山南地区经济结构改革和经济发展。

地处山南的星子县，由于各种客观条件的制约，存在着“一小二少三多”的局限性(即行政辖区面积小，耕地少，工业少，山地多，湖滩多，劳力过剩多)，是一个长期以来经济发展相对比较缓慢的县，如何把该县经济发展搞上去，因地制宜地发挥地方资源优势和特点，大力开拓旅游事业，是一项具有战略意义的重大决策。应当在当前“改革、搞活、开放”的基本方针指导下，积极进行经济结构的合理调整，发展这一地区的旅游业，并以此进而推动其他各项社会经济事业的全面发展，逐步形成以旅游业为横向经济纽带的，包括风景游览、旅游工艺品制作、旅游农林产品及副食品生产与加工、养殖与水产品加工及各项旅游服务业等第三产业综合开发、多种经营在内的经济结构新体系，从而开拓发展经济的新路子。要敢于打破不适应新形势和本地经济发展需要的旧传统观念，勇于改革创新，实行经济工作重心根本性转移。

除丰富的风景旅游资源外，星子县“金星砚”和青石板作为这里的两大地方用材资源和传统名产，更可以加工成为较高档的建筑装饰材料和旅游工艺品；水面开阔的湖滨地区，是大力发展水产养殖与加工业的好场所。此外，利用这里适宜的山地气候和土壤条件，还可以大力发展水果、茶叶等生产，为人民生活和旅游服务。

旅游经济是一个综合性的庞大的社会经济体系，不能简单地看成是风景区的门票收入、旅馆的床位收入和区内的局部地段交通收入等，而是融合渗入各相关经济部门、领域的经济复合体。因此从一定意义上来说，具有“一举而牵动全局”的特殊社会经济链条作用。从星子县实际情况出发，我们提出该县的经济振兴和发展的设想，应考虑建立以“农林及加工—旅游—商贸”三位一体为主体的经济结构模式。虽然目前旅游业尚未充分反映出它的价值，但从远期前景看，旅游业大有跃居经济首位之趋势。对于这一点，我们应当有长远发展的预见性。

(三) 基本规划对策

山南地区的旅游开发，我们认为应从总体构思上着重研究以下几个主要问题：

1. 建立山南旅游接待基地

庐山风景名胜区总体规划中已明确布局：除山上牯岭和山下九江市区内建立较大规模的旅游接待设施外，还应在山南和沙河两处分别建立相应能力的接待服务设施；而在此两者中，山南基地的建设更具有重要的布局合理性和发展需要紧迫性。

这里提出用地选择的建议意见：星子县城南康镇北郊。此处是一片低坡丘岗地，临湖背山，视野开阔，用地充裕，易于施工建设，距县城中心区近，与县城规划中的新公园相毗邻。从城镇建设发展看，将来又与县城连成整体，但又能形成相对独立的环境和管理系统，水陆游览活动的组织亦极为便利，尤宜适用于建设中、高档标准的中外宾客接待设施。[1]

待山南接待基地形成后，现秀峰宾馆则应按详细规划要求予以迁出，以保障景区

---

[1] 此项用地选择和山南接待中心详细规划，均在1988年完成编制的山南总体规划中已初步明确。

内环境条件的进一步改善。现有南康宾馆目前维持现状，但限于无发展用地条件，不宜大规模继续扩大发展，将来作为新建山南旅游接待服务中心的配套辅助设施，面向一般社会旅客接待。

2. 大力开辟鄱阳湖水上游览项目

碧波浩淼的鄱阳湖是一座天然的水上乐园，为发展山南旅游事业展示了广阔的前景。庐山风景名胜区总体规划中已明确提出，要开辟长江—石钟山—鞋山—南康镇水上游览线，并在此基础上结合湖区内有利地形和水面条件，进一步积极开展各种水上运动项目，如快艇、舢板、游泳、垂钓、日光浴、赛龙舟、环湖游览、湖滩放风筝等等，配备必要的水上流动旅馆、水上餐厅、水上舞厅等游览服务设施，以满足不同游人多种兴趣爱好的需求。此外，还应充分利用这里是世界上最大的鹤类越冬地和经常可见河豚(俗称江猪)出没游弋的特异资源，把开展珍禽观赏、“豚迹觅踪”等科学旅游活动，办成鄱阳湖上独具一格的新颖旅游项目，形成山南水上旅游的特色。

3. 创办具有桃园情韵的田园风光游览

位于西南麓的庐山山体中最大山谷——康王谷，外接山下环山公路，内抵庐山紫霄峰下，由观口村进入，纵长近 20 华里。谷口狭而隐邃，谷中豁然开朗，一溪碧流盘转逶迤而出。踏入深谷，只见：桃红畴绿，鸟语花香，石汀重重，村舍点点，但闻林雀啼啭，可见珍鱼竞游，一路上享尽“山重水复疑无路，柳暗花明又一村”的异然情趣。相传当年陶渊明解甲归田“采菊东篱”时，结东林寺高僧慧远为挚友，常往返途经于谷中，流连忘返，驻足不归，如入“世外桃源”之境。后来他便以这里的环境背景为原形，写下了“乌托邦式”构想社会模型的理想名篇——“桃花源记”。于谷底部，有落差高达 80 余米的谷簾大瀑布，而在瀑布峭壁上隐有一碗大岩穴，一股甘泉终年涌而不竭，乃“天下第一泉”——谷簾泉(即陆羽《茶经》载：“庐山康王谷洞帘水第一”)，另有云液泉、石乳泉、谷岭庄、谷簾寺和新近于瀑布前发现的历史摩崖石刻等名胜多处。康王谷别具一格的典型田园民俗游览项目的开辟，必将为山南旅游添彩增色。

4. 积极发展疗休养事业

庐山风景名胜区总体规划原则规定：山上以发展旅游事业为主，对现有的疗休养设施应限制其规模，不再继续扩大或增建新的疗养机构；而山南优越的温泉、气候条件，则为整个庐山疗休养事业的更大发展找到了新的取代地位，具有更大的发展空间和可行性。

星子温泉疗养院是江西省建立较早的疗养基地之一。这里温泉资源丰实，有泉眼多处，每眼日出水量 500 吨，出露口水温 72℃。目前疗养院规模尚小，但具有较大发展潜力，除满足一般医疗性需要外，可新增旅游服务温泉浴经营项目，扩大服务范围并提高利用效率。

位于含鄱口犁头尖下的太乙村，新中国成立前就是国民党高级军政要员的避暑山庄。这里林茂花繁，向阳避风，风景谧秀，且与山上牯岭镇和各风景点联系甚便，是一处理想的休养胜地。近年太乙村已重修一新，正式开放接待客人。此外，如简寂观、海会、万杉、万寿等处，都是新规划的休养用地的好地方。山南地区旅游、休养、疗养事业的同步发展，将更有利于发掘各类资源条件，取得以旅游为主和旅游、休养、疗养事业协调发展的更好的社会、经济、环境的综合效益。

5. 建设具有湖滨风光的新兴旅游小城镇——南康镇

这里尤其值得重视和提出的是：位于鄱阳湖滨呈半岛状的南康镇处水陆交通之喉塞，是长江—鄱阳湖水上游览与山南陆地游览中转的必由枢纽、游人更替聚散中心，具组织开展整个山南旅游活动控制的主导地位和作用。据此，我们可以预见：南康镇必将发展成为鄱阳湖滨的一座典型的新兴旅游城镇。因此，从现在起，希望有关领导和决策部门，必须充分地认识并树立起这一新的战略意识，更新旧观念，改革现有南康镇经济结构和管理机制，及早地、富有预见性地把南康镇的经济建设和城镇建设逐步纳入以新兴旅游城镇为目标的发展思路上来，以便卓有成效地取得各项事业的新发展。

(四) 结语

山南旅游事业的发展与否，从一定意义上说，是关系到整个庐山风景名胜区建设和发展前景的真正关键所在，也是影响到整个山南地区经济能否真正搞上去而从根本上找到最佳出路的基本前提。对于这一点，过去一个时期尚未被人们所认识或认识上还很不深透、明确。特别是在目前由于管理体制的不统一而造成的分而治之的情况下，山南这块宝地却几乎被从庐山这个整体中肢解分离出去，只把目光集中到山上(准确地说只是个山头)，致至成为山上建设混乱(国务院三令五申都制止不住!)，接待超负荷，环境受破坏，是山上与山下发展失调等一系列严重问题的重要根源。对此，在 1982 年 8 月省政府召开的《庐山风景名胜区总体规划》评议会上，专家们一起讨论并高度评价了山南地区开发的重大价值和意义。我们在 1986 年完成的《江西 15 年旅游业发展战略研究报告》中，又进一步明确强调了这一观点。当务之急是，必须抓紧抓好山南地区名胜资源和风景环境的保护工作，尽快封山育林。无木不成林，林为水之源，林为景之先，而目前山南林木之秃毁正是我们工作中最薄弱的环节。在这方面，我们必须从造林开始，切实保护好山上的一石一木，严禁乱挖乱伐。同时要及早抓紧搞好山南风景建设与旅游开发的规划设计工作，为即将全面兴起的山南旅游业和经济振兴作好充分准备。我们深信，随着国家改革开放方针的更加深入贯彻和江西省旅游业的日益兴旺，山南地区的经济发展必将出现一个振翼腾飞的新局面。

【本文为出席 1989 年 5 月江西省首届风景旅游资源开发规划研讨会(三清山)交流论文并收入《研讨会论文集》】

庐山风景名胜区若干问题的剖析与探思

本人作为《风景名胜区规划规范》(GB 50298—1999)编制组成员参加了规范编制工作，并主持和主撰完成《庐山风景名胜区典型调研专题报告》。兹将于 1990 年 11 月完成的《专题报告》中部分有关问题调研的剖析意见予以整理选录，或对今后继续研究庐山问题，仍可提供些许思路与参考。

(一) 若干争议问题

1. 关于风景区与游乐场

前几年，在关于庐山建设发展方向的大讨论中，对与此密切相关的一个争议问题，即：在风景区内究竟能不能大规模地建设现代化游乐设施？(因有人准备把游乐场、跑马场、高尔夫球场等一整套城市化大型游乐设施，一股脑地往庐山上搬)一时，庐山面临着“游乐化”浪潮冲击的危机。

必须指出，中国的风景区，与国外城市化大型游乐场有着截然的不同。首先应认识到，我们国家幅员辽阔，民族众多，历史悠久，山河壮丽，具有世界上最璀璨的民族文化和最丰富的各类风景资源，具有十分鲜明的民族传统特色。这种中国自然山水与历史文化密切相结合的显著特点，正是我国风景总体构成的突出特征和优势，这就是我们的国情和民族性。

其次，还应当将风景名胜区与那种纯娱乐性的游艺场、游乐中心等区别开来。这是两个不能混淆的概念：前者是一个国家或地域一定自然环境景观与社会文化历史的典型反映；而后者则没有必然的民族与地理的差别，是一种现代城市化的文化娱乐设施，不具有风景名胜区所体现的珍贵景观价值和文化历史价值。必须认识和严格区别两者并不相同的性质、内涵、价值和功能作用，切不能动辄就在风景区内盲目大搞所谓现代化游乐设施，而置我国民族传统的文化历史特征、具体对象、环境条件于不顾，生搬硬套地把国外的或大城市的“现代化模式”充塞到风景区中来，这样就破坏了风景区原有的历史文化和环境面貌，降低甚至损毁了它们应有的文化艺术价值与环境生态价值。

庐山，作为一个具有两千多年文化历史的风景名山，在我国民族文化历史上占有自己的地位。近百年来，由于庐山的逐渐对外开放，使它成为闻名中外的游览和避暑胜地，这是特定的社会历史环境形成的必然结果。近几年，庐山风景游览事业有了迅速的发展，虽然在使用功能上不断扩大变化，但并不能改变它为之形成发展的社会文化和历史基础。而恰恰应当更加重视和依据这一历史基础，充分展示其璀璨的历史文化和秀美的自然景观为现代社会服务；绝不能试图改变这种基础，硬要将一座文化的、历史的庐山，改造成为一个所谓大型的现代化游乐场所，那是极不可取的。

2. 关于风景区与经济特区

随着改革开放的逐步深入和展开，为了增强国家经济活力，更好更快地发展各项经济事业，特别是创造和提供一个良好的经济建设及投资环境，打开对外的经济窗口，促进我国四化建设进程，近年来国家和一些地方相继建立出现了一批批经济特区和经济开发区，发挥着越来越明显的区域性经济发展的作用，也验证了党和国家这一英明决策的必要性和科学性。

然而，如果说游乐场与风景区是两个不能等同的概念；那么，经济特区、开发区与风景区更是两个不可混淆的范畴和领域。前者是为了创造和提供更为良好的经济建设及投资环境，力图建立现代科学化的经济实体，以促进经济发展和提高经济效益为目的，并为其他地区起着示范作用。而后者，则主要是加强对风景区各类珍贵自然和历史文化资源的保护、研究，并加以充分展示和利用，以适应和满足人们日益提高的精神文明与文化生活的需要。

前几年，江西有人把建立“庐山经济特区”的口号喊得震天响，不认识风景区和经济特区的根本区别，以为搞活经济就可以连风景区(尤其像庐山这样国内外知名度较高的历史文化名山)也无需保存，这是何等糊涂！殊不知在江西经济区划中，庐山虽位于赣北经济区地理范围内，但赣北经济区的中心依托城市是作为港口城市和全省轻化工业基地的九江市，并不是作为风景区的庐山。退一步说，庐山既没有坚实的产业经济基础，更无适于经济特区所必备的地理环境与用地条件，又怎能想象在奇峰秀谷的风景地建设起经济特区来呢？这实在是对于保存人类生活最优美部分的自然环境和国家发展风景名胜区事业目标的一种悖论。

3. 关于风景区索道之争

关于庐山建设客运索道一举，从 1983 年秋至 1986 年春，曾经引起过省内外的关注和一番激烈的争议。

近年来，国内一些风景名山似乎卷入了国外在 20 世纪五六十年代也确时兴数年，而现在已经“退潮”了的“索道热”。自然庐山也不例外，在这股热浪的冲击下，庐山确也忙碌了一大阵子，先后同日本、德国、泰国、中国香港等国家和地区争相洽谈，完成了关于庐山客运索道的可行性研究和工程设计项目，并已耗资动工兴建索道山下站的部分工程。尽管从一开始建设庐山索道的决策，就受到全国各地专家和学者的异议，但均不能“动摇”决策者们的决心，只是当巨额投资贷款成为泡影时，才迫使这一宏大工程“下马”，庐山因此而免于一难。

究竟庐山建设客运索道有无必要？请看事实：

(1) 庐山开发旅游事业过去影响较大的制约因素是它的对外交通尚不够便捷(尤其突出的是对国外入境旅游者)。对此在总体规划中已充分考虑并采取积极措施：开辟启用马回岭机场(即现在庐山机场)，加速建设和依托京九、沙大铁路线，加强长江、鄱阳湖水上对外交通组织，积极开拓区域旅游网络等。事实上在这些方面近几年已取得了显著成效，特别是庐山机场的启用，已基本能满足外客出入境交通的要求，使这一突出矛盾大大缓解。

(2) 庐山内部游览交通已相当便捷，有南、北两条登山公路上下山，山上、山下均有环行公路，全山主要游览景点均可实现乘车游览，这在国内实属仅有。

(3) 除公路登山和乘车游览外，围绕四周山麓的登山步道经过规划已达九条(多数为原有古道，稍加修整即可使用)，为步行登游庐山提供了便利。

(4) 中国的名山风景区大多具有悠久的历史文化，这是中国名山风景区的突出特色和优势，它与国外一些娱乐性游览设施有着本质的区别。我们的立足点就是应尽量保持中国风景区自然山水和人文景观价值，保持具有自己特点的环境及风情面貌，而任何不恰当的现代设施都会影响或降低这种特点和风貌。更何况拟建中的庐山索道选线不当，正好在主要风景点小天池和剪刀峡一线，对自然风景环境和观景效果必将造成严重的破坏。

(5) 庐山旅游开发的前景，最重要的是对资源条件整体全面开发，进一步开辟新景区、新景点，提高资源开发利用率，实行山上与山下的全面开发和协调发展，以提高整个风景区的总体容量；而并不是采取“坚守山头”(牯岭)的方针。若其不然，盲目修建索道将会加剧各种矛盾，产生容量、生态、管理等诸多方面问题恶性膨胀的不堪后果。

(6) 就其经济效益状况来看，有人曾对当时(1984 年)某冶金设计院所编制的《庐山客运索道可行性研究报告》中夸大了的经济效益估算作过仔细的复核验算，按照当时旅游费用标准和物价水平计算，索道建设总投资约需 1500 万元，根据理想的运营收益状况，在扣除每年直接费用开支后，大体需要 30～35 年的时间才能收回投资(尚未计入高利息的外资货款)。与此同时，索道建成后每日将有一半以上游客无需在山上留宿，大大减少了游、吃、住、购等方面的旅游总收益，其结果是因建索道损失的收益比之增加的收益还要大出 3～4 倍。岂不是得不偿失！

由上可见，庐山索道建设耗资大、作用小、收益低，是财、景两损的失策之举，应委实深思熟虑，当以不建为好。

(二) 关于庐山全局开发

1. 庐山区域关系

庐山区域关系是确定庐山全局开发的重要环境依据。庐山的区域关系应考虑以下主要因素：

(1) 庐山处于长江中下游南岸的江湖之滨，与长江中下游水路沿线各中心城市和主要风景区关系密切。自上游而下包括宜昌、岳阳、武汉、九江、安庆、芜湖、南京、镇江、上海等大中城市以及长江三峡、洞庭湖岳阳楼、武汉东湖、湖口石钟山、黄山、九华山、太湖等主要风景名胜和苏州、扬州等风景城市，共同组成了长江中下游区域性旅游网络。因此，庐山的全局开发必须充分考虑到这一区域关系，加强其与区域旅游联系及其地位，发挥其十分有利的“承上启下”的区域地理位置作用，并由此打开江西旅游发展的北大门；除注意长江“线”上关系外，还须十分重视庐山在“面”上的关系。据调查，庐山游客中除以南昌为主的本省游人和以武汉为主的外省游人外，上海游客也占有相当的比重；而在国际旅游中，则以港澳游客为主体，东南亚各国次之。考虑这一因素，近几年我们着重改善了庐山与上海、广东、香港的对外交通条件，加强了更大范围区域旅游的密切联系。

(2) 庐山与所依托的赣北中心城市九江市，更有着地理、历史、文化和经济的不可分割的紧密关系。要发展庐山旅游事业，必须全局考虑同九江市及其周围地区经济和文化的协调发展，建立起坚实的旅游经济的基础，促进地区性各项经济和文化事业的全面发展。

（3）庐山在全省旅游发展中的地位，同其他地区间及主要风景区间的主、从体关系，都直接影响着全省旅游发展的战略和布局。据此，我们在对江西省旅游发展战略研究中，确立了以庐山为主体的赣北旅游区（含南昌、云居山）及赣东北、赣西、赣中和赣南旅游区等总体布局，提出了在重点发展赣北旅游区的同时，开拓江西旅游业南北协调发展新格局的大胆战略思想，使江西省旅游事业的发展针对本省的具体情况，走出了一条创新的路子。近年来的实践证明，这一新思维是正确的，并已取得了明显成效。

2. 四大景区关系

正确处理好四大景区关系，是庐山全局开发的一个核心问题；可恰恰在这点上，正是庐山全局开发中所不重视的最薄弱环节。我们在1982年版《庐山风景名胜区总体规划》编制中，依据庐山主体与周围相关风景资源地理分布、相辅相成关系和区间游览序列及交通组织等条件因素，确定了四大景区的基本结构：九江市是进出庐山的主要大门，九江市又是一座历史悠久的古城，名胜遍布，环境优美，九江长江大桥建成后，更成为江西北部水陆交通枢纽，无论从地理、经济、文化各个方面，同庐山都有着城山一体的紧密联系；山南景区更是庐山历史文化的渊源地，庐山山体的2/5以上辖属山南的星子县，许多庐山具有代表性的著名名胜和自然景观（如白鹿洞书院、观音桥、秀峰、归宗、温泉、鄱阳湖、古郡南康等）都集中在山南一带，与庐山共同构成了同山脉、共水系的不可分割的有机整体；沙河景区（辖属九江县）地处庐山西麓，与庐山连成一片，亦是庐山历史文化形成和发展的重要基础（如西林塔、东林寺是庐山宗教文化最重要的发祥地标志），连同本景区内具有历史价值或观赏价值的景点（陶渊明祠和墓、岳飞母亲和夫人墓、狮子洞、涌泉洞等），共同组成了庐山风景区的整体性资源内涵和密切结构关系，也大大增强了庐山的可游度；牯岭景区则是庐山本体的中心构成部分，也是作为庐山风景区目前开发最充分、设施最完整、游览量最大的核心区部分。可见，这四大景区的布局与开发，是全局结构的必需，是总体保护与开发的基本着眼点，也是取得对庐山完整认识的客观地理环境基础。

3. 山南开发之地位

山南在庐山风景区的地位，除上面提到的地域区位、历史文化密切关系之外，另一个重要的方面，山南是连接庐山山体和鄱阳湖的连襟之地，呈弧状将山体与浩淼的湖域连成一体（最狭窄处不到1公里），使庐山与湖面构成了山水襟依、相映共辉的湖光山色优美景致。同时，由于庐山地质构造形成山南断壁危崖连亘起伏，孤山独峰巍然耸立。庐山最峻美的山峰景观（如五老峰、香炉峰、双剑峰等）和瀑布景观（如秀峰黄岩瀑布、马尾水、玉帘泉等）都集中在山南一线，著名的庐山温泉亦在这里，故自古就有“庐山之美在山南，山南之美数秀峰”之誉。此外，山南景区目前开发程度较低，许多资源尚远未得到利用，其开发潜力巨大，加上这里又是总体规划中布局的庐山—鄱阳湖水陆游览汇聚中心和水陆交通中转枢纽（星子县县城南康镇），一旦鄱阳湖水上游览得到全面开发，山南必将成为整个庐山风景区的主要游览热线和热点，发展潜力和前景也最大，而南康镇也必将建设成为鄱阳湖滨一座风景秀丽、环境优美的旅游小城镇。山南景区的开发还有一个重要的作用，就是可以改变目前集中在山上游和山上住的不合理布局现状，将相当数量游人吸引到山下来，从而大大减少对山上接待设施和环境的沉重压力，对有效地保护山上风景及生态环境和逐步实现"山上游，山下住"的目标，大幅度提高庐山风景区总体容量，将起到巨大的潜在扩容作用。但在过去的开发布局中，由于多方面的制约因素对山南的地位及其开发尚缺乏全局长远的考虑，这实在是一种战略决策上的严重失误。

4. 鄱阳湖开发前景

鄱阳湖为我国内陆最大淡水湖泊，是江西省重要水产基地和长江流域最大的天然水位调控库，对长江中下游制洪、通航和农田水利都起着重要作用。从开发旅游角度，鄱阳湖不仅在地理关系上与庐山、长江山水相依，构成了一幅美妙的山水相映的自然画卷，更壮庐山姿色；且鄱阳湖本身湖域范围内游览点众多(如上石钟山、下石钟山、鞋山、蛤蟆石、落星墩、点将台、老爷庙、古战场、太平遗垒、姑塘海关遗址、天然游泳场、湿地及候鸟观测站等)，还可以开展多种类型的水上体育运动，是一处难得的水上游览区。鄱阳湖的旅游开发，无疑将对庐山风景区的全局开发与发展提供极大的潜力和前景，同时也是从更高层次上全面综合开发利用鄱阳湖资源的一项战略对策。

(三) 关于管理体制

1. 目前管理体制的症结

风景区管理体制是一个解决难度较大的问题，目前全国各地都正在进行不同的探索。庐山管理体制尤为复杂，综合分析起来，主要症结集中有三点：

(1) 没有实行全山统一的核心管理。庐山山体面积 282 平方公里，现分属庐山风景名胜区管理局、九江市庐山区(原郊区)、庐山垦殖场、庐山自然保护区、星子县、九江县等六家分治管辖，彼此又相互"插花"，各自政属不一。目前庐山风景名胜区管理局实际管辖范围仅山顶部分 46 平方公里，约占庐山山体面积的 16%，存在着一地多治的不合理状况：如著名风景点三叠泉，管理局只管到二叠(二叠以下归九江市庐山区海会乡管辖)；南、北山上山公路，管理局只管行车路面，道路之外区域均不在局管权限范围内，致使造成出现了交通事故(车辆翻出路面外)，管理局交通部门也无权处理，甚至在交界处谁也不愿处理的现象。这种分而治之、多头管理的行政体制，严重地妨碍与制约了庐山的保护、规划、建设和发展，造成了极大的行政管理机制性障碍。许多乱伐、抢伐、偷伐林木，随意开山炸石，截取水源等情况，往往都是由于管理不统一为争山夺林而引起，更谈不上统一规划，统一开发，统一组织游览，统一安排旅游设施，都是各自为政、各行其是，自成体系。而庐山管理体制与机构的多变(平均两年变一次)，也直接引起了管理上的紊乱，缺少一个较长时期的相对稳定的发展条件。难怪有人生动地把庐山体制机构多变形象比喻为：如同庐山本身的云雾，飘忽无形，瞬息万变。

(2) 缺乏具有政法效能的管理机制。庐山现行风景名胜区管理局虽是根据 1984 年中央、国务院批示精神成立的，属省人民政府机构，由九江市人民政府直接领导，享受副地级待遇，也明确了它 12 项具体管理职能；但管理局不是一级地方人民政府，只是个行政性管理机构，不能全面有效地行使政府赋予它的执法职能，并直接与国家行政诉讼法相悖，无法履行其各主管部门的行政裁决权。国家行政诉讼法一旦施行，将会使现行庐山管理局处于一种完全被动而瘫痪的局面。针对这一紧迫情况，江西省政府于 1986 年 4 月组成庐山管理体制问题调查组，并由调查组提出了《关于庐山风景名胜区管理体制情况的调查报告》，以采取必要措施迅速对庐山现行管理体制和机构作出进一步调整和改革。

(3) 人治大于法治。在管理上是坚持法治，还是人治？在庐山前几年也是一个矛盾表现得比较突出的问题。从前几年庐山规划建设中出现的一系列重大问题及其决策失误的事实来看：1982 年庐山已经完成总体规划的编制工作，次年 5 月省人民政府正式审定通过了这个规划。然而，当时的管理局，置规划于不顾，违背中央、国务院历来对风景名胜区规划建设的明确指示意见，贪大求洋，大兴土木，大搞城市化，力图变风景区为“经济特区”，一时搞得庐山上下怨声载道，省内外专家、学者“救救庐山”的呼声此起彼伏，不是将主要精力用于对风景区的保护、规划和深度开发，而放在“黑川计划”、跑马场、游乐场、高尔夫球场上，疲于与外商谈判、出国考察、择地兴建大型城市化游乐设施等，把庐山的建设引向了一个与风景区的性质和功能截然不同的方向。为了刹住庐山乱建之风，中央、国务院先后于 1983 年、1984 年两次对庐山专门发文，明令禁止和检查这种行为。

2. 庐山体制改革新构思

庐山体制改革最核心的问题，就是解决全山体(含四周山麓地区)的统一管理，这是主要矛盾点。没有统一的管理体制，便没有完整的庐山，便没有科学管理的庐山风景区。据有关史料记载庐山自汉代以来至民国历经 11 个朝代和时期，除宋、清两朝代外，8 个朝代和民国时期庐山全山体都是实行统一管辖的；而且庐山历史上每当出现文化发展的鼎盛时期，都是统一管理的稳定时期。解放后，在 20 世纪 50 年代后期至 60 年代初，也曾有过统一管理的局面。这个历史的经验为我们今日改善庐山的管理状况，提供了值得反思和借鉴的极为宝贵的启示，而现在应当是下决心从根本上解决这个问题的时候了。

对此，我们在 1990 年 4 月提交省人民政府的庐山管理体制调查报告中明确指出：理顺庐山风景名胜区行政管理体制的指导思想，应该是使理顺后的管理体制能确保符合“六个有利”的要求，即有利于贯彻以发展旅游事业为主的方针，有利于庐山山体的保护、规划和建设，有利于对庐山行政区域的统一领导、统一管理，有利于精简机构和压缩山上常住人口，有利于庐山旅游经济全面综合发展，有利于行使管理机构的执法效能，依法治山管山，使之成为适应庐山风景名胜区发展规律要求的稳定的行政管理体制。同时，提出了四个不同处理方案(包括“山区合一方案”、“山乡合一方案”、“山县合一方案”和在庐山行政管理体制尚未彻底解决前，为施行行政诉讼法而采取的“临时应急方案”)。但对以上四个方案的比较结果，专题研究认为，以“山县合一方案”(即庐山和星子县合并方案)为最优，完全符合“六个有利的指导原则要求”，是一个具有战略高度和真正从长远根本解决问题的科学方案(即所谓“大庐山”管理体制)。

(四) 关于“三合一”镇(牯岭镇)与风景区关系

牯岭镇为庐山山顶小镇，因背倚形似大牯牛的牯牛岭而得名。牯岭镇正街街心花园海拔 1100 米。正街长约 1.5 公里，镇辖行政范围 46 平方公里，镇区现有常住人口 12000 余人，目前为庐山风景名胜区管理局所在地，是全山交通、通信、商业、文化及社会活动中心和游览接待管理中心。因其同时具备行政管理、风景游览、旅游服务三重主要功能，故又别称为“三合一”镇。

1. 历史成因

牯岭镇的形成，是庐山近百余年来在受西方文化、经济侵入的时代背景条件下开发过程的见证。1840 年的鸦片战争打开了中国大门，腐败的清政府连连同侵略者签订一个又一个的辱国丧权、割地让城的不平等条约。1858 年清政府屈从英法联军签订“天津条约”，九江被列为开放通商口岸，列强的势力进入了庐山的大门口。1885 年(清光绪十一年)，庐山开始被侵扰，很快就被列强纷纷直驱深入、占山抢地、建房筑路，把庐山变为他们的东方第一流的避暑乐园。其间，率先者为俄国商人，随之步其后尘是英国传教士李德立，并于 1895 年(光绪二十一年)，清政府由于中日战争的失败，遂由九江分巡道与英国驻九江领事签订了出卖领土主权的《牯牛岭案十二条》，使殖民者侵占庐山合法化；继而美国传教士、俄国牧师、法国主教等接踵而来，一个比一个更贪禁地强占瓜分庐山，庐山成为了帝国主义列强侵略中国的“战利标志”。

牯牛岭地区中心部位高而呈平面开展，两翼东、西谷则依山势缓坡而下，北面有剪刀峡一览无遗，可远眺九江市区与长江景色，地形十分有利。这里昔时森林密盛，浓荫蔽日，就地生产一种女儿城砂岩❶，加之牯牛岭一带空气清新，气候凉爽，宜于避暑居住，于是，随着殖民者的侵占，很快建筑营造业就兴旺起来。稍后的中国买办、官僚、军阀也纷沓庐山建房筑舍，几乎铺满了牯牛岭地区，最盛期大约为自 1895 年至 1925 年的 30 年间。之后，1934 年创建庐山植物园，1935 年建庐山图书馆，1937 年建传习学舍(即现庐山大厦)和庐山大礼堂，时为庐山三座最大的建筑物。由于山上建房和居住人数的逐渐增多，随之各项交通、文化、商业、食品、医疗、卫生、教育等经济文化社会活动与居民生活基础设施，包括为接待中外游人的各种服务性行业，也都相继在山上出现，至此，牯岭商业一条街及小山镇的规模已初步形成。

2. 地位作用

解放后，庐山的开发和建设有了新的发展。特别是近十余年来，随着旅游事业的逐渐兴起和旺盛，更加快了庐山开发建设的步伐，牯岭镇的地位和作用也就愈加突出。它位居庐山整个山体中心腹地，扼控上、下山南北交通和山上各风景点游览总枢纽。牯岭镇又是牯岭景区的中心景点，牯岭景区是整个庐山风景区的主体景区，在全风景区四大景区中居于首要地位，且该景区的绝大部分景点均分布在牯岭镇区四周范围内，故牯岭正街又可谓是“中心的中心”。像牯岭镇这样具有相当规模，各项设施如此完善和内外交通颇为便捷的小山镇，在全国山岳型风景区中尚属独有。

3. 防止扩大“城市化”

牯岭镇目前最关注的问题是防止扩大“城市化”，作为一座已经形成了的山顶小镇，严格控制其城镇的不断扩大，则是我们应当担负的重要责任。这里最核心的问题

---

❶ 我国著名地质学家李四光曾在此实地调查考察，并就选址建筑问题提出了具体的调查分析与结论，他认为这种砂岩“不独为牯岭之屏障，且能供结构造房屋之原料”。

是思想认识和指导方针，据有关资料调查说明，庐山在20世纪50年代初期也做过一个建设规划设想，当时提出的目标和方针是建设牯岭山地城市——希望把庐山变为第二个重庆市，这个思想和方针一直影响了二十多年，对过去牯岭城镇的建设有着很大的影响。但随着国家风景名胜区事业的兴起和发展，庐山作为国家重点风景名胜区进入了新的历史发展里程。根据国家对风景区建设发展一系列原则要求，风景区不同于一般人口密聚的城市，其功能作用也完全不可等同，相反却应当限制在风景区内搞城市化，这个方针和原则是完全正确的。牯岭镇目前城市化的状况，已经给庐山带来了极大的弊端和危害，造成一系列严重的环境问题，常住人口控制问题，建筑总量、密度和规模问题，物资供应问题，社会管理及治安问题，教学与医疗卫生问题等，形成盲目发展的恶性循环。大量的建房、开山、修路，人口的快速增长，环境的污染，大大降低了风景区环境质量，也使自然生态环境受到破坏。据1983年调查，牯岭镇已有房屋1442栋，总建筑面积49万平方米，每年新建工程项目都在数十个以上(其中1983年达104个)，最近三年的房屋建筑面积等于前三十年的总和。在1986年这次省政府庐山管理体制调查组工作期间了解到，至1989年庐山现有房屋已逾2000栋，建筑总面积已达80万平方米。尽管中央和国务院曾就庐山乱建房屋一事先后两次专门下文强令制止，但仍久禁不止，继续呈扩大增长势头，足见情况的严重程度。所以，防止牯岭镇进一步扩大城市化，是当前面临的一个十分紧迫的严重问题，必须充分引起从领导到管理部门以及全社会的共同高度关注。

4. 新区开发

我们认为，为防止牯岭镇进一步城市化，除树立正确的指导观念和实行严格的控制性管理手段外，结合庐山具体环境条件的可能性，最有效的根本办法是积极开发新区，以减轻对牯岭镇已呈饱和状的负荷压力，这是唯一的出路。

根据1982年庐山总体规划，实际上为解决这一问题已在总体布局上作了必要的考虑和安排。新区开发的主要方向有两个方面：第一，加速开发山南地区，同时逐渐把行政管理机构的立足地由山上(牯岭镇)转移到山下去；第二，在山上积极开辟新区，形成若干个相辅相成的管理服务区域，变集中式布局为分片式的合理布局，以有利于更有效地组织游览和服务管理。

例如：整个庐山风景名胜区在总体布局上，1982年规划采取了牯岭、浔阳、山南和沙河四大景(片)区的结构体系，并对各景(片)区的功能作用、游览组织和旅游设施配置均提出了明确的不同要求，强调了整体的全局开发思想，提出了“山上游，山下住”的规划目标和基本原则，就是为在宏观上有利于实现保护庐山这一总体目的同时，也明确提出了积极开发新区的构想，拟将女儿城、金竹坪、牧马场、王家坡、马铃薯育种场等地列为新区开发用地，还提出了由上至下的竖向层级开发观点，都是为了合理分散对牯岭镇的负荷压力，求得较为合理的结构布局，更充分地发掘庐山风景资源和更有效地保护庐山。

综上分析，庐山牯岭镇(三合一镇)与风景区的关系，我们的结论是：它是庐山近代开发史中的形成物，现已成为庐山的重要构成，但为遵从保护庐山的根本大计，必须严格控制其进一步扩大城市化。为达到这一要求，其出路在于庐山山上与山下实行全局系统开发，山上积极开拓新区，并逐步实现行政管理中心的山下转移。庐山在这一问题上的正反两个方面的经验，是很值得深入研究并可以为其他风景区所引为借鉴的。对此，我们认为：除历史特定已经形成的外(如庐山牯岭镇)，对于一般情况来说，在风景区内不应再建设新的“三合一”镇；但可在风景区外围或边缘山麓地区，根据需要与条件可能性，有组织地合理统筹规划布局建设旅游村镇及其相对集中的配套设施基地，逐步实现“山上游，山下住”的建设目标。

(五) 关于风景名胜区性质的界定及“外围保护地带”管理权属的建议意见

1. 关于风景区性质界定的建议模型

如何对不同特征的风景区性质给予科学、准确地界定和表述，从目前各地国家级风景区规划中对性质问题确定的定义概念来看，大体存在着两种情况：或表述不清晰，不准确；或似嫌累赘，包罗万象，而缺乏一个比较简洁、明了、科学的标准模式，不利于对风景区性质界定标准的规范化，影响定义的准确度而造成人们认识上的模糊感。为此，我们认为划定一个比较合理的、相对规范化的界定标准(即模式)，是很有必要的。

在这里我们提出关于风景区性质界定与表达方式的统一模式如下：

$$X=A+B+C$$

式中 X——风景区性质；

A——风景区地理地貌及代表性景观特征；

B——风景区主要基本功能；

C——风景区批准级别。

应予指出的是，在具体运用上述建议的模式中，须注意将下列三种情况区别开来(常常在现有的某些风景区性质表述时混淆起来)，即：①地理地貌特征与所在地理位置(区位)的区别；②风景区主要基本功能与功能分区结构的区别；③风景区代表性典型风景特色与一般景观资源类型的区别。上述三个对应方面含义概念均是不能混淆或等同的；而在对界定模式中三个基本组成要素的文字表述次序关系上，以表述得便利、流畅、合理为原则，建议一般按 A－B－C 前后顺序表述为宜。

如井冈山风景区性质的表述可为：

井冈山风景区是以革命纪念地为主题，森林生态、雄峰群瀑、高山田园为突出景观特色，集爱国主义和革命传统教育、风光游览、科普科研功能为一体的山岳型国家级重点风景名胜区。

2. 关于风景区“外围保护地带”管理权属的建议意见

根据《风景名胜区管理暂行条例》(1985 年)原则规定和规划编制内容本身要求，我们在风景区规划中采取了不同等级保护范围的划分方法，也同时提出了相应范围的风景区“外围保护地带”的要求。从目前各地编制的风景区规划资料来看，多数被确定的“外围保护地带”大多均不直接纳入风景区总区域面积和行政管理权属范围之内。对此我们认为还是建议在规划中将“外围保护地带”纳入风景区总区域面积(即风景区规划区域总面积)和行政管理(权)辖属范围内为好。其主要考虑是：

(1) 有利于提高对风景区域总体保护的实际效能。如若“外围保护地带”不实际纳入规划与保护的统一管理，且仅仅在规划图上划出范围，极易造成名有实无的状况，起不到真正保护与缓冲作用，并将直接影响和降低对风景区本体实际保护的价值与效果。

(2) 有利于发挥更大风景区域的综合开发效益。我们认为，虽然目前在一般概念认识上“外围保护地带”往往被认为不属于风景区本体，只把它作为为满足对风景区本体的保护需要而向外扩延的附加部分，却并没有意识到这外延部分同风景区本体原本存在的紧密关系，而这恰恰正是风景区本体所赖以生存的区域环境条件和依托基础。如果将它直接纳入风景区权属管理范围，则可进一步大大增强扩大包括“外围保护地带”在内的整个风景区域的全面保护和综合开发利用深度、广度和可塑性，给风景区本身带来更大的发展活力，提升三大效益(环境、社会、经济效益)。当然，“外围保护地带”范围的划定要科学适度，应以既有利于风景区的保护、发展，又对当地农业生产、经济发展和群众生活不带来不利影响为原则。

(3) 有利于在整体上提高国土资源保护价值和提高风景区所占国土面积比率的统计学意义。毫无疑问，凡属列为风景区的区域，都是风景资源及其自然生态环境条件优异的区域，即使被划作“外围保护地带”的区域内，亦较之其他非属此范围区域的生态环境条件优越(有的还具有一定数量和质量的风景资源条件)。作为一种扩大的(广义的)风景区区域概念，亦仍可列为国土资源保护的范畴，则在总体上可进一步提高国土资源的保护作用和力度，还同时在全国或省域范围内大大提高风景区所占国土面积的比率，从而具有较高的统计学意义。

从江西省近几年开展各级风景区规划实践来看，只要区域划分合理适度是完全可行的，并能为当地政府和群众所接受的。

(六) 关于风景区域梯级开发的总体设计思考

所谓风景区域“梯级开发”，我们对它大体作出这样的诠释：运用系统工程原理，将风景区域内所需保护和利用的资源及土地，依据其资源及其用地环境条件状况所确定的分级或次序要求的结构组合关系，进行有目标、有计划、有步骤的多元层次性开发，即为梯级开发。显而易见，风景区域的梯级开发，对于提高规划自身的科学性，增强开发的广度、深度及更好地发挥其投资利用效益，均具有积极的意义和作用。

一般来说，风景区域的梯级开发的总体设计，大体可从以下几个方面的思路考虑：

(1) 按景物景观或景点资源评价优劣分级次。这是我们在风景区规划中必须要做的一项基础性工作。即根据各类风景资源由高至低不同的质量状况(包括美学艺术价值、文化历史价值、科研科普价值、风景环境生态价值和社会教育价值等)，确定其景物或景点的评价级次，从而形成资源质量的梯级层次区别。

(2) 按景区为单元分级次。根据第(1)点的原则，对于一个大的风景区域范围内的若干个较小的风景区段(或景区)在综合比较、分析评价的基础上列出其彼此间的由高到低的资源质量组合级次，从而形成较前者(即景物景观或景点层面)更大范围(即景区层面)的梯级层次序列。

(3) 按不同功能区布局分层次。因为对于一个大的风景区(或风景区域)，在总体规划布局上，按其不同的功能体现(如游览区、接待区、管理区、生活区、科普区、生态恢复区等)，都可以划分出不同的功能区域，组成结构关系上相对的层次序列。

(4) 按开发先后顺序分层次。在这里，按开发先后顺序分层次，同前面三点所确定的级(层)次序列是并不相同的，因为开发顺序除应充分考虑上述情况外，还必须取决于自身及其外部环境可能提供的开发条件状况；而就其某种意义来说，后者较前者具有更多的制约因素。

(5) 按不同保护要求分级次。很明显，这里是从保护的角度来提出问题的，因此在其实际开发程度概念上，它的梯级开发的含义应当恰恰与前面所说的相反，即由高至低的保护级次，其开发的允许度正是反过来表现为由低至高，即：保护级别高的，开发允许度(强度)越低；反之，保护级别低的，开发允许度则可能会高些。

(6) 按综合开发的“多元性”横向系列分序。根据系统理论和各类风景区资源及开发条件多元性的可能性(如在风景游览开发的同时，进行文化艺术创作、科普教育以及相关旅游经济开发等)，从而组合形成多元综合开发并存的梯级序列。这一点，对于充分利用风景区域内一切有效资源，组成合理的多元梯级开发总体结构，使其发挥更大的风景区域开发效益，具有重要的意义。

(7) 按山体竖向布局分级(层)次。结合庐山山岳型风景区具体情况(各地山岳型风景区均可参照类比)，有如植物呈垂直分布的林相结构层次一样，根据山体风景资源的垂直分布状况、用地及环境条件，在规划中进行合理的竖向开发布局，形成多级(层)次的梯级开发结构。据此，我们在1982年编制的庐山总体规划中，将庐山全山体按竖向布局大体分为上部(牯岭)—中部(牧马场)—下部及山麓地区(山南及山下环山公路内侧一线)三个垂直层次进行规划构思，就是基于梯级开发的角度确定的。

(8) 按风景区本身级别分层次。上面所指的都是对于在同一风景区内的梯级开发系统构思；然而，对于各个不同风景区之间，我们通过对省域风景资源全面调查、综合评价后初步划分为国家级、省级和市县级三个基本等级区别，这实际上就是从国家和全省域的全局上，提出了对全省风景资源和风景区实行按不同等级进行规划、建设、管理的宏观系统指导思想。

风景区规划四题

——庐山、井冈山规划工作札记

这里就本人在庐山、井冈山两个风景名胜区总体规划编制工作中所感触到的相关问题，谈点粗浅看法，或许能引起一些必要的思考。

（一）关于珍重我国民族传统文化

我国幅员辽阔，民族众多，历史悠久，各类风景名胜资源极为丰富。这些风景名胜资源在祖国大地上生成，受几千年中华民族文化的哺育、熏陶和演绎，具有十分鲜明的民族传统特色。由此，中国的风景名胜区除其自身不同的自然景观特点外，一个突出的特征就是大都与国家和民族的历史文化及其发展有着甚为密切的渊源关系。比如我国许多著名风景区，往往既是风景名山，又是文化名山。这种中国山水风景同历史人文风景交相辉映的特点，正是我国不同于外国的风景总体构成关系的地方，也是我国山水风景的优势。

诚然，现代旅游同古时骚人墨客探幽览胜尚有很大的不同，诸如旅游的对象、规模、内容、游览方式及游人心理要求等都不相同，特别是作为一项大规模发展的社会经济事业，这是旷古未有的。如何组织好、处理好开展现代旅游所相应需要解决的一系列保护、建设和管理的实际问题，则是我们进行风景区规划的任务与目的。但其规划思想上极为重要的一点，就是必须把握我们国家和民族的脉搏，珍重我们悠久的文化历史传统，以此作为指导我们规划工作的基本原则，因为只有具有民族性和地域性才能有真正意义上的世界性。

为此，需要指出的是，应当将风景名胜区同那种纯娱乐性的游艺场、娱乐中心等区别开来，这是两个不能混淆等同的概念：前者是一个国家或地区一定客观自然与社会历史文化的典型反映；而后者则没有必然的民族与地理的差别，是一种现代城市化的文化娱乐设施，不具有风景名胜区所体现的珍贵景观价值和文化历史价值。

以庐山为例，它本是一座具有两千多年悠久历史的文化名山，它的开拓发展同我国南方文化活动，尤其是以道教和佛教为主的宗教文化活动，有着十分密切的渊源联系。庐山是我国南方主要佛教活动中心之一，最盛时有各种寺庙达四百余座，历代名人络绎不绝，文物古迹遍布全山，至今仍存有诗咏题刻四千余篇，在我国民族文化史上占有自己的地位。近百年来，由于庐山的逐渐对外开放，使它成为闻名中外的游览地和避暑胜地，这也是特定的社会历史环境形成的必然结果。近几年，庐山又转为国家风景名胜区，风景游览事业有了迅速的发展。虽然在使用功能上不断扩展，但并不能改变它形成发展的社会文化和历史基础。如若硬要将一座文化的、历史的庐山，改变成为一个所谓大型的现代化游乐场所，或变成一个对外经济交易中心，这都是极为不适当的。

如今庐山作为国家重点风景名胜区，其规划范围包括庐山及九江市区（浔阳区）、星子、九江、湖口、彭泽等“四县一市”有关景点在内，面积约 302 平方公里，区域广大，资源丰富，旅游发展的潜力是极大的。只要在珍重庐山历史文化的基础上，充分结合和利用各种优越的自然地理与生态环境条件，规划科学，组织合理，就能取得传统文化与现代旅游相得益彰，协调发展的良好效果。

（二）关于风景资源开发利用的有限控制

同世界其他国家相比，我国蕴含着最丰富的风景名胜资源。从这一意义上说，亦可谓是个资源大国。但就某一风景区可能拥有的风景资源储备及其实际允许利用能效而言，都是有一定限度的，受到各种自然和社会环境因素的制约。而在众多制约因素中起根本作用的是容量问题。

这里所说的容量，是指一个总的容量概念，它包括：游览容量由各风景区可供游览的面积来确定，交通容量受所提供的不同交通条件制约，接待容量则取决于供水、供电、床位规模以及生活物资供应能力等各项基础设施状况，环境容量则主要考虑自然生态所能承载的游人量能力及其上述诸影响因素对风景区生态环境所产生的相互影响制约关系，等等。在这些共同影响总容量问题的诸因素中，尤其应以环境容量作为首要的，并对其他诸因素起重要制约作用的主导因素（环境容量客观上应是一个科学测定的恒定值）。所有这些，都并不是可以人为任意设定或索取的，否则就有可能最后导致对风景资源和整个自然生态环境的破坏。

在这方面，庐山过去是有不少深刻教训的。如前些年由于无控制地砍伐林木，开山炸石，修路建房，兴办工业，一味追求经济效益而不注重环境保护，其结果造成了水土流失，水系枯缩，水质污损，小气候异变，动植物物种衰萎等严重后果，以致著名的“一滴泉”枯竭了，享誉古今的秀峰庐山瀑布水量大减，石门涧瀑布也截了流，碧溪变成了臭水沟，垃圾污物比比皆是，房屋建筑鳞次栉比，烟尘四处飘落，城市化日趋严重，甚至连鄱阳湖濒湖绿色屏障的庐山南麓东牯山花岗岩也不能幸免，被大规模开采当作“生财之门”的石材原料出卖国外，把自古享有“庐山之美在山南，山南之美数秀峰”的秀峰风景点弄得四周环境满目疮痍，怎不令人痛心！现在又计划在山上修建索道缆车，开辟大型“游乐中心”、“国际经贸交易中心”，这岂不无异于毁了庐山？如果说庐山过去由于没有一个全面完整的规划，造成一些工作上的失误在所难免；那么现在已经有了规划，就应当严格执行规划，按照科学规律办事。

解决庐山（重点在山上）的容量和环境问题，必须依据总体规划合理调整整个风景名胜区的景点与游览布局，打破“小庐山”的旧观念，建立起“大庐山”新体系和“山上游，山下住”新格局，改变以往由于游览接待过分集中山上而造成饱和或超负荷承载的整体失衡状态，开创全面发展的新局面，才是对整个风景环境实施有效保护的根本途径。

（三）关于维护规划法规效力

如同城市建设一样，风景区的保护、建设以及管理，都需要有一个可遵循的科学规划（包括总体规划以及各不同阶段和层级的详细规划、景点设计），用以明确一个时期内的发展方向、目标、任务、步骤和措施。并且规划一经正式确定和批准，就应当具有不容违反的法规效力。简言之，即规划必须具有法规地位，这是十分浅显而明确的道理。但要真正做好，却并不是件容易的事。这里简单谈谈两个方面的问题：

其一，规划的编制。规划的编制，是一项科学性、技术性和政策性很强的综合性研究工作，涉猎到自然科学与社会科学的多个学科领域。只有充分尊重科学，尊重知识，信任从事实际工作的科技人员，做到领导同志与科技人员的密切结合，才能较好地完成规划的编制工作。但在现实工作中可能往往不是这样，某些领导同志仍只习惯于“领导说，群众听和做”的工作老作风，习惯于用行政管理的办法来管理科学，而规划人员只能听从于领导的指示和意见，却没有应有的对技术问题思考的主动权，不能充分发挥他们的智慧，科技人员只能充当一部听指令的绘图机器，无法发掘体现出科技人员严谨的工作态度和科学精神。问题的实质仍在于两者密切有效的结合，共同发挥作用，而不可任意偏颇其一方。这是能否科学编制风景区规划的根本思想基础和机制保障。

其二，规划的贯彻实施。从一定意义上说，规划的贯彻实施较之规划的编制要更加艰难得多。在这里，直接表现为法与权的矛盾关系问题。我们的观点是：一经上级批准的风景区规划，就是一则专项性的法规，人皆共循之，是不能因人而任意改变或废弃的。这里还有一个贯彻执行规划的延续性问题，即不能由于领导同志更易或规划制定与执行规划的人员变动而影响规划本身始终如一的法规效力，同时也要防止克服那种置规划于不顾、以权代法的倾向，坚决改变过去只把规划当作“嘴上哇哇，纸上画画，墙上挂挂”的装潢门面的庸俗做法。

为了维护规划应有的严肃性和法规效力，确保规划的顺利贯彻实施，应对现行的规划管理模式与方法进行必要的有效改革。因为风景区规划从编制、执行到检查管理，除业务主管部门职责外，需要有社会各相关部门的共同参与，共同承担义务，共同接受规划法规制约，具有广泛的社会性。因此，从实际需要出发，建议考虑建立一个由同级政府及业务主管部门牵头主持的，包括相应各有关部门和聘请的部分专家、学者共同参加组成的规划建设管理委员会。这个委员会拥有相应的权威性，它既是一个对重大技术问题实行技术决策的审议机构，又是规划管理的监督机构，也是调动各方面共同工作的协调机构。委员会内部实行总工程师技术负责制，主持和处理日常技术工作。对于较大原则性问题应提交委员会研究决策，重大问题则应由规划主管部门报请上级原规划批准机关审查同意后方能实施。对于风景区的规划、建设和管理，鉴于目前各地风景区隶属主管部门(系统)的混乱现象，应按国务院明确规定，统一归口由政府城市建设园林主管部门负责管理。

(四) 关于革命人文景观与自然景观的结合

这个问题的提出，是我们在开展井冈山风景名胜区总体规划编制工作中遇到的一个新情况。

作为革命纪念地，井冈山久已闻名中外，也是新中国成立后国家最早对外开放地区之一。井冈山斗争的光辉革命业绩和大量保存的革命旧址文物，是党和国家极为珍贵的革命历史财富，是我们进行共产主义思想教育与革命传统教育的重要内容。作为风景名胜区，除上述革命人文景观外，井冈山的自然风景也十分优美。通过勘察调查，发现这里各类风景资源均极为丰富，不仅有雄伟的山峦，峻峭的峰石，幽深的峡谷，浩瀚的莽林，有壮丽的日出，变幻的云海，罕见的佛光，更有成群成组分布的大型瀑布群，举世珍稀的动植物资源，别具一格的高山田园风光，以及不可多得的极为优异的生态环境质量条件等，是我国南方一处典型的山岳型自然风景区。但这些丰富优美的自然风景资源，过去长久以来不为人们所认识，更不可能发掘利用，甚至将革命人文景观同自然风光两者人为地相互对立起来，割裂了它们之间密切的有机联系。

如何正确认识和处理这两者的关系，我们的观点是：第一，革命业绩同创造业绩的环境应当是完全融洽一致的。这里所指的环境除其社会环境外，当然也包括客观的自然环境在内。井冈山的人民群众，井冈山的山山水水、村村寨寨，不正是井冈山斗争所直接依托的自然和社会环境条件吗？第二，从风景分类范畴来说，革命纪念地本属于人文类景观，且革命旧址遗迹均属于历史胜迹，其历史价值和景观价值必将随着岁月的推进而不断提高。尤其像井冈山这样在我党和我国民主革命史册上占有极为重要地位的革命纪念地，有如红花映绿叶更加鲜艳，应当具有更高的历史价值及教育意义。

为此，我们在风景名胜区总体规划编制中，坚持把革命纪念地同自然风景及环境的统一性，作为一条基本的规划指导思想和原则肯定下来，并着力通过多种处理手法在规划中尽可能地体现出来。比如，在景区、景点划分和景观组织上，采取融为一体的布局手法，将革命人文景观有机地组织在和谐的自然景观环境之中，使人们在参观瞻仰革命人文景观或游览欣赏自然风光时，产生相互交融的丰富思想联想，从而达到寓教于游的良好效果；同时，也可根据游人对象和目的、要求的不同，组织多种灵活变化的参观游览路线，以满足各有侧重的不同游览需求。

井冈山现已列为国家重点风景名胜区，揭开了她时代发展的新里程。我们深信，这块红色加绿色镶嵌在祖国大地上的绚丽瑰宝，必将以她特有的优势和独具的风格，跻身于名山之列，与五岳争雄，同中华共辉。

关于庐山管理体制及行政区划调整的思路与构想

（一）一个基本认识观点

为了说明本文所提构想论点的可行性，首先阐明一个基本观点，即：大旅游经济体系的观点，作为我们认识的基础。

对于旅游业和旅游经济的认识，目前（特别是对于风景区）人们往往存在着一种极片面、狭隘的理解，只简单地将风景区内部的旅游收入（如门票、住宿、餐饮等）作为旅游经济的全部效益，因而竭力追求风景区自身（内在的）经济效益。其实这是认识上的一个误区。从真实意义上说，所谓旅游经济应当是包括人们全部旅游活动过程中所产生带来的各个方面的经济总效益，一般基本构成为：风景区（内在的）旅游活动收益＋旅游交通运输＋旅游商业及服务业＋旅游工艺产品制作与加工＋旅游农业（含农林副食品加工）等，凡一切与旅游活动相关的吃、住、行、游、娱、购（外在的）社会性经济总效益，都应视为旅游经济（产业）的总效益。而且，这种社会性（外在的）综合经济总效益，较之单一风景区自身（内在的）经济收益要大得多得多。由此可见，旅游业作为新兴经济产业其发展特征和强大生命力就在于此；它绝不是独立存在的单一部门，而是能最有效地渗透于各个彼此紧密联系的众多社会经济领域，从而促进区域性及跨行业横向间联系，并起着众多行业共同协调发展的黏合剂与结构链作用。换言之，旅游经济实际上是一个覆盖面十分广泛的庞大的社会综合经济系统工程，我们必须确立起这样的大旅游经济体系的科学的全面认识观点。

依据这个认识理念，庐山旅游事业的发展同包括九江市及其区域性社会经济关系尤为甚密，切不可将庐山从其所处的地理区域中孤立出来，而必须使其纳入九江市和全省区域性社会经济大系统中，并确认其应有的区域地位。只片面地追求庐山风景区单一内在旅游经济效益，而忽视它同大区域经济联系性所产生的外在的、广阔的和巨大的综合性社会经济效益的认识与做法，都是不正确的，都必然造成对庐山建设发展的误导，甚至将风景名胜区引入追逐商业性开发的歧路。

（二）庐山现行管理体制剖析

庐山是江西省驰名中外的游览避暑胜地和国家重点风景名胜区，已成为全省旅游业发展的龙头风景区，逐渐显示出它突出的地位和作用。然而，庐山目前的管理体制却严重不适，成为制约庐山风景名胜区和旅游事业更大发展的机制性障碍，亟待调整理顺。存在的问题为：

1. 辖区错叠，山体肢解

庐山山体总面积为282平方公里，本应为一个完整的统一机体，但现状被肢解为分属庐山风景名胜区管理局、九江市庐山区、庐山垦殖场、庐山自然保护区、星子县、九江县六家共同管辖，而管理局实际属辖范围仅有山顶牯岭及其附近四周约 46 平方公里左右，造成了庐山山体的肢离体解，直接影响着对全山统一规划、保护、建设和管理。

2. 政出各门，一山多治

据调查，庐山目前拥有各类建制单位百多个，其中副县以上单位 24 个，外地驻山单位 42 个。这些众多的单位各自隶属关系不一，缺乏横向统一协调领导，有若“四路好汉云集，八方诸侯鼎立”之状，给庐山管理增加了极大的难度。

3. 以局代政，权匮法效

现行庐山风景名胜区管理局不属于一级地方人民政府，但却行使着相当于政府的各种行政职能及司法处理、裁决权力。这样做与即将施行的行政诉讼法直接相抵触，也就等于从法律上否认了现行管理机构的执法职能，既无法保障行政诉讼法的贯彻执行，也影响了正常管理工作的顺利开展。

4. 经济单一，殆乏后劲

庐山因受其区辖范围的极大囿限，目前全部经营活动基本只能依赖门票、住宿、餐食等直接游览纯收入，而不具有开辟更多经济活动所必需的资源用地条件与潜势，必然导致缺乏长远持久发展的活力和后劲。

综上所述，庐山现行管理体制已严重不适，及时理顺和解决好庐山管理与发展中这一根本问题，势在必行，刻不容缓。

(三)“大庐山”建议方案及其深远意义

基于上述基本认识，为从根本和长远的需要与发展考虑，本方案建议将庐山风景区管理局与星子县整体合并(具体行政区划界线可适当作出调整)，撤销现有局、县建制，建立新的庐山市或星庐市(暂拟名)，新建市的政府驻地设星子县南康镇。该方案具有以下明显意义：

1. 有利于全面完整地认识庐山

与一般山岳型风景区不同，自古以来游庐山大多先从山下环绕山麓地区开始，然后渐次登高而不断往山上及深入各处，这是由庐山特定的地理环境(倚江畔湖、平地拔起以及古代较为便利的水陆交通)和庐山文化的渊源与发展历史进程(先山下后山上)等客观因素所造就的，故而也就形成了“横看成岭侧成峰，远近高低各不同”(宋苏东坡赞吟庐山诗句)的庐山山体整体景观感受；同时也启示人们游览庐山时应把握不同方位、高程、时空变化所产生的不同艺术效果。

庐山作为一座历史悠久的文化名山和风光秀丽的自然风景区，它真正的文化源地、精粹的峰峦、瀑布景观都分布在山南及其山体四周山麓地区。这里汇集着庐山众多人文和自然风景点，故自古就有“庐山风景在山南”之说。诸如，最著名的庐山文化景观：白鹿洞书院、东林寺、山南“五大丛林”(归宗寺、秀峰寺、栖贤寺、万杉寺、海会寺)、观音桥、秀峰摩崖石刻群、陶渊明故里(栗里陶村)、濂溪书院及濂溪墓等；“庐山瀑布传天下”的瀑泉景观：秀峰开先瀑、康王谷谷簾瀑、归宗玉帘瀑、简寂观东、西双瀑、星子温泉等；庐山著名峰峦景观：大汉阳峰、五老峰、香炉峰、双剑峰、姐妹峰、鹤鸣峰、紫霄峰等，均分布在庐山四周山麓地区(尤以山南更为集中)。因而，只游山上，不游山下，等于枉游庐山，就无法获得对庐山全面、完整和更深层内涵的认识，就不能算真正意义上的游览庐山。

2. 有利于形成和确立对庐山区域性保护和开发建设的全新思路

从现行庐山行政管理区划，有2/5以上的山体面积属星子县域范围内，致使长期以来无法对庐山的整体保护与开发建设实行全山一盘棋的统筹战略。有人形象地比喻庐山管理现状是“光着身子戴瓜皮帽”，只顾(管)脑袋却不顾(管)身子和四肢，就失去了庐山全山体的有机整体性和协调性。据近年庐山游人量统计数字表明，山南游人量平均尚不足山上的1/4～1/5，这对于相当近半个庐山的山南来说，不啻是对它的一种无视与遏制，造成了山上与山下发展极度不平衡的失重局面，也同时加剧了多年来山上乱建之风久禁不止、日渐扩大城市化等诸多矛盾的尖锐化。

此外，庐山、鄱阳湖和长江三者山水相依，浑然不可分离。如若没有鄱阳湖和长江，没有这样一个自然生态大环境，庐山就绝不会有现在这样的雄伟，就不可能产生出“一山飞峙大江边”的恢弘气势和美妙景观。鄱阳湖及长江沿岸丰富的旅游资源(包括自然与人文风景、物产及水资源)，也将大大提高庐山区域性(地带性)旅游开发的无限活力与前景，从而为我们放宽视野开拓庐山区域性保护与开发的新思路。

3. 有利于确保《庐山风景名胜区总体规划》的有效全面贯彻实施

《庐山风景名胜区总体规划》在省人民政府重视关怀下，已于1982年在全国率先组织编制完成(同年8月通过全国性专家评审；1983年5月经省政府审定原则同意，正待上报审批)。《总体规划》明确提出了一系列保护、建设、发展的基本原则和要求：实行全山统一领导和管理，将行政管理机构逐步搬迁下山，实行“山上游，山下住”的指导方针；严格控制山上房屋建设和常住人口规模，防止牯岭镇扩大城市化；加速对山南地区风景旅游资源及鄱阳湖的综合开发利用；合理调整风景区总体结构与布局，重视山下各景区，包括山南、沙河、浔阳(即九江市区)景区，旅游接待服务设施的配套建设，以减轻山上超负荷承载的巨大压力；加强对全山林木和生态环境的恢复保护和管理等。但这些年来，由于庐山管理体制不顺不适以及对规划意识的淡漠和对庐山总体规划认识、理解的模糊等诸多因素，致使庐山总体规划受到体制和人为影响而得不到切实贯彻实施。“大庐山”新方案则可为此提供有效的行政管理体制保障。

4. 有利于促进整个星子、庐山地区深化改革和经济发展

地处庐山脚下、鄱阳湖滨的星子县，由于其长期受到“一小、二少、三多”(行政辖区面积小；耕地少，工业少；山地多，湖滩多，剩余劳力多)的客观社会经济条件的限制，经济发展一直较为缓慢；当地又缺乏足以发展地方工业的地上或地下资源，因而只能依赖于“靠山吃山，依水吃水”封闭落后的传统型自然农业经济。近年，星子县正在山南一带开发花岗岩为主体原料的采石业。但从庐山、鄱阳湖大生态系统及风景环境美学的观点来看，在风景区保护地带和鄱阳湖岸线范围内大规模进行山石开采，造成了对庐山地貌特征与生态环境的严重破坏，也是极不可取的。鉴于这种情况，应当充分重视和发掘当地发展风景旅游事业的各种有利条件和资源优势，深化改革，因势利导，逐步调整其经济结构，大力开拓以旅游经济为主体的第三产业，从而迈出星子地区经济发展的新路子。

星子县城南康镇，是一座具有悠久历史文化和环境秀丽的古镇，背山畔湖的优越地理位置，使其成为水陆交通和游览的中枢。可以预见不久的将来，随着“大庐山”旅游事业的不断发展，必将建设成为江西省鄱阳湖畔一颗镶嵌在青山碧水间明珠般的新兴旅游城镇，展现出它魅人的风姿异彩。

(四) 结论

庐山管理体制历来多变，既为人们所普遍关注，又使人感到无尽苦衷而一筹莫展，但都未能寻求到根本的解决途径。究其思想症结，莫过于“头痛医头，脚痛医脚”，治标而不治本，思想禁锢甚深。其实，据有关史料记载，庐山自汉代至民国的十个朝代时期，除宋和清两朝代外，其余八个朝代都是山上和山下全山统一管辖的；即便在解放前除抗战日占统治时期外，也是统一管理的。解放后20世纪五六十年代，也曾有过统一管理的阶段，恰恰是庐山体制最稳定、经济发展较快和延续时间最长的时期。这是庐山发展走过的历史里程所给出的客观结论。另一佐证是，我们于1986年所完成的省科委重点课题《江西省风景名胜资源评价及旅游开发前景预测》研究过程中，曾就庐山管理体制问题向省内外数十名知名学者、教授、专家开展了特尔斐法咨询活动，根据不同情况归纳提出五个体制调整的虚拟方案，咨询反馈结果：呼声最高、得分最多、排序第一的最佳方案，即是本文所建议的“山县合一”的“大庐山”改革方案。我们期待着省人民政府及相关领导部门就此尽早作出英明、果断的决策，为庐山这座秀美瑰丽的千古名山更好地保护传承、文明进步与发展，开辟新的导向和航程。

简析庐山地学景观特征及其总体开发战略对策

我们把表现为具有美学价值的一定范围的风景域叫作风景环境。从一定意义上说，在一个较大范围的自然风景区内，其风景环境构成及其景观特征是与它所处的地学特征紧密联系着的，相互间存在着相融性和不可分割性，构成统一整体。而这一环境的自然属性又是不为人的主观意愿所主宰的。此外，从风景资源的一般分类划分上看，无论各学派间有何具体分歧，都在总体上承认，有80%以上的风景资源应归于地学景观资源——本身即为地学景观，或与地学密切关联的自然和人文景观。

据此推论，我们在规划开发一个风景区时必须十分注重对构成这种风景的地学环境及其特征的研究，充分发挥地学景观特征的天然优势，从而使风景区在规划、开发和管理上更为科学，更能形成自己独有的特色与风格。

本文仅举庐山为例，以庐山的地学环境为基点，推论其开发、建设和管理问题。

(一) 庐山的地学环境及其景观特征

1. 山、江、湖“三位一体”的环境总体构成优势

庐山东面与我国最大淡水湖鄱阳湖水陆毗接，北面同我国最大河流长江隔城(九江)相望，并由于湖水、江水在湖口相汇，形成了江湖水三面怀抱庐山之势。诗句“一山飞峙大江边”气势磅礴地描述了这壮丽的地学景观本质。这由山江湖共同构成的庐山风景的总体地学环境，在我国可谓得天独厚。

显而易见，正是由于这种无比优越的区域地理环境，才能够产生它拔地而起的气势，构成“清凉世界”的气候优势，造就了山水合一的无限胜景和“游山玩水”兼而得之的复合旅游情趣。不难设想，如若没有这江湖浩淼的水域，游客去小天池和含鄱口的兴趣必然大减。由此可见，我们决不能孤立地只就庐山山体本身看庐山，而应当用区域地理环境的观点来看庐山，也就是用山、江、湖“三位一体”的整体观看庐山，这样才能使我们的视野和思维更为开阔，更好地保护和开发建设庐山。

2. 丰富的地貌景观特色

庐山的地貌景观蕴涵十分丰富，宋代大诗人苏轼对此赞咏：“横看成岭侧成峰，远近高低各不同。不识庐山真面目，只缘身在此山中。”我对苏学士诗意的理解是：庐山由于地理地质条件复杂，所造就的各种景致极为丰富多彩。在总体上，从山下看庐山，每个方向所欣赏到的景象和意境都迥然不同；从不同高度上看，所得到的景象趣味也各不相同。所以，要想比较完整地认识庐山，游庐山就应当由远到近，从山下到山上，从整体到细部，从不同方位、角度，在不同时间展开全景式观赏，这样才能产生千变万化的不同景致和感受。

从具体地貌景观来看，庐山的各种地貌具有很强的代表性。如：山南一带黄岩瀑、

谷帘瀑、玉帘瀑、马尾瀑、石门涧等密布的瀑布、峭崖景观；东南麓五老峰、香炉峰、双剑峰等形态神似的山峰造型景观；幽谷深壑遍布庐山内外及四麓，如：锦绣谷、康王谷、白鹤涧等；还有庐山特有的第四纪冰川遗迹，如大月山大坳冰斗、王家坡山谷、犁头尖角峰、莲花洞盘谷、汉口峡悬谷、牯岭“飞来石”漂砾等。

由上可见，地理环境和地貌地质等地学条件与特征，是构成庐山具有自己个性特征和景观特色的总体风景资源的最基本因素。

3. 斑斓璀璨的文化地理域

庐山为我国历史悠久的文化名山之一，早在《禹贡》、《山海经》及我国第一部史书《史记》中，就都有关于庐山的记载，正式以庐山称谓至今已有两千余年。庐山是我国南方古代主要佛教圣地和道学发祥地之一，东晋慧远在庐山东林寺创建了净土宗，影响海内外。唐宋为庐山佛教鼎盛期，山上山下建有大小寺庙 360 余座，最著名的有西林、东林、大林、黄龙四大寺和山南归宗、栖贤、开先、海会、万杉五大丛林。庐山又是儒理兴学之地，理学先贤周敦颐在庐山创立了“爱莲说”理学论观，道学先师陆修静在这里创立了南天师道和庐山最大道观简寂观。尤其在宋代，理学大盛，书院林立。朱熹讲学论辩的白鹿洞书院是当时名噪大江南北、规模最大的学府，成为我国宋代“四大书院”之首。庐山佛学文化和儒理论学风尚，吸引了历代无数的文人名流从四面八方纷至沓来，至今仍保有传世之作四千余篇，共同构成了以庐山为中心的南方古代文明和它所覆盖的文化地理域。

很显然，这一文化地理域的形成，正是依托于庐山所处的由山、江、湖构成的地理环境优势，以及因此而带来的经济繁荣。从而形成了这一内涵丰富，色彩斑斓的地理人文景观。

（二）总体开发战略对策

通过以上分析，针对庐山开发现状中存在的主要问题，笔者建议采取如下四项最基本对策：

1. 建立“三位一体”的庐山地域性总体开发系统战略

所谓“三位一体”的地域性总体开发系统战略，就是要确立以庐山为主体，包括山、江、湖及其周围地区共同组成的区域性总体开发的全局观。换言之，无论是资源的保护与开发、游览的组织、服务及配套设施的建设，或是风景区的规划、实施与管理，都必须具有区域性的全局意识和宏观战略思想。

从庐山开发现状看，存在着“重山上，轻山麓，挤山头，丢山下”的片面倾向，结果在牯岭很小的范围内房屋栉次，烟囱林立，人满为患，环境污染，片面追求城市化。而山上其他景域及四周山麓地区，尤其是山南，目前仍基本处于未开发状态。必须迅速调整战略思路，彻底改变目前这种仅就庐山(更确切地说只是山头)孤立地谈庐山开发的状况。

2. 实行全山体的统筹规划与开发

上述战略指导思想应当变为实际行动，这就要求对全山体作出科学合理的统筹规划，作出分层次、按步骤的全局开发部署。这一部署应当包括庐山的不同部位、不同高程、不同方位和不同景深。具体做法包括以下三项对策：

（1）增加开发的深度和广度

庐山现有老景点游客拥挤，但却仍有大批很有代表性的地学景观未得到合理开发。如大汉阳峰、铁船峰、石门涧（近期已启动开发）等山峰峭崖景观，谷帘瀑、玉帘瀑、王家坡双瀑等瀑布景观（星子温泉亦有潜力可挖），长江、鄱阳湖、鞋山等江湖景观，古郡南康（镇）、柴桑遗址、陶渊明故里（栗里）、岳母及夫人墓等地理人文景观，归宗、海会、栖贤等宗教文化景观，大量冰川遗迹地质景观等等。即使已开发的风景点中，仍有相当潜力可挖，均可进一步深度开发，如五老峰，从峰底麓地（海会）往上看，山势嵯峨，山峰矗立、怪石嶙峋，实为中远距离观赏五老峰最佳游览地等。

（2）加强风景资源与环境的保护

对于那些目前尚未开发的风景资源，要特别注意加强保护。例如自古就有“庐山风景在山南”之誉的星子境内东南麓一线，前些年林木被大量砍伐，山体地貌被严重破坏，甚至为单纯追求营利，竟将位于鄱阳湖滨，且与秀峰仅一路之隔的东牯山辟为花岗石采石场，众多的采石者蜂拥而至，不仅严重破坏了这一区间的自然地貌，也破坏了秀峰与这一排湖滨天然屏障及鄱阳湖水面所共同组成的空间结构序列、韵律和生态环境协调的自然美。呼吁有关方面立即禁止这种愧对祖先的行为。

（3）调整庐山行政区划管理体制

我们认为，目前不相适应的庐山行政区划与管理体制，造成了庐山在规划、开发、管理、执法等各方面的混乱局面，且长期得不到扭转根治，这是庐山发展局限的症结所在。

这几年来，我们对此作过多次较深入的调查和审慎的研究，广泛地征求了有关方面专家学者和领导干部的意见，听取了现任多方地方政府和行政管理部门的意见。调查多次形成文字报告，如江西省城乡规划设计研究院1982年完成的首轮《庐山风景名胜区总体规划》，1986年完成的省科委一级科研课题《江西省风景资源评价及旅游开发前景预测》，以及1990年本人参加的省人民政府关于庐山管理体制的专题调查等。在所有这些调查、研究中，都取得基本一致的认识，那就是必须改变庐山多年来已不适应现状的不合理的现行管理体制，实行庐山山上与山下、山体与一定区域相适应的一体化政区范围和管理体制，并建议将庐山与星子县（部分）合并，成立新的星庐市或庐山市（副地级市，市府设在南康镇），以结束长期陷于“一山多治，政出多门”的混乱状况。必须指出，实施这一新的管理体制，不仅符合根据地学理论对庐山科学有效地进行保护、建设、管理和发展旅游事业的需要，也是进一步深化改革，促进和扩大对外开放的需要。

【本文为出席1991年江西省首届地学与决策学术研讨会交流论文，录编入《地学与决策》会议论文集】

关于井冈山茨坪建设的缜思与对策

井冈山是经国务院批准的第一批国家重点风景名胜地之一。近年来，风景区在资源保护、建设和管理等各方面均做出了积极努力，取得了很大成绩。但也不能不看到，由于对风景名胜区这一新生事物认识上还不够清晰，特别是对茨坪今后建设发展方向等重大问题，在观念和看法上还很不一致，导致了指导思想上的偏离，也出现了一些不应有的建设性失误的情况，必须引起我们的严重关注和缜思。

（一）井冈山风景名胜区的地位评估

井冈山风景名胜地作为国务院第一批批准的国家重点风景名胜区，最重要的根本条件就是井冈山是“中国革命的摇篮”、“革命圣地”，它在中国革命史和中国共产党发展史上，都占有极重要的地位。井冈山的光辉名字，震撼中外，光照千秋，至今仍成为全国人民向往的地方。这就确定了井冈山风景名胜区的基本思想内涵。除此而外，这里群山巍峨，林海苍茫，飞瀑流泉，生态环境优异，动植物资源丰富，还有别具一格的高山田园风光，更增添了井冈山珍贵的价值。革命人文景观和优美自然风光的紧密有机结合，构成了井冈山风景名胜区最显著的特征，也是它更胜于其他风景区的最大优势所在。朱德同志曾题书品誉为“天下第一山”，郭沫若亦曾作诗咏赞为“井冈山下后，万岭不思游”，对井冈山的地位作了最概括、最精辟的评估。

（二）茨坪的性质与保护价值

茨坪位于五百里井冈的中心腹地，是井冈山斗争时期重要的革命活动纪念地之一。现井冈山风景名胜区内保存有主要革命旧地 27 处(其中国家级文物保护单位 8 处)，茨坪就占有 10 处(其中国家级文物保护单位有 6 处)，从而这就决定了对茨坪保护的特殊重要性及其巨大的价值意义。无疑，对茨坪的保护，不限于对现存的革命旧地文物的本身，还应当包括能够产生、创造井冈山斗争这一伟大壮举史绩的历史环境及其自然环境条件，才能保存其历史的真实性和真正价值。国家建设部在对《井冈山风景名胜区总体规划》批复文件中指出[1]：“茨坪是革命历史纪念地，是井冈山风景名胜区的中心景区”，“要保护和恢复战争年代的历史风貌和山清水秀的村镇特色，防止茨坪向城市化发展”，“要维护革命战争年代的战场、村镇、街道、建筑、洞穴、水井以及各种革命文物的原有风貌”，“防止因兴办其他建设事业而损害风景名胜区景物和环境”。为了确保这一历史环境的有效保护，“行政机关、事业单位和休养接待设施等，应有计划地在新区建设”，同时还明确指出“井冈山市的主要职责是把风景名胜区保护好、建设好、管理好”。

---

[1] 指城乡建设环境保护部(87)城字第 51 号《关于井冈山风景名胜区规划的批复》文件。

鉴于上述茨坪的性质和保护要求，我们认为茨坪只能是作为重要革命历史纪念地和井冈山风景名胜区中心景区加以全面保护，并对它的社会功能进行转变，不再适合作为“市政府所在地”和“全市政治、经济与文化中心”，更不能按一般城市功能和建设模式走城市化的发展道路。不然，将会严重损害或失去它存在的全部真实价值。这是历史赋予我们这一代乃至后代人一项意义深远的重大责任。

(三) 令人忧虑的建设现状

回想起 1984 年完成的《井冈山风景名胜区总体规划》编制时，提出将原井冈山县改为井冈山市[1]，根本的出发点和宗旨就是为了更好地加强对以茨坪为中心的井冈山风景名胜区的有效保护，充分发挥市一级人民政府的执法效能而采取的行政机构改革措施；同时规划中明确规定政府机关及各行政、企事业单位应积极创造条件逐步迁出茨坪，另在山下选择合宜地点建设新的井冈山市，作为新的行政管理、旅游接待基地和经济文化中心。可是，我们有的同志(特别是领导同志)却片面地曲解了中央和国务院“撤县改市”的本来意图，把批准成立井冈山市当成了大力发展茨坪城市建设的契机，提出了将茨坪建设为“新型现代化城市”的目标，这完全是同“撤县改市”的初衷相违背的。必须澄清这种糊涂观念，端正对建设新井冈山市必要性和真正意义的正确认识。

据调查，茨坪在县改市前(1983 年规划初统计资料)，镇建成区面积不到 2 平方公里，原有常住人口仅 5000 人，住宅建筑总面积约 6 万余平方米，接待总床位 2400 余张；而改市三年后的 1988 年，茨坪总人口已达 7500 人，住宅建筑总面积达 15 万余平方米，公共建筑总面积近 10 万平方米，接待总床位已超出 6000 张。而且，近年各类房屋建设一年比一年还在快速增加，从“见缝插针”发展到大面积开山平基，出现了“爬坡建房热”，建筑规模和体量也越来越高、越大，建筑风格日益追求“新异”与“时尚”，完全套用大城市的建筑模式。来自各系统渠道的建设投资源源不断，各类“培训中心”和驻山分设机构名目繁多，但按规划选址安排的新市区却一概拒之不建，都非挤在方圆不到 2 平方公里的茨坪不可。

对此，我们不能不大声疾呼：茨坪是中国革命历史的珍贵遗迹地，如此下去，茨坪将成何面目，我们又怎样为先人和后人传承保护这一弥足珍贵的历史遗产呢?

(四) 加强保护的对策措施

为达到有效保护的目的，兹提出如下对策措施：

1. 坚决制止乱建之风

对于在茨坪建设的各类建设项目，不论其资金渠道如何，一律应充分科学论证，合理确定规模与选址，并严格履行项目审批手续，须经省人民政府或省级以上城乡建设行政主管部门(即风景名胜区主管部门)审查批准后方可建设。茨坪建成区范围内今后原则上不应再继续盲目扩大建设，统筹安排到山下新市区按规划建设。对于未经认真论证和报批程序的项目应一律杜绝其资金投入和实施组织施工。茨坪的保护和建设，

---

[1] 国务院于 1985 年正式批准撤销原井冈山县成立井冈山市。

一定要认真吸取前几年庐山乱建的严重教训（国务院为此专门两次发文制止），防止庐山的前车之辙在井冈山茨坪再现。

2. 防止茨坪扩大城市化

茨坪在1985年前，由于一直是井冈山管理局和井冈山县政府所在地，镇区内的建设有了很大的发展，由解放前只有几十户人家百十余人口的小山村，已成为一座初具规模的新山镇。但鉴于1983年后井冈山风景名胜区已经建立，1987年初国家正式批准了总体规划，茨坪成为风景区的中心景区，其性质与功能都发生了根本性转变，就不能再按城市发展方向和模式继续扩大城市化。为要做到这一点，就必须严格控制住茨坪常住人口和建设规模，认真贯彻执行风景区总体规划提出的各项合理指标与要求。作为国家重点风景名胜区，茨坪所需要的不是镇区规模的不断扩大，不是人口的无限增长，也不是建筑的“现代化”；而是这里的青山绿水、优美的景色和尽可能多地保留当年珍贵的革命旧址遗迹及其历史环境原貌，这才是真正的无价之宝。

3. 严格执行风景名胜区总体规划

《井冈山风景名胜区总体规划》于1987年初经建设部正式批准执行，1989年又对茨坪中心景区按控制性详细规划要求作了进一步深化与完善，对茨坪的性质、人口规模、总体功能与布局、革命旧址和环境保护、新区建设等一系列重大原则问题，都作了明确而具体的规定安排。应当说，茨坪的规划建设管理，已是有章可循，有规可依。但在实际工作中，总体规划的法规作用远没有发挥，特别是各级领导同志应当增强一点规划观念、法制观念，不能以人治取代法治，任何个人或单位、部门都不得以任何理由和种种手段干扰规划的贯彻执行。现在，《城市规划法》、《行政诉讼法》、《风景名胜区管理暂行条例》均已颁布实施，为我们认真执行风景区总体规划创造了最有效的法律保证条件。

4. 下大决心实施政府机关的下山迁离

按国家批准的井冈山风景区总体规划，实现市政府机关及所属行政机构、企事业单位下山迁离茨坪，是一项具有深远意义的重大战略决策和部署，是从根本上既有效保护好茨坪及整个井冈山风景名胜区，又有利于促进新的井冈山市全面经济社会发展的强有力举措。然而对于这一点，至今我们一些同志仍缺乏必要的认识，更没有做好真正准备实施下迁的思想考虑；反而仍在茨坪抓时间、抢速度加快建设，以图造成既成事实与无法迁离的局面。再这样继续下去，必将后患更加深重。我们为什么不可以离开茨坪建设一个崭新的现代化新型城市——(新)井冈山市，更好地展现现代化新型城市的时代形象和魅力？对此，务必引起各级政府和领导同志的高度重视，尽早把这一战略决策提到议事日程并组织实施。从而，真正从根本上解决好茨坪及风景名胜区全面保护和有效科学管理的问题。

【本文为1992年初根据当时茨坪中心景区“城市化”日趋加剧、建设失控的状况，写给有关部门的建议意见】

再论江西旅游业实行“南北协调发展新格局”的战略环境

引子：笔者在于1986年主持完成的省科委一级科研课题《江西省风景名胜资源评价及旅游开发前景预测》研究报告(以下简称《预测研究报告》)中，提出了江西省旅游业实行“南北协调发展新格局”这一战略思想，并在近几年的实践中取得了较为显著的进展与成效。为进一步推进和发展这一战略，更好地适应和服务于改革开放的需要，兹借本次研讨会作出再次论证。

《预测研究报告》观点溯源：

将战略重点摆在以南昌、九江、景德镇、鹰潭为四角的大赣北旅游区，无疑是正确的。但如果尽早开拓赣南旅游业，将对全面打开江西省旅游业发展的南大门，并由此而推动全省旅游业的南北协调发展，具有重要作用。

至2000年，基本建成江西省以赣北旅游区为主导，包括以井冈山—吉安—萍乡—宜春为骨干的赣西旅游区和以赣州—大余—龙南—瑞金—会昌—宁都为骨干的赣南旅游区在内的全省风景体系与旅游网络，初步实现旅游业的南北协调发展。

……

基于上述分析，江西省旅游业15年发展前景，总的来说可以预见：在此期间，我们将基本建成江西省风景旅游的主体系统及骨干区点，并初步形成全省旅游业南北协调发展新格局。

(一) 战略思想提出的基本思路

1. 关于江西省旅游区域划分的界定

鉴于旅游活动是一种既有相应一定区域范围(这种活动的地域范围弹性极大)，但又不受其行政界线囿限的特殊行为形态，因而导致了有关旅游区域的划分，且往往出现与行政区划不尽相同的状况。这一点已成为学术界与社会各界一致的共识。

结合江西省的具体情况，尽管反映在学术上对旅游区域划分的立论亦不尽一致；然，本文援引《预测研究报告》中提出的旅游区域划分的意见，主要基于从江西省风景旅游资源的区域分布、环境条件(包括区域经济、区域交通、区域旅游市场与流向、区域旅游组织等)主要客观影响因素，以及大多数旅游者活动规律，将江西省旅游区域划分为三大地块：①赣北旅游区(亦称大赣北旅游区)，包括南昌—九江(庐山)—景德镇—上饶(三清山)—鹰潭(龙虎山)，以南昌为中心枢纽及九江、景德镇、上饶、鹰潭为主要依托城市，以庐山、三清山、龙虎山(含龟峰)三个国家级风景区为主体风景区骨架，并由大京九和浙赣两条铁路大体构成轮廓的环绕鄱阳湖区的四周区域；②赣西旅游区，包括以国家级井冈山风景区为中心和吉安、萍乡、宜春三市分别为东、西、北主要游人出入口所构成的区域；③赣南旅游区，即指以赣州市为主要枢纽和依托城市的广大赣南区域，自行构成来自吉安以北，宁都、会昌以东，龙南、大余以南(含闽、粤及海外)为三面主要游人流向的区域体系。抚州地区目前因尚未发掘出足够丰富和足以支撑的风景资源条件，且地处赣中，可分别介入赣北、赣西和赣南旅游区域，作为中间交叠地区而于近期内暂不另独立划分旅游区域。

2. 关于确立赣北旅游区域为江西省旅游业战略发展重点的基本优势

确立赣北旅游区为全省旅游业战略发展重点，主要基于该区域具有的以下优势：

(1) 地理资源优势

本区域内拥有江西省目前四个国家风景区中的三个，拥有我国最大淡水湖——鄱阳湖及其国家重点候鸟保护区，还拥有南昌、景德镇两个国家级历史文化名城，以及南昌梅岭、云居山等省级风景区、婺源明清民居古建群、铅山河口古街、国家重点寺庙真如寺(云居山)等一大批著名风景旅游区点，在省内外享有一定声誉。可以说，江西风景旅游资源质量最优，类型最丰富集中，相对分布密度最高者(尤以南昌至九江一线更为突出)，赣北旅游区当居首位。

(2) 开发基础优势

庐山是我国历史上开发最早的名山之一(两千年悠久历史)，又有近代百余年的建设发展基础，就国内旅游发达程度和现有接待条件，目前在国内均当属前列。本区域其他风景旅游区点，就总体而言其开发程度亦较其他区域为高，且区域内各大风景区均有骨干中心城市为依托，从而具备颇为坚实的社会经济及科学技术条件，较之其他区域亦当更胜一筹。

(3) 发展辐射优势

由于本区域内风景旅游区点知名度、开发与发展起点较高，加之地理区位及区域交通上，横有长江、浙赣线上下穿越，纵有京九、皖赣线西东并行，还有南昌、九江等多处机场空港，从而为本区域旅游业的外向型发展(尤其在近期内)，较之其他区域其辐射优势最大，近期内迅速开展区域旅游和建立跨省大区域旅游网络的条件亦最佳。

3. 关于赣南发展旅游业强弱势分析

可综合归纳主要集中表现为以下几点：

(1) 地域资源优势

赣南地域广大，约占江西省域总面积的23.5%，地势地貌变化复杂，森林繁茂，大小水系纵横，历史文化源远流长，造就了各类旅游资源蕴涵丰富的优越地域环境条件。据现有调查统计资料表明，赣南地区风景旅游资源覆盖率尚略高于全省平均值；且山江湖(水库)洞、古迹名胜、革命遗迹、客家民居与乡俗，类型丰富。尤其以城市型历史文化遗存景观最丰富，保护最完整，当推赣州市列全省之首。

(2) 区位市场优势

地处“粤户闽庭”的赣南地区，东、南、西分别与福建、广东和湖南接壤。由于地理交通的原因，使赣南地区长时期以来形成并保持着同广东、福建邻省及沿海经济发达地区间颇为密切的地域性经济文化联系；加之赣南为江西省主要侨乡之地，与港、澳、台及海外华侨之间亦有着广泛交往的社会经济基础。从而，为赣南地区创造了极好的客源市场优势条件，而这一点又是江西省其他地区所不能及的。

(3) 开发高效优势

有了上述区位市场优势为背景，同时考虑赣南风景旅游点，大多规模较小，开发建设难度相对也较小，相应建设投资量也大为减少，而开发建设使用投入的速度必然加快。因而在同等投入量与时限的情况下，较之其他地区则更能取得较高的开发效益，也是显而易见的。

(4) 灵活性强

由于赣南风景旅游资源具有点多而规模小型的特点，反过来可以化弊为利转变为优势，有利于提高旅游组织的灵活性，更好地满足闽、粤、港、澳、台及东南亚等短、中程近地客源市场(往往希望相对路程短，费时少且旅游耗资小)的需求。

(5) 交通与开发现状弱势

赣南旅游业能否在短期内有个较大的发展，交通条件是个最重要的制约因素，恰恰这一点是目前赣南的突出弱势。另一方面，赣南就其总体而言(包括赣州市本身在内)，其资源开发程度、水平的基础均较差，也相应造成了现有可供服务的景点少，接纳容量小和服务设施基础条件较差的不足弱势。这是亟待重视与研究解决的基本问题。

(二) 战略推进发展的必然态势

江西省旅游业目前发展水平较之全国发达地区虽然尚有相当差距(仍处温冷线)，但从1978年起步的十多年来，从无到有由小到大地积极推进，亦有了明显的进展。如以国际旅游开发为例，1988年与1978年相比，接待海外旅游者人数增长了8.6倍，旅游创汇增长了13.7倍。而1991年与1990年相比，接待海外游客和创外汇额又分别比上年增长14.6%和32.4%。

江西省旅游业发展的进程大体可作如下划分：1978～1988年为江西省旅游业初创时期，1989～2000年为积极推进时期，可以预测，尔后的再十年至二十年(即2001～2010年或2020年)必然将出现江西旅游业高速发展的新时期。如此江西省旅游业从起步至未来的二三十年间，构成推进发展的一、二、三个台阶。其对未来二三十年必将出现高速发展预测的主要依据是：

1. 全国进一步推进和深入改革开放的总体大好形势

在此期间，我国经济建设将进入全面稳定发展时期，综合国力将大大增强，人民生活水平将继续大幅度提高，我国国际声望和地位将更高，国家各种经济实力对旅游业的投入和国内、国际对中国旅游的需求量，也必将有更大幅度增长。从而，为江西省今后旅游业的发展提供极好的外部环境条件。

2. 江西本身发展旅游业内部条件的极大改善

其重要的根本标志有二：

(1) 昌九工业走廊的建设，大大加强了江西省改革开放的力度和深度，必然将极大地促进江西省经济的全面发展，加快各项社会精神文明建设的进程，当然也包括旅游业的建设和发展。

(2) 南北贯穿江西全境的大京九铁路的建设和建成(将于1999年全线通车)，为江西省彻底打开贯穿南北的铁路大交通通道，对强化江西省同我国北部地区和南部沿海地区的经济、科技文化联系，创造了更为便捷的区域交通条件；同时完成与东西穿越的浙赣线形成江西省十字架形交通主干网络及总体经济结构体系，从而为江西省经济腾飞和旅游业发展的内外辐射，创造了旷古未有的优越条件，尤其对一向交通困塞的赣南地区，为获取南部沿海及海外旅游市场，更是提供了“近水楼台先得月”的独厚优势。

(3) 1997年将实现香港回归祖国的宏业，必然大大加强江西省(尤为赣南)在全国作为对外开放的前部窗口的地位和作用。同时，也为江西省旅游业的振兴腾飞提供了外部条件空前改善的最佳契机。

(三) 结论与对策

1. 结论

(1) 江西省旅游业发展总体战略以赣北为重点，是基于历史、地理、经济、资源、开发现状、发展及辐射能力综合分析得出的结论，且这一优势地位还将随昌九工业走廊的建设和经济发展进一步得到加强。

(2) 在以赣北为发展重点的同时，积极推进赣南旅游业，实行江西省旅游业南北协调发展新格局的战略决策，则更能充分发挥赣南广大地域的地理、区位、资源、市场和发展前景广阔的众多区域优势，符合我省省情和区域经济发展的需要，且这一战略思想的科学性已为近年来实践所证明。

(3) 江西省南北协调发展旅游业，有利于从全局和总体上加速全省旅游业全面发展的进程；有利于争取时间和时机，为江西省旅游业在今后二三十年左右内进行第三台阶高速发展的新时期奠定良好的基础，从而具有跨世纪的重大战略意义。

2. 对策

(1) 进一步解放思想，加大改革力度和开放深广度。进一步提高对这一战略思想的科学性(客观性、必然性、可行性)的认识。强化市场意识和时间观念，加大风景区点建设和旅游投入。

(2) 加强宏观指导，调整开发部署，提高投资效益。全省风景旅游点开发建设要依据发展总战略，统筹部署安排，确保近期重点建设。对于那些尚不具备开发条件的资源点，应当加强宏观指导和控制，重点做好现有资源和景区(点)的保护管理，避免盲目地无效益投入，甚至破坏性开发建设。对于他们的积极性应予鼓励和爱护，引导他们热情支援投入重点资源区点的开发建设，提倡走“集资共建，联合经营，共同受益”的道路。

(3) 充分发挥中心城市对旅游业发展的依托和辐射作用。中心城市是一个地区(地域)的经济、文化、科技发展的聚焦点，同样也成为本地区(地域)发展旅游业的社会经济基础和中心枢纽，因此，应当重视和加强对旅游中心城市(如南昌、九江、赣州、景德镇、鹰潭、吉安等)本身的城市风景旅游体系建设与城市风貌建设，提高城市建设管理水平。

(4) 强化旅游宣传，拓广客源市场。应当承认，江西省风景资源虽然丰富，但在总体上知名度却不高(仅庐山知名度较高)，大多优秀的风景资源(如三清山、井冈山、龙虎山等)均未被国内和海外普遍所了解，直接制约了消费市场的开拓和旅游业的更大发展，为此，强化对外旅游宣传，提高宣传和市场开拓效率，的确尤有必要。

(5) 加速人才建设，提高风景旅游管理水平，是立足事业发展的当务之急和长远大计。江西省目前风景旅游建设管理人才匮乏，风景区和旅游经营管理水平较低，远不能适应事业发展的需要。建议：在现有人才培养的各类教育机构与设施的基础上，新增必要教育机构，解决高、中、初级专业人才的培养途径，加大人才培养量，并在条件具备时成立省级相关风景、旅游专业设计院，以能保证江西省风景旅游事业的高速、高效、高水平发展。

【本文为出席 1995 年 10 月(龙南)江西省第二届风景旅游资源开发规划研讨会上大会交流论文，并收入会议论文集】

风景区索道建设中的商业化倾向应当制止

近年来对于风景区索道建设之辩论可谓旷时已久，且各地风景区加紧建设索道之“风”更愈吹愈烈，令人关注。

索道作为一种简便快捷的交通方式和工具，自有可取之处，这本也无可非议。确实也有些风景区由于采取了科学求是的态度，十分缜密地注重索道建设前对其必要性、可行性的严格科学论证，注重对索道站场及塔架线路的选址、选线的合理性，严格避免因索道建设而给风景资源本体及其风景环境和生态环境造成破坏或影响，这相对于动辄修建登山公路，在一定意义上有着对风景资源及其环境的保护作用，也不失为明智之举，亦无可非也。

然而，不得不指出的是在风景区大兴索道建设的“热风”中，事态愈来愈明显地反映出一种极其危险的倾向——索道建设的商业化唯利经营行为，于是乎，越是游览热线、热点景点上越是要修建索道，投资者和经营者也越要瞄准(指定)在这样的热线、热点上方才投本下注。此“风”已蔓延成为风景区开发建设中的大忌大害，构成了对风景资源与环境的严重威胁和破坏，这就不得不深切地引起人们极大的关注和担忧了。

所谓“商业化经营行为”，是指那些不顾国家和人民根本长远利益，不顾风景资源不可再生的自然特性和永续利用的价值原则，无视国家有关风景区保护的一系列法令法规要求，也不论是否确有修建索道的必要，只从狭隘的地方部门或企业单位短期近利目的出发，乃至不惜以破坏风景资源及环境为代价，而一味追求票面价值的经营行为。具体主要有以下几种怪论：

一曰：“风景区都是靠索道起家的，凡是建了索道的他们的经济效益都上去了。”这是索道推销者最具诱惑力的广告语。如某设计院到一个国家级风景区推销其设计产品时如是说，大肆宣扬目前全国各地风景区都在争着修建索道，已经建了多少多少条，其中大部分都是由他们设计的，甚至蛊惑人心地鼓吹“索道已成为了风景区重要的组成部分”，其言下之意就是凡属风景区不能不建索道，不能不拥有这件起家致富的“法宝”。这种只从片面追求自我利益出发，故意无视、混淆风景区自然、文化内涵本质真实价值意义的做法，不能不视为是风景区索道建设中的商业化经营行为。

二曰：“索道建设是风景区开发中实行招商引资最佳突破口。”诚然，目前在风景区开发中资金的匮乏是一个突出而普遍性的问题，当企求外资投入时自然必须考虑项目风险度——这是商业性投资经营的一个基本准则，而索道建设对于投资商不可不谓具有相当吸引力。在这一点上，对于某些大力推销其设计产品的院所、厂家及以商业经营营利为目的投资者和引资无门的风景区管理部门不啻是“金鹊架桥”，迅速找到了“结合点”，同识共鸣，各有所图。

三曰：“依借索道经营效益积累资金，加快风景区开发建设。”应当承认，在目前人们总体文化素养和审美意识与水平的状况下，索道运行方式迎合了一般游人的好奇心理，因而在一段时间内是可以获得较好经济效益的。如果确有必要又修建合理得当，自然何乐不为；但倘若并无必要又设计选线、选址不合理，唯追求经济效益乃至以破坏风景及环境为代价，则应谴为不德之举，铸成千古遗恨，如何上仰先人后对子孙？作为直接管理者其神圣天职当以保护为本才是。

凡此种种，仅举三则为例。我们必须清醒地认识到：风景区事业其本质是资源保护型的公益事业，它本身不是也不应成为经济型产业。风景区事业的意义，在于保护、管理好地球上这片最美好、最珍贵的自然与历史资源及其环境，科学合理地开发利用使之为人类两个文明建设服务。为了维持自身的生存和发展，当然应当获得一定的经济效益，但从效益价值观上，它自身主要是社会效益和环境效益，而它的经济效益价值，更多、更大的是体现在由它带动起来的更广泛、更深层的社会性综合经济效益，这是由它的性质、功能和宗旨使命所决定的。风景区绝不是资源采伐场，也不是商品市场和淘金地，对此我们必须有一个正确的认识。

还有一种倾向尤其值得注意，在这股风景区索道商业化“热风”中，风景区管理部门某些同志的个人功利企求也混杂其间，将索道建设视为个人“丰碑”的政绩标志，故而乐于“填补江西省风景区尚无索道的空白”，欲创“全国风景区索道长度之最”，信誓旦旦地溢于言表：“只要我还在这个(市长、县长、局长)位置上，就一定要把这条索道建起来。”甚至有的政府领导同志在索道论证会上，当所提索道方案被与会专家们确认不当后，还仍然激昂陈词：“对于索道的建设，我们这一届政府是下了决心的”，“无论论证结果如何，都是一定要建的!”云云。倘依如此做法，试问置科学于何地，又何必走“专家论证”这个假过场。为了功利目的，他们可以不顾人类对自然和历史珍贵资源保护的神圣使命，可以忘却作为风景区所在地方政府和直接管理部门重在保护的历史责任，可以无视国家有关法规、法令和已有明文规定的原则，利用手中权力自行其是，或“斩而不奏”，或“先斩后奏”，造成既成事实奈何不得的局面。揣有这种功利目的的同志，或也一心想求得个人的丰功政绩，但恐怕到头来只能成为遗恨千古的历史罪人。

我们不是风景区索道建设问题的“禁欲者”，但我们坚持的是在对风景资源和环境保护原则下的求实态度和科学正确的决策，坚决杜绝“跟风”建设、商业性目的和盲目攀比。

笔者认为，风景区内建设索道必须遵循和满足以下主要原则与条件：

(1) 应以不影响不破坏风景资源及其环境(包括自然地貌环境、生态环境、游览心理及观赏视觉环境等)要求为前提；

(2) 应符合国家有关风景区保护、开发、建设、管理的一系列法令、法规及明文规定，坚持谨慎和科学规划原则；

(3) 应确属具有真正显著的使用功能或更有利于风景区全局开发需要；

(4) 应不以追求商业性经营为动机和目的；

(5) 科学慎重地确定选址、选线方案，并通过专家充分论证；

(6) 严格执行部颁《风景名胜区建设管理规定》，坚持分级申报、审批、立项的基本建设程序。

当前在各地风景区内滥建索道的商业化行为危害深重，似有非占尽长城内外、大江南北的名山大川不可之势。但此风切不可长，更不可助矣。

让我们尽自己最大的努力，为在人类生存环境中保存下风景区这片纯净圣洁的自然绿洲吧！

保护庐山世界遗产　当应付诸切实行动

1997年12月11日，省建设厅于庐山东南麓海会寺主持召开了“庐山海会游览区轨道式缆车选线(址)方案论证会”，虽然会上以简单多数支持的局面形成了原则同意修建的论证意见，但对此我以为绝非可“以多胜少”地简单算数值大小来轻率对待，作为持不同观点的与会者，愿再次诚恳地将不同意见辩陈如下，以引起重视，供上级领导决策时参考：

(1) 庐山世界文化景观殊荣来之不易，务须倍加珍惜爱护。庐山乃我国著名的千古名山，中外闻名，享誉遐迩，如今又获世界文化景观殊荣，列入世界自然与文化遗产名录，费了多少心血，下了多大决心，做了多少工作，可谓九牛二虎，来之不易。这不只是我们江西人民的骄傲，也是全国人民的骄傲，是全人类所共有和共享的宝贵财富，是地球环境中最美好的一片绿洲，我们应当倍加珍惜和爱护，并切实付出行动，而决不可只顾眼前利益、局部利益、既得利益，因小失大，犯下上负祖先、下愧子孙的千古大错。我们为争取庐山申报成功而做的工作与努力，至今记忆犹新，怎能在刚刚获得成功之后，就把这一切给忘记了呢?

(2) 五老峰景观自然天成，雄伟瑰丽，不容任何人工设施造成建设性破坏。五老峰是庐山最著名山峰之一，为庐山第三高峰(最高四峰海拔1358米)，尤以五座雄峰排列相偎而峙，绝岩千仞，傲湖耸立，峻奇诡特而闻名于世，其特异的地质构造、地貌环境及由此形成的峰林、奇石、五老峰石松、云海、日出、海市蜃楼等奇异景观，使其具有极高的科研、科普和审美价值，难怪千余年前唐诗仙李白就写下了千古不朽诗句赞道：“庐山东南五老峰，青天削出金芙蓉”，真可谓五老峰乃庐山自然景观中精中之精，粹中之粹。为此，我们怎么也不可想象竟要在五老峰的第二、三峰之间正面修建一条轨道式登山缆车直上峰脊❶，将会对五老峰景观及其风景环境、自然地貌造成怎样的破坏影响? 庐山管理局、省庐山自然保护区与会代表均明确指出：五老峰属庐山自然保护区内重点保护区，不允许建设任何大型工程设施。如果像五老峰这样保护的重中之重都可以修建登山缆车的话，那么对庐山来说就无任何需要保护的环境可言；而当时为了申报成功不辞千辛万苦从三叠泉踏勘出一条通达五老峰的步行游览路线，也是完全没有必要的!

(3) 五老峰登车缆车建设项目与《庐山海会游览区规划》原则不符。之前，同年五月，省建设厅亦曾主持了由建设部城市建设研究院编制的《庐山海会游览区规划》评审会。经查对，本次缆车论证与该规划至少有两处根本性的明显不符：

---

❶ 据缆车设计资料介绍，两段轨道全长2290米，山下起点至峰脊最高点相对高差达860米，依据不同地形坡度其桥梁式轨道架设高度分别为：全线大部分均高5米以上，其中高于10米长度达400多米，高于25米长度达20多米。

1)《规划》中安排的登山游览观光线，在规划文本上通篇未提及采用轨道式缆车方式，只作为一般步行登山游览路线，且游览线起、终端规划图中反映大约在海拔400～650米区间山坡地段，更未见有登跨二、三峰之间峰脊并延至山北青莲寺的缆车线路设计。可见此次论证项目只是《规划》外另行安排或改变原规划意图而自行设立的项目，与《规划》内容不符。

2)《规划》在“环境保护规划”一节中已明确规定“在海拔700米至1300米范围内，主要是五老峰和五小峰岩体部分，峰岩陡峭险峻，具有很高的观赏价值，规划为重点保护带”，“保护区域内除拟设一条通往五老峰的(步行)游览线外，不得增建其他任何工程设施，保护区域内地形、地貌，均不得做有悖于环境保护和景观保护的改造”；同时，在“交通道路规划”一节中，也对该游览观光线的道路工程建设提出了明确要求：“工程不得破坏和影响本地区景观，特别是五老峰景观的整体形象和视觉要求”，“工程不得破坏自然地形地貌和植被”。此外，评审会上专家还建议应扩大对这一峰岩地带实行有效保护的范围。

上述两点表明，本次轨道式登缆车项目的立项论证，是与《规划》原则相悖的，是缺乏规划依据的，且缆车工程建设对自然地貌、景观、环境保护带来的不利影响是显而易见的，更与现在庐山已作为世界文化景观遗产更严、更高的保护要求是相逆而行的。

(4) 庐山当务之急是进一步全面理顺管理体制和抓紧修编新一轮庐山风景名胜区总体规划。庐山管理体制虽然经过多次努力，取得一定改善，但仍尚未从根本上完全彻底理顺，长期以来制约着庐山的有效保护、建设和管理，影响着庐山各项事业的更大发展。作为首批国家级风景名胜区，早在1982年庐山已编制了第一轮总体规划，但至今时隔15年之久，产生了规划编制的时差性和规划滞后于建设发展需要的不适应性，特别是庐山目前已列为世界文化景观遗产之后，更需要有一个能够进一步更好地全面指导庐山今后保护、建设、管理的新一轮科学规划。据此，进一步理顺管理体制和修编新一轮规划，已成为庐山当务之急。本来，诸如修建索道、缆车一类问题，全山当有一个科学合理的统筹考虑，哪里需要建，哪里不该建，全山需建几条，都应在新一轮总体规划中予以明确，而不能像现在这样谁想建就建，各自为政，各行其是。

为此，建议先办好上述两件大事，在此之前，一切大型建设项目均应暂停立项和审批，并再次呼吁：保护好秀丽的庐山，保护好世界文化景观，保护好地球上人类共有的这片美好绿洲，为祖先，也为子孙，切实担当起我们神圣的责任。

【本文系1997年12月上旬就海会—五老峰登山缆车工程建设项目由省内组织的第一次失真的论证会之后，据悉准备组织第二次部级论证之前，于同年12月底写给有关部门的书面意见书】

忠实履行保护庐山世界遗产的庄重承诺和使命

——由修建秀峰旅游索道和海会一五老峰登山轨道缆车引发的思考

(一)

闻名遐迩的千古名山庐山，以其秀丽的自然山水和深厚的文化底蕴两者最完美的结合，经联合国教科文组织遗产委员会批准列入《世界遗产名录》。对于庐山之所以能获得“世界文化景观”这一殊荣，联合国遗产委员会对庐山作出的一段评语有精辟的诠释：“庐山的历史遗迹以其独特的方式，融汇在具有突出价值的自然美之中，形成了具有极高美学价值的、与中华民族精神和文化生活紧密相连的文化景观”，它是“自然与人类的共同作品”。迄今(截至 1996 年)，全世界已列入《世界遗产名录》的共 506 处，而被确认为“世界文化景观”的尚不足 10 处，中国则仅只庐山一处。庐山能获此殊荣，这不仅是庐山和江西的骄傲，也是我们国家和全国人民的共同荣耀，它标志着庐山从此进入了一个具有世界影响意义的历史新里程，同时也预示着我们今后为保护管理好庐山这一世界遗产所肩负的神圣使命与历史责任将更加光荣重大，任务更加紧迫艰巨。

(二)

无论作为世界遗产地或国家风景名胜区，它们首先是一项对地球环境和人类活动中最珍贵的特殊自然与文化资源的保护事业，也是一项科学文化型公益事业；遗产地本身不是，也不应当成为以“商机市场”营利效益为目的的经济产业。诚然，世界遗产地或风景名胜区，作为具有最高品质自然与人文景观资源的环境载体，无疑它们可以成为发展旅游业所依托的重要资源场和展示地。在对世界遗产地或风景名胜区的合理开发利用中，最基本的原则应当是竭力保护其自然和历史环境的真实性及其价值所在，坚持科学、合理地适度开发，维护其人类永继传承利用的崇尚意义。为此，世界遗产委员会制定了《保护世界文化和自然遗产公约》，我国国务院和建设部也颁布了一系列有关风景名胜区保护管理的法规和文件，目的都是为了严格维护管理好人类共享的最优秀的自然文化遗产资源。

然而，当前仍有一些人认识上极为模糊，分不清遗产和风景名胜区事业同旅游经济产业之间的根本区别，把遗产地或风景名胜区的自然与文化资源视为“旅游产品”而推向商品大市场，把风景名胜区当作经济产业来办，致使不少风景名胜区出现大量唯营利为目的的商业性开发，甚至图一时一己之利不惜以损毁资源、景观、环境、生态为代价，杀鸡取卵，豪取滥夺，必将大大损害作为世界遗产地的庐山风景名胜区原本特质、品位和价值，对国家和人民铸下千古大错。

(三)

庐山世界文化景观殊荣来之不易，我们应当倍加珍惜和爱护，严格遵循联合国《保护世界文化和自然遗产公约》和国家有关风景名胜区建设管理法规，坚决杜绝一切违反上述准则和法规要求的项目盲目建设。

近悉有关部门正积极筹划在庐山山南著名风景点秀峰和五老峰分别修建旅游索道与高架轨道登山缆车，美其名曰：这是“发展旅游业的当务之急”，还可“进一步充实庐山世界文化景观的内涵”，真正落实“打好庐山牌”云云。但笔者认为，修建秀峰索道及五老峰高架缆车均完全没有必要，尤其在庐山刚刚申报世界遗产工作获得成功之际，面对着我们肩负的历史使命和今后更加繁重的工作重任，显然与世界遗产保护宗旨和我们光荣的职责是完全不相符的。且看：

秀峰索道建设位置在青玉峡谷口龙潭下侧至与黄岩瀑布对峙的著名山峰文殊峰、双剑峰坡脊一线，此处正受诸多俊峰(香炉、双剑、鹤鸣、行龟、文殊、姐妹峰)与秀水萦绕，为游人热点汇聚的游览区段，更是步行登高仰观群峰、近观瀑布、远眺鄱阳湖的最佳风景线。倘若在此修建索道，必将无可避免地砍伐掉索站站场及站线成片成片宝贵的林木，造成对龙潭下游水体和生态环境的严重污染与破坏，还造成了对秀峰核心腹地(包括著名龙潭石刻群、康熙手书“秀峰寺”碑及雍正手书“洒雪松”碑、黄庭坚《七佛偈》、王阳明《纪功碑》、颜正卿《大唐中兴颂碑》等大儒题书摩崖群、南唐中主李瑕读书台、双桂堂、线描观音大士画像石碑、聪明泉等历史人文景观汇集区域最佳风景环境)的严重干扰影响，同时也严重影响了双剑峰、香炉峰与黄岩瀑、马尾瀑整个游览观赏区间的游览环境及观赏视线。除此而外，由于秀峰龙潭地属蜗形地势，而索道走向恰好沿秀峰西部山坡脊面爬行，隐蔽性极差，塔架、缆索、吊厢及上、下站场必将全部暴露在外，整条索道横架于黄岩、马尾两道瀑布和群峰之间争与高低，必将大大降低秀峰风景点风景景观和环境品位，这些都是无可置辩且显而易见的！

秀峰自古素有“庐山之美在山南，山南之美数秀峰”之誉，这也是庐山作为世界文化景观的重要内涵与特色反映，秀峰不愧为整个庐山最精华风景点之一。“日照香炉生紫烟，遥看瀑布挂前川。飞流直下三千尺，疑是银河落九天。”倘若硬要在此修建一条长虫般的索道，真不知先圣李白将何以感慨！

五老峰耸立于庐山东南，由五座峻峭如削的连体山峰组构而成，其并列如五坐尊容可掬的老者而得名。由于独特地质构造、诡谲的造型及居高濒湖、极目纵览的地势气度，成为了最具代表性的庐山峰峦第一景观，五峰之顶又是庐山观日出、云海、辰星、海市蜃楼和浩淼鄱阳湖最佳处。尤以第三峰最险，第四峰最高(海拔 1358 米)，且因其岩体中含有丰富石英质颗粒，强烈阳光照耀下闪烁着神异的亮光；而当云雾萦绕，五峰虚无缥缈，若幻若真，恰似天界神佛显露。五峰正面嶙峋陡峭，削壁千仞，其间还有“小五峰”及无数奇岩异石，石缝中遍生着矮扁曲虬而造型怪异的著名的五老峰石松。山麓地区林竹茂盛，生态良好，昔时原有海会寺(为庐山山南著名“五大丛林”之一，尚存遗址)，这里是仰观五老峰绝佳之地(包括海会镇及庐山山下环山公路海会段一线)。山上五老峰之背，地势高而坡缓呈高山窝地状，昔有“青莲寺”、李白草堂(“巢云松”)等多处胜迹；其周围附近还有三叠泉、植物园、含鄱口等庐山主要景点。

李白有诗为证："庐山东南五老峰，青天削出金芙蓉。九江秀色可揽结，吾将此地巢云松。"

然而，就是这样一处庐山最精粹景点，居然被某房地产开发商将海会寺一带大片土地买了下来，计划在五老峰的第二、三峰之间峰丛正面峰隙中修建一条轨道式高架登山缆车，这无论从对珍稀景观资源、自然峰峦地貌及风景生态环境保护，或从风景美学理论与游览观赏的原则要求，都显然是十分荒谬的！

（四）

什么才是庐山今后保护管理工作的当务之急呢？

遵循联合国《保护世界文化和自然遗产公约》和国家有关风景名胜区管理法规，进一步整治好庐山环境状况，树立新的更高标准的世界遗产形象；加速理顺庐山行政管理体制，实现全山（全区）统一保护、规划、建设和管理；进一步深入发掘庐山瑰丽自然文化资源内涵，更全面完美地展示庐山的风彩；严格限制庐山牯岭周围房屋建设和人口增长，防止进一步扩大城市化；充分发挥规划龙头作用，按照世界文化景观的新思路、新起点，深化开展庐山总体规划（二轮）和各景点建设详细规划的编制工作；开拓、确立区域发展战略思想，做好以庐山为聚核的名山（庐山）、名湖（鄱阳湖）、名江（长江）、名城（九江市为省级历史文化名城）、名人（庐山及九江历史文化名人）全方位系统大开发的文章；加大教育、宣传力度，完善与强化法规法制建设，形成全民对庐山保护管理的自觉意识和统一意志；学习和建立系统性国际化标准的工作与行为规范，迅速同世界遗产管理工作接轨，等等。这些都是我们今后需要加以深入研究和逐一解决的当务之急。

我们当今一代人，承前启后，应当上不负先祖，下不愧子孙。为了庐山更加美好的未来，为了国家和民族的荣誉和尊严，让我们面向21世纪，忠实地担负履行起保护管理好庐山世界文化景观遗产的庄重承诺和神圣使命。

【本文根据1996年本人先后参加秀峰索道、海会—五老峰缆车工程项目论证会上个人发言内容综合整理，作为书面意见提供给有关部门】

婺源县城城市风貌及特色景观规划

——关于山水城市风貌规划尝试的实例分析

（一）规划指导思路

城市是社会历史文化的载体，是经济与生产力水平的积淀，是不同发展时代人们观念意识的铭记，也是一座座绮丽耸立着的人类文明创作的艺术丰碑。

随着人们对两个文明需求和标准的不断更新，同时对自己赖以生活的城市的建设要求亦相应提高，而尤其是面对着现代工业化和城市化水平的日益增长，以城市环境问题为核心的多种“城市综合症”日趋严重，这或许已成为当今社会与经济发展中一对孪生的现实矛盾。

中国是一个拥有几千年悠久历史和典型民族传统文化的国度，除其深厚而渐进演绎的民族观念意识及其富于宗教影响的色彩外，但逆溯其最初始、最朴素、最真切的根蒂，实则来自于大自然——即被称为“山水文化”的基本内核——它揭示了人类自身原本来于自然又回归自然的“天人合一”、“人地协调”的自然法则。基于这一法则，人类倘需永续保持这种融合和谐的自然关系，保护这种人类最佳的生存环境，而对于生活在城市中的人们，当然将极其关切地注视着未来城市的命运，并力图求索着一种理想的未来城市建设发展新模式，再创人类璀璨新文明。

求索终于有了憧憬的目标……

钱学森同志早在20世纪70年代末就曾提出了关于山水城市建设模式的初步构思，其发议动因在于当代城市建设中如何继承与发展我国民族传统文化及其建筑艺术，优化城市总体环境条件与生活居住质量，克服和根治现代城市的“多种综合症”，进一步提高城市建设管理水平，创造出一种既符合我国国情和自然环境，又适应时代发展需求的城市建设新模式，从而使建设有中国特色社会主义基本理论在城市建设领域中得到具体落实和体现。这一构想提出后，立即得到中央领导同志肯定，在广大城市建设工作者和学术界引起了广泛而深刻的反响，被确认为是我国未来21世纪城市建设的新模式和发展方向。源于上述思路，我们在近期编制完成的江西省婺源县县城（紫阳镇）总体规划中，结合当地自然环境和历史文化背景具体实际，有意识地注重开展了城市风貌与景观规划，就山水城市特色建设及其风貌的形成，进行了一次有益的规划尝试，这在江西省尚属首次。

（二）城域自然及人文环境背景

婺源县位于赣东北边陲山区，地理坐标为东经117°22′～118°12′，北纬229°01′～229°34′之间，地界赣、皖、浙三省之交，系黄山余脉之中低山与丘陵谷盆带，属中亚热带季风型湿润气候。这里，以盛产珍茗“婺绿”和我国四大名砚之一的龙尾砚（即歙砚，因其砚石产地在境内龙尾山故名）以及享有“落纸如漆，万古存真”盛誉的婺墨而驰名中外，为全国水电化和生态试点县之一，江西重要木材与林产基地。

县城紫阳镇（因宋代大理学家朱熹宗籍乃婺源人得名）是一座典型的山区小城市，目前老城建成区面积2.06平方公里，城区常住人口约2.7万人，新增规划区面积6.5平方公里，至2015年规划期末人口约9.6～10万人。通过实地踏勘、资料查阅、群众访问和深入的综合分析，我们认为得以构成该县城城市风貌的基本影响要素，主要有赖于它十分优异而富于特色的自然与人文环境条件：

1. 悠久深厚的历史文化内涵

婺源历史文化悠久，据文物考证早在四千多年前就有先民居留于此，至商周后历代属吴、越、楚，秦、汉、晋辖地，隋始属歙州地，自唐咸通七年（公元866年）建治（原治在清华镇，后迁至县城现址）已逾一千二百余年，素有书宦之乡、商贾之邦美誉，人才辈出，名流荟萃，经济文化向为江南繁盛之地。据史料载，该县历代中举士、进士者546人，为仕宦者2665人，文人504人，著作1275部，宋清最盛时拥有书院达12座，朱熹、朱弁、齐彦槐、詹天佑等诸多古今思想家、文学家、科学家相承而至，李白、黄庭坚、卢潘、岳飞等各时名人骚士纷纭沓至（县城远郊岩溶洞群“灵岩”洞府中存有自唐至清历代名人手迹题墨达两千余处，为国内罕见），县境内名胜古迹遍布，文物珍品蒐集（婺源县博物馆是江西省馆藏数量最丰、珍品最富的单位之一，在省内外均颇有知名度），“山间茅屋书声响，十家之村不废诵”蔚然风尚承传至今，全民文化素质较高。此外，古朴而颇具地方特色的民俗文化亦随处可见，如民间娱乐活动中古老的灯彩、婺源徽戏、傩舞（俗名舞鬼戏）、木偶戏、串堂班等，都具有很高的地域文化发掘和研究价值，这些都无处不溢散出浓郁典朴的历史文化气息，孕成了深厚独特的地域文化背景和内涵。

2. 灵毓秀丽的山水自然大环境

婺源县全境总面积2948平方公里，群山绵亘，多以中低山及盆谷丘陵为主，其中山地面积占总面积的83.09%，素有“八分半山一分田，半分水路和庄园”之谓。最高山位于县境东北鄣公山，主峰雷鼓尖海拔1629.8米，最低处在南部凤洲乡小港（河床）海拔33米，一般低山丘陵平均高程在海拔100～150米之间。县城坐落于星江河中上游，为一盆谷丘陵地形，外围多有溶蚀峰丛和中低群山交叠。县境内溪河纵横交织，林木葱茏，森林覆盖率（含灌木林）高达52.7%，蕴含着品类丰富的野生动植物资源，处处呈现出毓嶂重重、碧水潺潺的秀丽景色，宛如一幅幅淡墨泼就的中国传统山水画卷，古人即有“千崖漱奇，万谷江碧”的赞美，也为后人留下了生息的优异自然环境和艺术再创造的无穷源泉。

3. 独特天成的地势地貌特征

县城老城区（即紫阳镇现镇区）地理形态独特而奇趣，星江（亦名婺水，为县城区段别名）宛若玉带三面环绕老城区迂回曲穿而过，深突河湾的老城区俨似出水蚺蛇（紫阳镇命名前亦名蚺城镇），势比待发强弩，灵现出“盘蚺探首”、“强弩张弦”之状。城外则为群山所围抱，整个县城地形依地势由内向外层次递高，构成了波折起伏的典型山城地势地貌，为城市的空间多变形态具备了极佳环境条件。

4. 清新雅朴的徽派民俗建筑

婺源历史上长期受徽州辖治，故历代深受徽文化影响且延续至今，其民风民俗、民居建筑无不体现徽派文化特色与风格。尤以大量保存完好的明清徽派民居古建筑群，镶嵌在青山绿水之间，更增加了自然景色的光彩。据不完全统计，目前仍保存尚好的明清古建有祠堂113座，府第官宅28幢，特色民居群36组，古桥梁187座，无论数量、规模、工艺都堪为国内罕见。其代表者有理坑官宅府第、江湾俞氏宗祠、古坦百柱宗祠、阳春古戏台及许村、延村、思溪等处大量明清民居群。作为一种特色地方建筑形式及艺术形态，亦当属构成县城风貌的一种重要内涵影响要素。

(三) 规划城市性质的确定

规划中我们在综合分析婺源县城的区位、历史、经济、文化等诸多现状及发展影响因素后，确定其城市性质为：婺源县城(紫阳镇)是全县政治、经济、文化、科技、交通中心，以发展食品、竹木加工、建材工业和第三产业为主的省际边区物资商品集散流通基地，同时也是风景秀丽、环境优美的历史文化型山水城市。

这里应特别提出的是，在上述城市性质表述中，除表明县城在县域的中心地位和城市经济主体产业结构关系外，十分注重其城市形态与特征的反映，突出了该县城的历史文化特征和山水风貌形态，并将这一体现城市内涵上更高层次标准的定义，直接注入了城市性质本体，从而明确了以山水城市作为建设发展方向的总体目标。这一城市性质的确定，为城市风貌规划提出了既定要求，也提供了充分的规范性依据。

(四) 城市风貌基本构架与形态

1. 总体构架模式

全城由老城区、城南区和规划发展的城北区、武口区四大区块组成，倘以星江为中间结合部，则全城又可构成星江北段(含老城区、城南区)和星江南段(含城北区、武口区)两大片区的城市风貌总体构架：南片以老城区为主体，以保存、反映婺源历史文化风貌为主题，维护县城长久历史演绎而形成的老市井街间及其建筑风格；北片新区以反映、展现当代城市发展的新风貌为主题，富于较强的时代特征。从而，两者间构成了从经济形态、文化内涵，到城区规划布局、建筑形式风格，均具鲜明对照的“两片四区一部”的城市总体风貌及分区形态构架模式(图1)。

2. 空间形态特征

县城规划区内地形环境优越多态，地面跌宕起伏形成丰富的波形曲线(图2)，从而构成与该曲线对应的城市空间形态及其天际线，从城市中心轴线(星江及其两岸)向两翼由低而高、由近至远的多层次跳动展延的韵律变化，体现了山城空间丰富多变的典型形态特征，更倍增了山水城市的环境艺术美感。

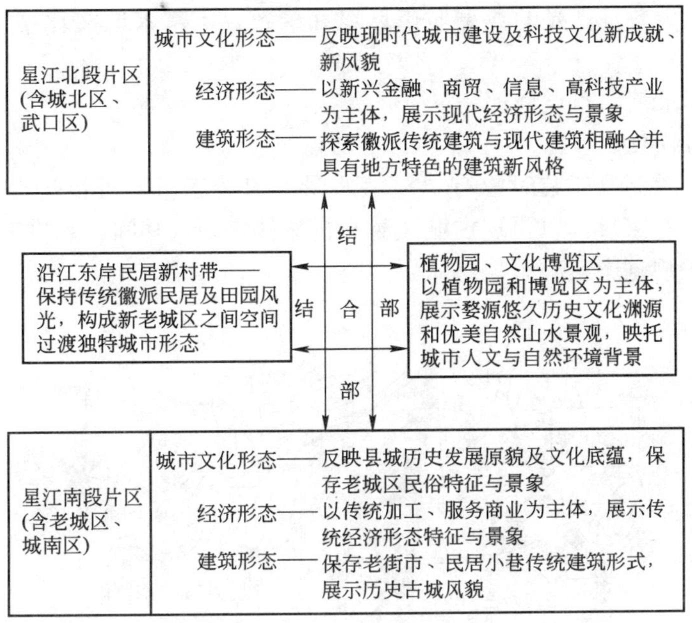

图 1　婺源县城城市总体风貌及分区形态构架模式框图

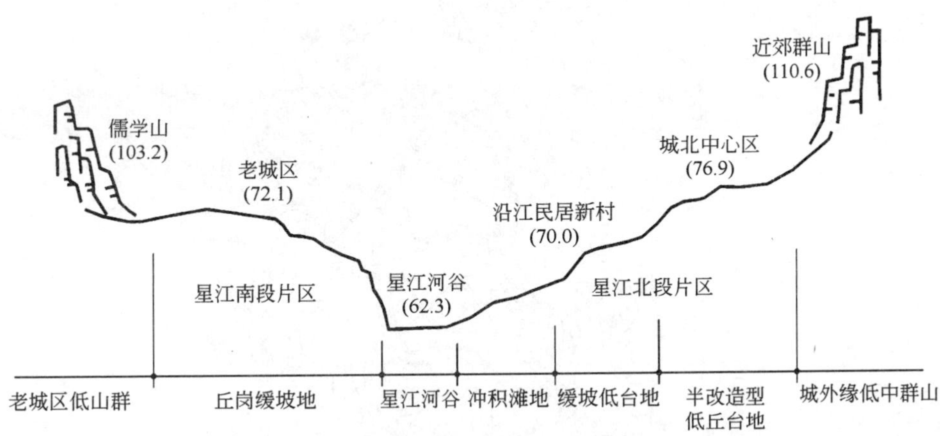

图 2　婺源县城城市空间形态波形曲线示意图

(五) 特色城市景观策划

为具体体现城市风貌规划的实效，强化城市特色，本规划中深入开展了特色城市景观的策划设计。

1. 景观策划原则

(1) 应具有婺源历史文化的表现内涵及其鲜明象征性；

(2) 应能较好地充分结合有利地形地貌，有效地兼容自然环境与景色，具有相应标志性；

(3) 能够强化山水城市风貌特色，并反映出县城新、老城区不同的时代特征与建设风格；

(4) 能够成为游览观光的典型城市环境和景致，丰富人们文化精神生活，为城市增添色彩；

(5) 适量而求精，布点合理。

2. 景观项目组织

据县志载，婺源县城昔时曾有“星垣八景”流传于世，可惜至今皆已荡然难觅。本次规划期望弥补寥寥，以再现古城风貌与自然佳景缀点其间，装扮美化城市。

为此，我们规划中精心策划组织了“婺城十二景”(图 3)：

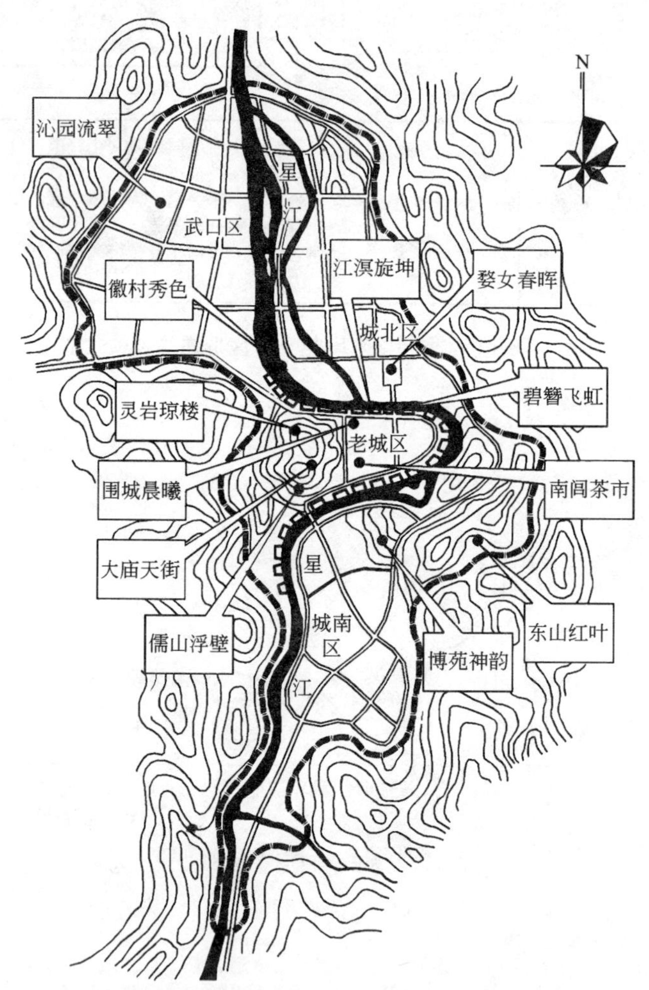

图 3 婺源县城城市风貌及特色景观规划图

(1) 反映城市历史文化内涵的：

1)“儒山浮壁”——“蚺城山水秀图”与“婺源名人画壁”两幅大型石浮雕组景。

改造星江大桥北桥头现状，拓展为老城区桥头文化广场。在儒学山山脚(广场北侧)利用山体陡壁，左右两侧设置大型石浮雕组景各一幅，展现古城秀美景色与历代名人英姿风貌，烘托婺源悠久历史及深厚文化内涵；并从儒学山正面(中间)修筑登山台级路，沟通博物馆与石浮雕组景、广场间的相互联系而使其连为整体，构成富于传统艺术魅力及地方象征性的重要城市景观。

2)“围城晨曦”——仿古城墙景观。

为结合老城区防汛要求和增添蚺城古城环境氛围，规划在加固全城防汛工程系统时，将老城区星江西岸堤在原有古城墙残垣基础上，重新按古城墙予以修复，以再现古城风貌，映出曦阳辉照下的围城雄浑古朴景象。

3)“南闾茶市”——茶市文化街景观。

老城区南门街系由古时传统小街闾而演绎为现有旧式民居小巷，但仍不失传统小街闾遗风，3～4米宽石铺路面及老式店面型民房尚颇具地方特色(尤以西段较好)。规划拟恢复改建为专营茶市的民俗文化小街，开设早茶、茶馆、茶道(婺源茶道乃江西茶道的精粹)、茶疗保健、茶具经销等茶业专卖服务项目，形成具有浓郁茶乡风韵的特色茶市景观。

4)“博苑神韵”——文化博览区组景。

为能较集中全面地展示婺源县历史文化概貌，规划赞同县领导及文化部门意见，拟在县城东南隅结合利用这里优越的低山丘陵自然环境条件建设文化博览区(其间建一条民俗文化街)，成为融知识、教育、趣味、娱乐、观光于一体的文化活动场所和精粹城市景观之一。

(2) 反映地方民俗风情的：

1)“徽村绣色”——沿江徽派民居新村景观。

在城北新区河东大桥以西沿岸一线，利用台阶式地形建成弧形带状徽派民居新村群落，与城北中心区空间构图组成层次错落的竖向变化，共同构成新、老城区过渡结合部的有机衔接和别具一格的民居田园景观。

2)“大庙天街”——风味小食街景观。

现状大庙街街口已形成个体小食摊点，规划将小街统一改造修建为一条风味小食街，集婺源地方风味小食和菜肴于一处，展现古城饮食文化风情，并与茶市街东、西隔路相对呼应，共同组成星江大道上最能体现民俗文化和传统商市的繁荣中心街区。

3)“江湨旋坤”——巨型高架风车景观。

利用现已废弃的原星江高架索桥桥墩(东、西河岸各一座)，改建为两座观赏性巨型高架风车，融民俗性与象征性为一体，在那山城濛雾江面上半空耸立的巨大风车悠悠而转，其形、其态、其声古朴而清新，粗犷而富有韵味，与民居村和星江组合成景，更增加了颇具民俗特写意境的乡情浓意。

(3) 展现城市新区时代特征的：

1)“碧簪飞虹”——河东大桥江桥组景。

近年建成的河东大桥连接新、老城区，横跨星江之上，有如长虹贯空，是山城建设蓬勃发展的时代象征，在熠熠波光与茵茵绿色中，与碧罗玉带般的星江组成雄美多姿的江桥宏景。

2)“婺女春晖”——城北河东大桥桥头广场主题城雕组景。

城北桥头广场是城北新区(县城新的中心区)与老城区相衔接的全城交通组织枢纽，位置十分重要醒目。规划在此建一座标志性城市主题雕塑，采用现代工艺和新材料，运用抽象艺术造型，塑造一青春含秀、舞姿婀娜的采茶少女，表现出彩霞中茶女无限欢悦和对未来憧憬的美妙形象，喻示婺源乃物华天宝的茶乡之地和城市兴盛、经济繁荣的欣欣景象，形成富有现代城市风貌的中心广场景观。

(4) 反映山城环境特色的：

1)“灵岩琼楼”——登高塔楼景观。

根据总体规划已确定现军营山(亦名灵岩)县第一水厂远期将予撤销，而该山头地处老城区临江制高点，树木葱茏，环境幽美，视野开阔，居高眺望，星江两岸新、老城区景色尽收眼底。规划充分利用该地制高地形在此建一登高观光塔楼，既可游览观景，本身又可成为城市突出标志景观。

2)“东山红叶”——植物园生物生态自然景观。

现已初步建立的植物园坐落于县城东南隅山地，规划在原有基础上进一步保护、发掘和完善，利用植物园优越的自然山水和植被条件，为人们提供一处极好的观光、休闲、科研、教学及回归自然、享受自然的绝佳良境。

(5) 体现茶乡特有田园风光的：

“沁园流翠”——茶园特种景观。

规划以武口区北部武口茶场的茶园为主体，组织形成从茶叶培育、种植、管理、采摘到制作加工等茶叶生产系列观光项目，形成反映茶乡风貌的特种城市景观。

(六) 一点体会

在现代物质和环境条件下生活的人们(尤其是大城市中生活的人们)，渴望着回归自然，这是社会发展同自然相密切结合、协调的必然趋势，大自然原本就是人类固有的生命源和归宿地。当然，回归不是倒退，也不是简单的原始再现，当为更高文明境界的升华，更优生活环境的创造，而山水城市(包括如“园林城市”、“花园城市”“生态城市”等类似不同称谓的提出，其环境意义皆同)，则为未来城市建设发展的形态，引导了一种具有中国特色的科学新模式。

通过婺源县城总体规划的初步尝试，我们浅略体会到作为山水城市建设的要求，规划中必须做到：①密切把握城市的历史发展、文化渊源和自然环境特点，发掘和创造性地运用这一潜在深厚的自然及人文环境背景条件；②充分结合城市现状基础和未来建设要求，确定城市主要形态特征，并组构城市总体风貌的基本框架；③深化进行艺术的再创作，形成能从不同方位、时空、角度上展现富有个性风貌特色的山水城市主体景观体系，从而达到设计城市、装扮城市、美化环境、美化生活的目的。

【本文为中国城市规划学会风景环境规划设计学委会 1996 年年会交流论文，并收入《钱学森论山水城市与建筑科学》一书，中国建筑工业出版社 1999 年 6 月出版】

城市规划中的城市设计

——以南康市城市总体规划为例

(一) 基本观点

城市规划与城市设计的关系，简概而论，它们虽各研究的目标范围、内容重点、形态表现、设计深度均有所不同，但两者的根本宗旨归于一致，这就是在创建高度发达的城市物质文明的同时，还应创建高水平的城市精神文明，共同把城市建设得更合理、更美好，更具有自身特色，为城市居民提供更舒适的工作环境和更高品位的生活质量；而二者在其学科研究领域的互融性——诸如地理学、环境学、历史学、城市学、园林学、建筑学、美学等，更确定了彼此密不可分的统筹性及其一致性。换言之，城市规划中必须具有并运用城市设计的思维和方法，而城市设计亦应充分反映到城市规划之中，贯穿于城市规划各个不同阶段与不同层面，得到同步深化和完善，充分反映了两者兼容并蓄的一致性，使彼此密切有机地结合成为更完美的科学体系。

从另一个角度上说，在一定意义上城市规划主要解决城市的定位、定性、功能结构、用地布局等城市基本功能与构架模式，而城市设计主要解决城市的形态特征和环境风貌等个性征状与特色问题。因之，或许可以认为，建立在因地制宜原则基础上的城市设计工作，是能否形成城市特色的至关重要的手段；反之，如若没有城市设计，抑或就没有城市特色。其实，城市规划与城市设计，原本有如与生俱来的一对“孪生兄弟”，只是由于在不同历史的经济发展时期和反映在人们认识不同程度上的差异性，造成城市建设发展漫长进程中可能出现时有偏颇的倾向。我们现在要做的工作，就是从新世纪城市建设目标要求高度，调整我们的认识，将城市规划与城市设计工作有机结合起来，建设更多更美的具有不同人文地理、环境风貌和景观特征的中国特色城市。

(二) 实例分析

本文以江西省南康市城市总体规划为例，试图就城市总体规划编制阶段如何融入城市设计思维和方法，谈谈我们进行初步探索的一些认识与做法。

1. 城市概况

南康市位于江西省南部，辖属赣州地区行署，距赣州市西南 33 公里，1995 年撤县改市，1996 年着手编制新一轮城市总体规划。现状市域总人口 72.25 万，建成区人口 5.49 万，建成区面积 5.78 平方公里；规划建成区人口 25 万(2015 年)，规划建设用地 24.9 平方公里。该市坐落在赣江主干源流章江之畔，地属南岭山脉东端北坡，系东南丘陵区，一般海拔高程 120～350 米之间，地势南北略高中部低，章江自西南向东北呈“S”形贯穿市区。气候属中亚热带湿润季风型。随着改革开放力度加大，该市近几年经济发展迅速，尤以加工业、商贸为主导的新兴乡镇企业、民营经济发展势头更显迅猛，同时依托优越的地理区位及毗邻赣州市中心城市的优势条件，使其聚合形成赣南区域性更强更大的经济辐射源，成为全省经济增长和城市建设发展较快的地区之一。

南康市历史悠久，自晋太康元年(公元280年)设治始名“南康”，至今一千七百余年，是赣南地区客家主要聚居地之一，具有深厚的历史人文背景和优异的自然景观环境，古时著名的“南康八景”构成城市历史的精粹景貌。

2. 规划中城市设计主要内容

我们在该市城市总体规划编制中，紧紧地融入城市设计思想，充分依据当地历史文化背景和自然景观环境条件，同时结合现代城市建设和经济发展要求，力求把南康市建设成为人文荟萃、景色秀丽、环境幽美、城市特色鲜明的山水型现代文明城市。

规划中我们开展城市设计的主要内容与手法具体反映在以下几方面：

(1) 城市风貌规划——城市总体形态设计

规划中我们根据该市市区内章江洄流贯穿的大环境特点、市区用地规模增幅较大的需求及市区用地基本分为四大片区的实际分布状况，认真分析了各大片区城市建设的历史沿革背景，新区发展的用地功能及其自然环境特征等基本因素，规划提出将城市组合形成“一江两岸—四大风貌区”为构架的基本风貌格局：

“一江两岸”：即指章江由城市中部自西南向东北呈“S”形洄流而过，其河段长达十余公里，使章江成为两岸“珠联璧合”的天然纽带，构成整个城市的地面及空中走廊与景观主轴带，聚合形成以时间、空间、部位、方位有序变化为依托的风格迥异的城市景观风貌序列画面（图1）。

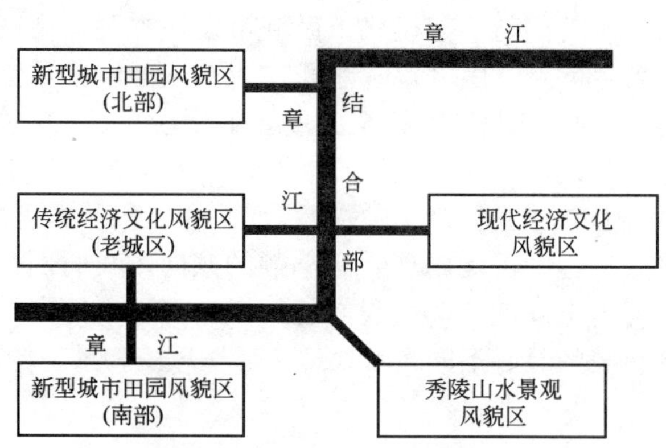

图1 南康市城市风貌构架框图

“四大风貌区”是：①位于章江北岸和西岸，以具有1700年悠久历史的老城区为主体的传统街区文化风貌区；②位于章江东岸，以近年初步开发建设的金鸡镇为依托和以高新区(已起步)、市级金融商务中心、文化体育中心为主体构成的现代经济文化风貌区；③位于城市东南部和章江东南岸，以高等教育区、小康型住宅区及别墅区、东山公园、芙蓉公园(城市中心公园)等主要组成及以成片延绵丘岗地貌、大面积公共绿地为自然环境依托的秀陵山水景观风貌区；④位于章江南岸(主体部分)及老城区北侧拓展部(次体部分)，均为老城区外延的原城乡结合部，分别以章惠渠南、北干渠和南山公园(城郊山地型森林公园)为环境背景，以园艺与高新农业及轻副加工为主体产业的新型城市田园风貌区。

在对上述四类风貌区的规划构思中，我们有机地融入了城市设计的思想，既宏观地展现了它们之间的相融共性，又清晰地刻绘了新兴发展中城市的不同环境背景(含人文与自然环境)、不同产业及用地布局所构成的多类型形态特征。如秀陵山水景观风貌区，我们极为重视和明确提出对自然山水地貌加强保护的原则，将山水引入城市空间布局；新型城市田园风貌区，则借鉴国外城市建设经验，大胆建立起城市田园新概念，改变了传统的城市建设模式，极大地改善了城市生态环境与条件，分别形成同城市自然环境相协调适应的多类形态特征，从而达到较完整、系统、有序地反映和丰富城市整体形态风貌的目的与效果。

(2) 城市中心规划——城市公共聚合空间设计

为了突出南康市的城市标志性，增强城市文化内涵及艺术渲染力，我们密切运用城市设计的构思和手法，重点进行了城市中心公共聚合空间设计，并通过具体规划手段使其设计意图得以体现。这里，我们凭借章江天工巧成的“S”形洄流自然地理环境，通过规划中道路与地块的巧妙组织布局，设计构筑为我国道教徽志——由阴阳鱼合成的太极图形态，其章江东侧为市级文化体育中心，西侧为市级商业中心，而两元极点(鱼眼)则分别为外敞式和内敞式大型公共绿地广场(图 2)。

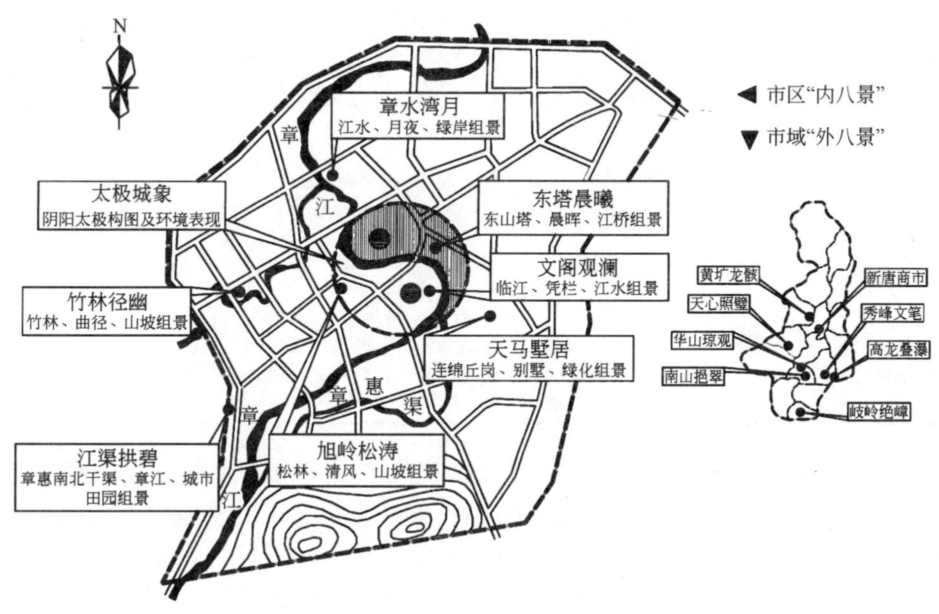

图 2　南康市城市景观规划图

为了强化和显现这一设计构思的表现力，规划还分别对阴、阳两极(两广场)从用地布局、建筑控制、绿地组合及夜景色彩等方面提出了规划设计和建设的控制性要求，力求达到由平面构图、时空变化、形态视觉、色彩对比、景观风格等多层次上表现出阴阳太极图两极不同的性状特征与对比反差，取得较完美地体现“太极城象”这一城市中心主体景观的总体艺术效果，使之成为南康市鲜明的城市标志和特色形象，同时通过这一颇具民族传统文化内涵和突出个性的艺术构图，寓意着南康市乃天地宇气聚集之风水宝地，预示和展现着这里一片国泰民安、经济繁荣、精神文明、生活美好的城市景象。

(3) 城市主体景观体系规划——城市特色景观组构设计

一个城市地域内其蕴含的历史文化资源和优美的自然景观环境，能否得以深度发掘、合理利用和充分展现出来，将是影响到怎样更好地提高城市文化品位与塑造城市美好形象的重要城市设计问题。对此，我们在该市总体规划中较深入地进行了南康市城市特色景观体系的策划设计工作。依据该市特有的自然与人文环境条件，并在大量历史资料、实地考察和比选优化的基础上，规划将整个城市具有代表性精粹景观资源分别按建成区和市域不同范围组构为“内八景”及“外八景”(简称“双八景”)系列体系(表1)。

南康市特色景观策划一览表 **表1**

景观拟名		总类	景类	景观内容与特色	所在地点
内八景	太极城象	自然、人文	环境建设景	阴阳太极构图及环境表现	文化广场、商业广场
	东塔晨曦	自然、人文	晨景	东山塔、晨晖、江桥组景	东山巅
	文阁观澜	自然、人文	江水景	临江、凭栏、江水组景	蓝田渡口旧址
	章水湾月	自然	江月夜景	江水、月夜、绿岸组景	沿江两岸
	旭岭松涛	自然	林涛声景	松林、清风、山坡组景	旭岭
	竹林径幽	自然	竹林幽景	竹林、曲径、山坡组景	竹林公园
	江渠拱碧	人文、自然	水利建设景	章惠南北干渠、章江、城市田园组景	环境共构空间
	天马墅居	自然、人文	城市建设景	连绵丘岗、别墅、绿化组景	天马山别墅
外八景	南山挹翠	自然、人文	春夏景	南山、杜鹃、眺望、寺庙组景	南山
	秀峰文笔	自然	山水景	独秀峰、龙湫、怪石、石刻、云霞组景	文峰村、独秀峰
	天心照壁	自然	石景	巨石、岩穴、江水组景	朱坊李姑村、天心岩
	华山琼观	人文、自然	历史人文景	修复塔、观、台、丹井组景	西华乡华山
	高龙叠瀑	自然、人文	山水景	高龙山、瀑泉、天门、摩崖组景	龙岭罗龙村
	岐岭绝嶂	自然	峰石景	峨峰、峭崖、叠石组景	龙回岐岭村
	黄圹龙骸	自然	古生物景	恐龙蛋、发掘现场及陈列	龙华黄圹
	新唐商市	人文	城市建设景	七大商市、城镇建设组景	唐江镇商市

很显然，通过城市设计手段和精心策划，充分使南康市颇具地方特色的精粹景观得以较完整、系统地发掘展现出来，从而进一步强化并具体形象地表现出城市景观风貌及其特色。我们认为在城市总规阶段同时开展城市主体景观体系组构设计，有利于从全局上整体把握城市景观的主体骨架、合理布点及形成体系，方便组织游览观光；有利于在城市各个阶段的规划设计中进行有效的目标保护控制，为建设实施提供依据。

(4) 城市空间环境规划——城市环境艺术组构设计

城市空间环境规划，目的在于有效地组织城市不同空间层面的艺术环境，创造多维化环境艺术景观，从而进一步增强城市环境风貌的具体形象及其特征性。

我们在南康市规划中，主要从以下手法开展城市空间环境艺术组构设计：

1) 制空聚景

制空聚景是指城市竖向景貌形象，是勾勒一个城市空域景观层次、空间构图及天际曲线形态的基本手法。通过合理规划组织，达到城市空间层面上富于变化的轮廓线、韵律感及整体艺术造型，并形成多层面、多方位、多视角不同的景观制空点、开拓广阔的城市空间景域视野。

在南康市规划中，我们主要从自然地形制空、建筑物制空两个方面控制。规划市区范围内有东山、旭岭、天马山、南山等大面积山丘岗地，构成了城市空间形态的自然地貌环境框架与基本轮廓，对此规划要求严格保护这些原有自然地貌形态，改变和制止过去通常采取推山造平地建房的不当做法，精心维护“山环水绕，城山共融”的城市优美环境景观。

在建筑物制空规划中，对规划建成区主要街区和地段(块)作出了必要的建筑高度限定，组构合理的城市建筑空间布局，以形成城市富有层次和韵律变化的天际线及空间艺术形象。如对城市中心(太极城象)较高部位，泰康大道、东山路、站前大道、迎宾大道、旭山北路等城市骨架道路及主要道路交叉口等城市重要部位，以及章江沿岸部位等，均分别明确提出了规划建筑的控高要求，从而有效地组构了城市不同的制空聚景轴带(如泰康大道、滨江路轴带)和合理分布的多处重要聚景点(如“太极城象”城市中心及各主要道路交叉口)，大大丰富了城市建筑总体空间轮廓艺术形象。

2) 视域景廊

视域景廊即为在一定线形范围内，将其沿线多个景点组织为可序列观赏的视域通廊。南康市区内明显的视域景廊如章江景廊(含章江河道及两岸)、泰康大道景廊、站前大道景廊等；而尤以章江景廊最为突出，沿这一天然空间廊道可将城市自南向北的主要景点芙蓉公园(城市中心公园)、秀陵别墅区、高教区、文阁苑、东山公园、商业广场、文化广场、儿童公园以及章江上序列布局的新老七座跨江桥梁等，有序串联组织为城市游览风景线，极大地丰富和强化了城市环境特征与景貌特色。

3) 绿化聚景

绿化聚景是指具有一定面积规模，能较集中地构筑不同类型与风格特色的绿地景观。规划中我们充分利用该市多丘陵、多水系及章江贯穿的自然优势，着意在城市园林绿地规划中运用城市设计的思想，依托自然环境条件，特别是改变了过去要待城市总体规划出来后才做绿地系统规划的传统做法，而是与总体规划同步，有意识地按整个城市和分区布置要求，主动预先留出足够的城市公共绿地，使其直接纳入总体布局的要求，并力求做到绿地的合理均衡分布，有机地组构成点、线、面结合的较完善的绿地景观系统。如该市现状中城市绿地总面积尚不足 28 公顷，人均绿地和人均公共绿地面积分别只有 4.99 平方米和 1.62 平方米，全市只有一处尚未建成面积约 5 公顷的旭山公园和一处 2 公顷的革命烈士陵园，街道绿地、宅区绿地亦均未形成。通过规划，城区绿地总面积达 332.37 公顷，人均绿地和人均公共绿地面积分别提高到 12.29 平方米和 9.04 平方米，重点在中心城区范围内规划了城市中心公园一处(70.9 公顷)，分片不同类型小型公园七处(总面积 117.6 公顷)，公共游憩广场三处(总面积 5.83 公顷)，另有城郊南山森林公园一处(503 公顷)，以及章江两岸滨江绿带和沿章惠渠、铁路、国道等防护林带。在城市道路绿化系统规划中，除满足绿化功能外，十分注重道路绿化的景观要求，根据道路在城市中所处位置、环境、等级的不同，选用不同的树种与搭配方式，表现出不同树种的形、叶、花、色、香等症状，取得不同道路(街景)绿化景观效果，同时增强了道路街区识别性。

4）环艺缀景

环艺缀景是指具有较鲜明艺术形象，能起着点缀、装饰、美化作用的城市微型饰景，它们在共构城市环境景貌中往往有着意想不到的效果。规划中我们对城市主要出入口、街心绿地、主要道路交叉口、较大公共活动空间、交通绿岛、大型公建室外环境等场所或地段，明确提出了布置必要的环艺园林置景的要求，采取合理设置不同城雕、艺术标志、花坛、水石景、趣味小品等缀景手法，形成城市多层面、多类型、多复点的环艺景观，为提高城市整体建设品位和艺术形象增添色彩。

（三）初步体会

近几年来，我们相继在江西省设市城市或县(镇)级城市规划中，逐步融入了城市设计内涵和方法，取得了初步成效。深刻体会到：

(1)面向新世纪的城市规划，仅仅满足于城市各项基本功能的合理组织与布局，拘泥于几十年不变的传统规划模式，已是远不适应城市建设发展自身和作为“以人为本”的时代精神与风尚的需要。

(2) 城市设计是完善城市规划内涵和提高城市品位所必不可缺的完整科学体系的构成要素，也是塑造城市风貌特色的重要途径与手段。因而，城市设计在城市规划中大有文章可做。

(3) 实践充分证明：将城市设计思维和方法融入城市规划中去，把两者密切有机地结合起来，是完全可以做到并切实可行的。过去没有这样做，而现在这样做了，效果就是不一样，受到当地政府、建设主管部门和广大市民的一致称赞。

【笔者于1996年主持编制了江西省南康市城市总体规划，这是继江西省婺源县城城市总体规划之后，在城市规划中融入城市设计理念、方法的第二个城市总体规划项目】

关于加强风景区保护管理的若干建议要点

本文是笔者 2001 年 4 月应中国风景名胜区协会之邀，参加在上海举办的“新时期风景名胜区规划管理工作”高级研讨会上所作题为《风景区规划工作的回顾与前瞻》中心主题发言的第四部分“关于加强风景区规划和管理的若干建议”的内容要点。这些建议是针对当前风景区建设管理中存在的较集中反映的主要矛盾问题为客观依据和思想基础的。此次借出席中国风景园林学会风景名胜学委会 2001 年(新疆天池)学术年会机会再次提出，以期真正引起进一步深层思考。

(一) 尽快制定国家《风景名胜区法》，强化风景区规划立法力度和法制监督管理

我国目前现行的风景名胜区唯一管理法规《风景名胜区管理暂行条例》及配套的《风景名胜区管理暂行条例实施办法》，至今已 16 年，对风景名胜区事业的发展发挥了重要作用。但 16 年来，我国改革开放不断深入扩大，尤其是社会主义市场经济的迅猛发展，使得风景区所面对的社会经济环境也发生了很大的变化，而风景区管理法规仅仅停留在“暂行条例”阶段，显然立法力度不足，其所涵盖的范围内容也已不能适应当前和今后风景区实际工作需要。对此，我们建议国家应尽早制定和出台一部规格更高、涵盖面更全的《风景名胜区法》，同时依法加大执法力度，强化法制管理与监督，是为极其必要和当务之急。与此同时，应进一步提高风景区规划本身的法规地位，维护执行规划的高度严肃性与延续性，对违反风景区法令、法规和规划造成严重后果的人与事，应坚决依法予以查究和处罚。

(二) 改革国家重点风景名胜区现行管理体制，实施国家行政统一管理新体制

目前国家对国家级重点风景名胜区的管理，主要是通过对各地国家重点风景名胜区申报、审批及总体规划审批的手段来体现。但这实际上是一种程序管理形式，而无法真正实现对国家重点风景名胜区整个保护、建设、管理(包括人、财、物及规划实施)过程的全面管理。在这种状态下，国家的法规、文件可以不执行，国家审批的风景区总体规划也可以不执行，出了问题国家主管部门(实际只是业务归口部门)没有任何法律或组织手段进行查究或处理，使国家对国家级重点风景名胜区的管理落于空门。鉴于此，我们应当认真学习世界各国管理国家公园的成功经验，实施国家对国家级重点风景名胜区行政统一管理新体制，提升国家主管风景名胜区工作职能机构的级别规格和权限(如国外的国家公园管理局)，切实把各项管理落到实处，使国家对风景名胜区管理真正纳入同国际接轨的务实、高效、科学的机制轨道。

(三) 坚决禁止风景区资源和山林、土地权属的出卖与转让，确保风景区资源、山林、土地合理开发使用的国家管制权

必须重申下列观点：风景名胜区事业是一项国家社会公益事业，风景名胜资源是具有唯一性和不可再生的珍贵资源。风景名胜区的功能作用包括：保护与保存最珍贵的自然和人文景观遗产资源、生态及生物多样性环境（最基本功能作用），开展科研和文化教育（包括爱国主义教育），促进社会进步，启智与精神陶冶，游览观赏等。开展旅游只是风景区功能之一，而绝不是它的唯一功能或根本功能；风景名胜区工作（现行）的基本方针为“严格保护、统一管理、合理开发、永续利用”（保护是前提，合理是原则，永续利用是目标），无疑应是风景区工作必须遵循的根本指导法则。

当前出现的将风景区资源、山林、土地出卖或转让现象，是风景区商业化的典型反映，是直接造成不合理开发破坏的重要因素之一，这种状况必须坚决迅速加以禁（制）止。对此，我们呼吁：在国家进一步理顺风景区科学管理体制后，凡属风景名胜区范围内一切资源、山林、土地均应统归国家管理，严格维护和确保国家有关风景区法律、法规及风景区规划能够得到顺畅地贯彻执行。

（四）加大力度强化风景区法制管理，严惩一切违法和腐败行为

长期以来，风景区在不合理开发中出现的各种问题，大都是无视国家有关风景区建设管理的法令、法规，违反风景区规划而造成的，三令五申而久禁不止，甚至愈演愈烈。究其缘故，法制管理十分薄弱就是一个重要原因。或出于风景区自身的经济利益，或听从于投资者的图利目的，或受制于领导的权力干预，唯独可以置法令、法规于不顾。面对种种破坏后果，却没有任何责任追究，更没有应给的法律惩处。似乎风景区的蓝天绿地间变成了法制不入之境，这也正好给那些腐败者提供了可乘之隙。对此，我们呼吁：各级地方政府及风景名胜区管理机构，均应着力加大力度，强化风景区法制管理和监督，从法制观念上提高对风景名胜区的认识，自觉维护风景区规划的法律地位与执行规划的严肃性，自觉抵制各种违反国家风景区法令、法规和风景区规划的随意开发行为，坚决惩处一切违法和腐败现象。对那些损国利己者、唯利是图者、严重渎职者、违法腐败者，坚决绳之以法，使国家风景名胜区事业的发展真正得到有效的法制保障，让风景区的天更蓝，山更绿，水更清，千秋万代永世传承。

（五）正确调整媒体宣传导向

我们的一些媒体在对风景区的宣传报道和舆论中，存在着很大的片面性：只着重于报道宣传风景区内某些建设项目（如宾馆、游乐场、缆车、索道、度假区等）、游人增长速度、旅游发展效益等（诚然这些报道有的也是需要的）；但他们往往不作进一步调查研究，这些项目是否适宜在风景区内建设，是否符合国家有关风景区法令法规和规划要求，选址和工程建设是否对景观、生态、环境产生不利影响，却不究其后果；而对于风景区的性质、价值、内涵、功能作用、规划设计、生态与环境保护、科学管理等方面，更极少开展正面宣传和教育；至于对违背科学、违反规划、长官意志、商业行为、盲目开发造成的建设性破坏状况，以及如何依法制止、查处等方面情况，就基本未见有披露，造成了很大的宣传、导向误区和社会负面影响。我们应当全面准确地认识和宣传风景区，形成正确的宣传舆论导向，教育和启迪全体公民自觉保护好风

景区，为风景区事业的可持续发展创造良好的社会环境。

（六）严格风景区规划设计资质和规划审批程序管理

目前风景区规划设计市场在整个勘察设计市场中，尚处于培育发展期，市场发育和管理均不很完善。虽然现行管理法规中对规划设计资质和规划审批程序均有明确规定，但由于管理不到位，力度不够或措施制度不健全，风景区规划工作中的无证设计或超资质设计的现象仍时有发现，特别是对一些较小景点的实施性详细规划或具体工程项目的单体设计，资质管理更为紊乱，甚至只是找个私人完全依照投资者的意图去设计，规划设计也无须申报审批就直接进行施工。这样做的后果，既扰乱了规划设计市场，降低了规划设计质量，更严重的是造成了风景区无法补救的建设性破坏。对此，必须实施规划设计市场整顿，规范市场运作，严格设计资质和规划成果审批的程序管理，对一切违规行为应予取缔和查处。

（七）依靠科学，充分发挥专家和专业人才对风景区规划建设的管理与监督作用

风景区是一个自然生态、历史文化、社会经济的综合载体，风景科学则是众多学科交叉融合的边缘科学，这就决定了风景区建设管理中的高度科学性要求。因此，我们必须高度依靠科学，充分发挥专家和专业人才对风景区保护、规划、建设各项工作中的科学管理与监督作用。今后，风景区管理主要负责人都应当是具有风景科学基本知识的专业型管理干部；对直接从事风景区保护、规划、开发管理工作的人员都必须是具有相应学历和相关专业的专门技术人才，并逐步建立和推行专业考试合格上岗和定期考核制度。在风景区内，应实行总工程师(或总规划师)技术总负责制，在对风景区保护、规划、项目选址、设计审查、建设施工等主要技术管理工作中，总工程师(或总规划师)应当拥有一票否决权。为了保障风景区科学管理的有效实施，应当改革现行的干部人事管理制度，特别是那些担负着重要职责的风景区管理主要领导者，采取社会公开竞考后给以聘任或委任的办法(也可先聘任一至两年后再予委任)，并实行上一级风景名胜区主管部门与直接聘任或委任的本级地方政府共同双控管理制度，将那些真正热爱风景名胜区事业，具有相关专业水平，作风正派不谋私利的德才兼备优秀人才，选送到风景区管理工作的领导岗位上来。从事业发展看，这是一条实现风景区科学管理的必由之路。

（八）大力开展风景科学的基础理论及应用技术研究，努力提高风景区规划设计水平

如同国家风景名胜区事业是一项新兴事业，风景科学也是一门新兴的科学领域，它在许多基础理论及应用技术方面还相当不完整，不成熟：如在我国社会主义市场经济条件下的风景名胜区科学管理体制，风景名胜区在社会经济发展中的正确性、定位及其全面的功能作用，风景名胜区的科学保护机制、手段和方法，风景名胜区容量的科学测定及有效控制方法，风景名胜资源调查与评价方法的进一步体系化、数量化和标准化，各类风景名胜区规划编制的共性与差异性特征及其内容、深度和技术要求，风景名胜区规划编制中相关学科专业的交叉研究与应用等。尽管目前我们在风景科学理论及应用研究中有了一定基础和经验积累，但其广度和深度上仍不能适应事业继

续发展的需要，风景区规划设计水平也有待于进一步创新和提高。规划的科学性应体现在：符合国家风景名胜区的根本属性，符合永续利用的基本方针，符合风景区多功能作用的发挥，符合风景区客观实际，并能形成独具的特色和风格。《风景区规划规范》是目前国家颁行的有关风景区的第一个技术标准，是对过去二十多年经验的总结，今后同样还需要继续深化、完善和提高。

试析灵山景观形态美学特征

（一）灵山概况

灵山风景名胜区位于江西省上饶市上饶县北部，区内规划面积101.5平方公里(外围保护地带118.5平方公里)。地理坐标为东经117°40′～117°53′，北纬28°29′～28°41′。风景区地处赣东北凸出区域中心部位，实际又成为地界赣、浙、闽三省边际围合区域的共构腹地，其地理、交通和经济区位均十分优越。

灵山系花岗杂岩中山山体，具典型的花岗杂岩地质构造和峰林地貌景观特征，拥有72峰(最高天梯峰海拔1496米)，峰峰奇峻峥嵘，景观巍峨雄伟，尤以罕见的环状山岳地质构造、巍峨的顶脊带状峰林、绝特的峰峦组构景观，称誉中华大地。

灵山历史文化悠久，道佛兼蓄，自古就是我国著名道家名山，列为“天下第三十三福地”（《云笈七签》二十七卷《福地》)。灵山雄、奇、诡、特而秀、幽、灵、幻，风景资源丰富多彩。据规划调查，对照《风景名胜区规划规范》风景资源分类，区内拥有2大类，7中类，38小类，计景点65处，景物景观400余个。

2002年，上饶县人民政府批准灵山为县级风景名胜区；2006年，灵山由江西省人民政府批准为省级风景名胜区；2008年6月，江西省人民政府已正式向国务院申报将灵山风景名胜区列为国家级风景名胜区。

（二）灵山基本地质构造及地貌特征

灵山属怀玉山脉之南端延脉，该区域地处扬子板块与华夏板块结合带中的怀玉构造单元内(与世界自然遗产地三清山同处一地质构造单元)，地质构造复杂，构造形迹以断层和节理为主。区内花岗岩(灵山花岗杂岩体)呈复式岩基状，为钙碱性—偏碱性花岗质侵入杂岩。整个灵山山地地貌构成上，其中心部位地势较为平缓，而四周边缘多为陡峭山峰，形成了平面上近似圆形的环状花岗杂岩山体整体地貌。但在“环状”山体中，由于构成灵山花岗杂岩的两大主体单元之间的岩石抗风化能力存在较大强、弱差异性，导致环状山系发育不均衡，因而又在其南—东部区段明显地形成了一条长达20多公里的“新月状”弧形山体顶脊，海拔高程均在1000～1500米之间，与顶脊基部相对高差约400～600米以上，突兀耸拔，逶迤而壮观。

（三）灵山景观形态美学特征分析

1. 奇异罕见的环状山岳构造形态

如前所述，由于灵山所处区域特定的地质构造原因，造就了灵山花岗杂岩呈环状产出的这一地质奇异景观，这不仅在江西绝无仅有，在我国和世界范围也是极为罕见的，具有重要的地学研究意义。

从风景美学的角度，这种环状山岳的地貌形态，也给人们充满了奇异迷幻的审美遐思：倘若从高空俯视，赫然可见灵山环状山岳显形于赣东北信江流域的绿色丘莽原野大地，仿佛国外报道的诸如“麦田怪圈”谜团般奇观，更加令人惊诧而迷离莫测；也不怪乎有人进一步大胆地猜想——莫非这是地球外天体“光顾”（撞击）留下的痕迹？尽管灵山环状山地貌的生成已经用地学理论得到了完整合理的科学解释，完全排除了这一可能性，但这种虚拟的联想，却仍然足以诱发人们对大自然永无止境的探秘心理并从中获得一种特异的赞叹大自然神奇的无上感慨。

2. 巍峨逶迤的“顶脊峰林”整体景观

灵山因其环形山系局部发育不甚完整和均衡，环圈山体隆起高度在空间分布上南—东部要远大于西—北部，因而形成了南—东部高耸突兀长达20余公里均为裸露花岗岩体整体构成的超巨型“龙脊”骨架，无论由山下仰望、山上平视，或是空中俯瞰，还是从不同方位、视点上观赏，都俨如一条硕大无比的灰色“巨龙”横亘盘踞于灵山之巅，虬健雄伟，蔚为壮观。每当轻云腾起弥漫时，“龙脊”时隐时现或此没彼露，更活脱地显现出一条正在驾云吐雾、凌空潜翔的“巨龙”形象，加之灵山花岗杂岩中蕴含水晶成分，在光照下时而闪烁出点点熠光，更注入了“巨龙”奇妙活力，故而灵山被人们惊呼地赞誉为天下无可匹敌的“神州第一龙”！

3. 宏雄绝特的峰峦组构景观

灵山又名灵鹫山，历来被誉为“信之镇山” （《广信府志》），因其宏雄绝特的三座山峰组构景观“鲲鹏展翅”而得名，成为灵山最形象和最有代表性的自然峰峦组构景观。

在灵山横亘20多公里弧形“龙脊”中段的东南向部位，石屏峰西南，可见登楼峰（1250米）、灵鹫峰（1172米）、聚讲峰（1264米）三峰展列，中峰（灵鹫峰）稍低，峰体类近圆锥体，形似鹰腹和鹰颈，颈端天生一石，犹如锐利的钩状长喙；两翼峰（登楼、聚讲两峰）高高耸起，恰比张开的双翅，三峰组构合成了一座正在发力起势冲向苍穹搏击的“鲲鹏展翅”天然巨雕，其形体之硕大，造型之逼真，神韵之活灵，气势之磅礴，威雄苍劲，栩栩如生，皆无与伦比。也正因如此，它又象征着正义和力量，被当地百姓喻为保佑芸芸众生的护卫神灵。

从美学观赏角度看，“鲲鹏展翅”是适宜中、远距离观赏的大型峰峦组构景观，它高踞凌空，上接浩瀚兰穹，下依巍巍灵山，且正面成景的方位恰好顺应了山体的坡势，又面迎着灵山主要入游方向，故而提供了极佳的最大观赏视角与视野环境，入游者凡进入可视范围内即可由远及近一路饱览无遗，成为灵山可观视距最远，可观时间最长，观赏效果最好和最具震撼力的组构景观。

4. 惟妙多姿的造型石构景观

灵山花岗岩峰林地貌景观类型丰富齐全，构景瑰丽多姿，包括有峰峦、峰墙、峰丛、峰柱、石芽、石蛋、造型石及倒石堆，以及由这些类型结合演绎形成的过渡性类型（如峰峦—峰墙过渡型、峰墙—峰柱过渡型、峰墙—石蛋、造型石过渡型等）景观。这些峰林地貌景观大都聚集分布在长达20多公里的“龙脊”带状区域，各处比比皆是，其数量之多、品位之高均实属不可多见。其中尤以造型石构景观可赏性最佳，更具有精巧、神韵的迥然艺术情趣。比如，天梯峰景点内的“送子观音”景观，尤其剪影画面：只见一身穿袈裟的观音菩萨神情凝重地面壑而立，高高抬举的右手中托起一身体娇小玲珑的童子，似乎在语重心长地谆谆嘱咐着即将负重远行的弟子，神韵真切而含情。如若巧遇谷壑间轻云弥漫，在虚幻缥缈的背景中，更朦胧地如入神界仙境，进一步增添了观赏的艺术品位与情趣；而与此对照，仙人观天景点内的“寿星开怀”景观，似一位背倚青山闲憩的老者，体态肥胖而敦实，脑袋硕圆而光溜，慈祥的面庞上一双炯炯有神的慧眼，微缩的颈脖和高挺的大腹，平举的双手中还握着一块拭泪的“巾帕”，一张笑得合不拢的大嘴巴似乎永远大笑不止，十分憨态可掬，显露出一副无限畅怀欢乐的神情。如此鬼斧神工、惟妙惟肖的灵山造型石构景观，比比皆见，不胜枚举。

5. 瑰丽清新的倒石—梯田景观

灵山由于特殊的花岗杂岩地质地貌，造成了山体上部陡峭耸立犹如“巨龙卧顶”，而中、下部则是纵幅深长的斜坡山地，愈向外延展愈见坡度渐缓，延展幅深至五六公里以上。千百年来，当地村民充分利用这一有利地势条件世代传承，开辟垦殖了一片片山地梯田，更加之有大量倒石及石芽等岩体嵌入其中，宛如一座座大、小天然山石盆景，在随梯田作物季度色彩变化和依山坡梯度护坎线条组合、极富变化而优美的山地梯田背景上，构成了灵山特有的倒石—梯田组合景观，展现出一幅幅自然清纯、赏心悦目的灵山梯田天然织锦画面。在灵山登高远眺，又现另一番景象：只见灵山的外围，山外有山，重峦叠嶂，层层复复(多达五六层至七八层)，山色由碧绿而黛绿而灰绿渐次推远，气势恢弘，景象壮伟。在灵山西段的山麓间，茗洋湖波光潋滟，翠林浓盖，小舟荡漾，风光旖旎，环境清丽而幽静。在灵山和远山之间，谷壑纵横，梯田罗布，村庄阡陌点缀其间……极目之处，皆是一幅幅更为瑰丽壮阔的天然大山水图画，真真切切地将自己与天、地、山、水融为了一体，“江山如此多娇”的感慨深深地震撼和洗涤着人们尘染的心灵，令人情不自禁地展开无限的遐想！

6. 清纯朴实的民俗信仰文化景观

据有关史料记载，灵山的道佛两教均始于东汉，盛于唐，源远流长，历史悠久，内涵深厚，但以道教文化为主，名列道家“天下第三十三福地”。又据唐《云典》记载，灵山曾建有宫、观、殿、宇 99 座，其中尤以石人殿、石城寺为最，历经 1800 年至今长盛不衰。

灵山宗教文化活动较常见宗教活动不同之处及最大特点是：无论道教或佛教，其信奉者除届时举办祭祀活动外，平时均隐散于民间或本身就是普通村民百姓，没有明显的道、僧、俗之分，情感虔诚，形式简朴，并由此逐渐演绎成为更具广泛民间和传统习俗性的真正意义上的普通民众信仰文化活动；且所顶礼信奉的偶像亦由初始置宫建寺的道仙佛祖，以致后来进而涵纳了当地“驱邪消灾”(实为除病施惠)的民间贤德之人物(其中尤以被民间号为“灵山妈妈”的最具典型代表)，并多以受尊崇者不同的诞辰作为祭祀盛日，每年有多次较大规模的民间集中朝拜活动，遂成为庙会，朝拜者络绎不绝，影响范围波及赣、浙、闽、皖诸省广大地域，由此而形成了一道道清纯朴实的民俗信仰文化活动的人文风景线。

(四) 结语

灵山风景名胜区除具有良好的地理、经济、交通区位等显著优势外，其风景资源丰富，特色鲜明，景观形态多姿多彩，无论是花岗杂岩环状山岳整体地质构造，或是山体顶脊巨型带状峰林地貌和峰峦组构景观，还是精妙的造型石构景观，灵山特有的倒石—梯田景观，以及清纯朴实的民俗信仰文化景观，均无不具有其独特的构成环境与形态特征，在同类著名风景区中更显现出迥异性和独一性。灵山实属一处极其珍贵的国家自然遗产资源地。

【本文写于灵山申报国家级风景名胜区之际，刊于《江西风景园林》2008 年第 4 期】

《江西省风景名胜区体系规划》编制基本思路研究

江西省城乡规划设计研究院于2011年完成了由江西省住房与城乡建设厅下达的《江西省风景名胜区体系规划(2011—2030)》课题项目的研究与编制工作，并通过省级专家评审。现将规划编制的基本思路及主要架构作一梗概介绍，以供在同类规划编制中共同交流、探讨。

(一)“风景区域”概念的确立

1. 省域风景体系层级结构之必需

顾名思义，所谓“省域风景名胜区体系”(简称省域风景体系)，是指在一个省的国土行政区划范围内，以各级风景名胜区为主体(涵纳其他相关风景名胜资源体)所共同构建的全省域风景名胜资源宏观保护、建设、管理的科学化系统，旨在为省、市、县各级人民政府及行政主管部门研究与制定风景名胜区保护、建设、管理和可持续发展基本政策、策略，提供宏观决策的必要科学依据，并为促进经济、社会、环境的全面和谐发展发挥积极作用。

比照省域城镇体系规划，所不同之处，城镇体系的确立是建立在各设区市、县(含县级市)行政区划范围的基础上；而省域风景体系及其风景区域的确立是建立在以客观自然地理环境(水系、山系)条件为基础之上，而不拘受行政区划界线的主观限定，具有更多的自然性和灵活性。但两者都共同具有多层级结构与布局的理论原理及其基本形态特征。由此可见，“风景区域”即为介于省域与风景名胜区之间的空间地理域形态，是省级风景体系层级结构与布局关系中的必然(必需)产物。

2. 风景区域地理域区划及命名模式确定

我们着重对以下四种不同区划及命名模式作出分析比较：

(1) 倘以城市或行政区域区划和命名(如赣州市风景区域、九江市风景区域)，不能反映风景区域自然地理环境特征，亦易与行政区域相混淆，且行政辖区地域大小差异很大(如赣州与新余、鹰潭)，既不符合风景区域和风景区范围确定不应受现行行政区划限制的原则，亦易于造成风景区域自然地域环境不完整或风景区域规模悬殊的现象，同时，也可能受行政区划历史阶段的相对不稳定性(如遇行政区划调整)的影响。

(2) 倘以所在江西省域大区位关系区划和命名(如赣西北、赣东北、赣中、赣南等)，大体能基本确定风景区域、方位概貌，但这种大方位关系实际上是没有法定性或确定性科学依据的，仍只是一种模糊的缺乏确定性的空洞概念。

(3) 倘以所划出的各风景区域中龙头风景区名称作为该风景区域命名，虽主体突出且简明易记，但其弊端是：命名不能涵盖区域范围的地域全部，易于产生对地域范围的理解和区域资源内涵认识的局限性(片面性)，也不利于形成区域内各风景区及相关资源地的共同意志和协调发展合力。

(4) 只有紧密依托山系、水系、流域等客观自然地理环境因素进行区划和命名，既能较好地反映各风景区域明确的地理区位，又能相对地体现其不同风景区域迥异的自然基本特征，并具有同一风景区域内的多个风景区间在自然地理、社会经济和地域文化共性基础的最佳契合度，从而，较好地体现了风景区域的自然性、综合性与科学性。

据此比较结果，本次体系规划采用了第四种区划及命名模式。

3. 风景区域区划基本原则及其资源涵盖范畴

(1) 以客观自然地理环境(流域、山系、水系等最主要的环境构成要素)为基础，相对地理地域的合理完整性，同时体现地域经济、社会、文化的融合性。

(2) 在风景区域相对地理地域合理完整性前提下，可适度考虑与行政区划结合的可能性，但不受行政区划硬性限制。

(3) 有利于组织风景区域内各类风景名胜资源，并形成不同风景区域间迥异特色。

(4) 有利于促进风景区域内生态环境和资源的统筹保护与利用，促进区域地方经济文化的协调发展。

(5) 风景区域划分时，除现有的世界及国家级遗产地，国家级、省级风景名胜区外，还应涵盖国家级、省级历史文化名城、名镇、名村，森林公园，地质公园等相关资源体(地)。对于目前虽尚未列入省级风景名胜区(含森林公园、地质公园等各类型自然与人文景区点)，但与风景区域区划关系密切或具有一定潜在资源条件者，应给予考虑一并纳入风景区域区划，并考虑其适度拓展的必要性和灵活性。

(6) 力求实现全省各风景区域分布(布局)的相对均衡性。

4. 七大风景区域区划框架确立

基于上述风景区域区划及命名模式选择和区划基本原则，经过多轮方案比选与专家论证，分别由最初九大风景区域、十大风景区域，最后调整划定为七大风景区域，分别是：①鄱阳湖风景区域；②修河风景区域；③饶河风景区域；④信江风景区域；⑤抚河风景区域；⑥赣江中下游风景区域；⑦赣江上游风景区域。

(二) 两层级评价模式的创立

以往在编制风景名胜区总体规划时，只是单一对个体风景名胜区内的资源状况，依据《风景名胜区规划规范》的规定与要求进行分类、分级和评价工作。但在体系规划中，我们很快就发现这种模式与方法远远不能满足实际工作需要，因为在省城风景体系规划中出现了风景区域和风景名胜区两个不同地域层级，必须分别对两个层级中的成员(即风景名胜区层次的各风景区个体之间和风景区域层次的各风景区域地域之间)进行同层级个体之间资源及环境条件的比较性综合评价，这同单个风景区内部的总体资源评价在范围、内容、影响因子等基本评价对象与条件方面都是完全不同的。且《规范》只对单个风景区资源评价提出了相关方法和要求，并没有涉及风景区域层面上的资源评价问题。

针对这种情形，为了达到和满足省域风景区体系规划中对两个不同层级的资源综合评价的工作要求，我们创造性设计和确立了分别对两个层级展开资源综合评价的“层级评价方法”，即：风景名胜区第一层级评价和风景区域第二层级评价，并根据这两个不同层级评价的不同具体条件及基本评价因子的区别，分别制定了“风景名胜区评价表”(表1)和“风景区域评价表”(表2)，分别给予量化赋分(其中特别重要的影响因子予以加权)。

风景名胜区综合评价表(第一层级) 表 1

综合评价分项	(一)资源价值水平				(二)生态环境水平		(三)区位利用条件				(四)保护管理状况				(五)规模范围	量化评价结果			
分项权重分值	65				13		10				10				2				
基本评价因子	资源类型与数量	美学艺术价值	科学与历史文化价值	等级品位	突出生态特征	环境质量标准	经济区位	交通区位	客源市场	游览服务条件	环境监管体制	建设保护状况	规划编制状况	法制建设与监管机制	面积	评价基本总分值	评价加权总分值	评价等级范畴	评价结果排序
权重	8	25	20	12	8	5	3	3	2	2	2	3	3	2	2	100	121.1		
加权选项及系数		1.2～1.3	1.2～1.3				1.5～2.0	1.5～2.0	1.5～1.8										
风景区名称	(对应赋分栏)																		

风景区域综合评价表(第二层级) 表 2

综合评价分项	(一)景观资源条件							(二)建设利用条件				(三)建设基础条件				(四)保护管理现状			(五)客源市政条件				量化评价结果			
分项权重分值(100)	60							15				12				8			5							
基本评价因子	(1) 省级以上风景资源			(2) 其他景观资源				(3) 区域大交通	(4) 区域依托城市		(5) 区域经济水平	(6) 资源开发利用水平	(7) 规划编制利用与实施	(8) 游览设施配套		(9) 资源及生态保护状况	(10) 机构完善程度	(11) 保护管理与法规建设	(12) 境外市场	(13) 国内及省际市场	(14) 省域市场	(15) 本区域市场	评价基本总分值	评价加权总分值	评价等级范畴	评价结果排序
分解评价因子	世界遗产地	国家级风景名胜区	省级风景名胜区	自然保护区	地质公园	森林公园	待申报资源		设区市	县级城市				进出交通及游览道路	游览服务设施											
因子权重分值	22	18	12	2	2	2	2	5	4	3	3	4	4	2	2	4	2	2	1	2	1	1	100	117.1		
加权项及系数	1.4	1.2	1.1					1.3	1.2	1.1	1.2															
风景区域名称	(对应赋分栏)																									

在上述两层级评价表中，我们给定的基本总分值(满分)均为 100 分，两表筛选确定的综合评价分项与基本评价因子均分别为五大项和 15 小项(但各自具体分项及因子条件互不相同)，然后分别对各分项及各因子进行权重赋分；在此基础上再对特别重要的影响因子予以加权并确定加权系数，从而得出加权后的总分值。考虑到对风景区域层级评价中，虽在同一加权因子中但可能具体情况较之单个风景区不同变化情况更为复杂，故给予了加权系数一定弹性的允许幅度，这样更为合理，更符合客观实际状况。之后，按量化值统分的结果得出各风景区(第一层级)和各风景区域(第二层级)的实际总得分数，最后按规划确定的“特级(加权后分值 100 分及以上)、一级(90～99 分)、二级(80～89 分)、三级(70～79 分)、四级(69 分及以下)”五个等级和总得分值由高至低依次排序，至此完成两个层级资源评价的全过程。

本次体系规划对江西省现有的 36 处(国家级 12 处、省级 24 处)风景名胜区和体系规划确定的省城七大风景区域分别进行第一层级与第二层级的量化综合评价，其结果如表 3、表 4：

风景名胜区(第一层级)综合评价汇总表 **表 3**

风景名胜区名称	总得分	评价等级	排序
庐山	113.9	特级	1
三清山	112.5	特级	2
龙虎山	105.2	特级	3
井冈山	104.2	特级	4
武功山	100.3	特级	5
高岭——瑶里	100.1	特级	6
灵山	94.6	一级	7
龟峰	97.3	一级	8
云居山——柘林湖	93.5	一级	9
梅岭——滕王阁	92.9	一级	10
三百山	91.7	一级	11
仙女湖	91.5	一级	12
通天岩	84.9	二级	13
梅关—丫山	83.3	二级	14
青原山	81.9	二级	15
百丈山—萝卜潭	81.5	二级	16
神农源	80.3	二级	17
象湖	80.0	二级	18
汉仙岩	79.5	三级	19
翠微峰	78.8	三级	20

续表

风景名胜区名称	总得分	评价等级	排序
小武当	78.6	三级	21
陡水湖	78.6	三级	22
灵岩洞	78.4	三级	23
洞山	78.2	三级	24
大茅山	77.6	三级	25
洪岩	77	三级	26
杨岐山	75.9	三级	27
聂都	75.8	三级	28
麻姑山	75.3	三级	29
罗汉岩	75.3	三级	30
秦山	75.1	三级	31
玉笥山	75.0	三级	32
南崖—清水岩	74.3	三级	33
华林寨—上游湖	73.6	三级	34
白水仙—泉江	73.1	三级	35
玉壶山	69.9	三级	36

风景区域(第二层级)综合评价结果 **表 4**

风景区域名称	总得分	评价等级	排序
信江风景区域	131	特级	1
鄱阳湖风景区域	127	特级	2
修河风景区域	119	特级	3
赣江中下游风景区域	90.6	一级	4
饶河风景区域	87.7	二级	5
赣江上游风景区域	77.7	三级	6
抚河风景区域	48.9	四级	7

（三）省域风景体系规划中城镇等级结构的构建

鉴于现行各区域不同等级城市对于风景区域在经济、社会、文化各领域关系的密不可分及其重要性，为不断促进和提升各风景区域的有效保护、建设和发展，更好地借力于城市辐射力和影响力，实现风景区域与城市相对协调发展的基本战略思路。我们在本次省域风景体系规划中相应构建起了风景区域性中心城市—风景区域依托城市—风景区域支撑城市三者共构的基本三级城镇结构体系，从而形成了如下七大风景区域具体所属的城镇结构与布局关系(表 5)：

各风景区域主要城镇布局一览表 **表 5**

序号	风景区域	区域中心城市	依托城市	支撑城市
1	鄱阳湖风景区域	南昌市(含南昌县城、新建县城)	星子、湖口、波阳	都昌、彭泽、安义、进贤、余干
2	修河风景区域	九江市	武宁、永修、瑞昌、修水	德安、共青城
3	饶河风景区域	景德镇市(含浮梁县城)	乐平、婺源、万年、德兴	
4	信江风景区域	上饶市(含上饶县城)、鹰潭市	玉山、贵溪、弋阳	余江、横峰、铅山、广丰
5	抚河风景区域	抚州市	南城、乐安、资溪	崇仁、金溪、南丰、宜黄、广昌
6	赣江中下游风景区域	萍乡市、宜春市、新余市、吉安	宜丰、高安、奉新、靖安、安福、芦溪、分宜、井冈山市、万安、峡江、遂川	莲花、上栗、丰城、樟树、吉水、新干、泰和
7	赣江上游风景区域	赣州市(含赣县县城)	大余、上犹、崇义、龙南、安远、瑞金、宁都、会昌	南康、信丰、兴国、于都

在这里，需要说明的是：

本风景体系中的城镇等级结构，是特指该体系规划所专用设置的，它与城市规划中的区域城镇体系规划所形成的城镇等级结构分属于两个不同的概念定位，不可混同或取代。

这里所指的区域中心城市，是特指对于所在风景区域的保护、建设、管理，在经济、文化、政策上具有综合统筹协调能力及较强辐射影响力的大、中型城市。一般风景区域中心城市即为该地域行政区划中的设区城市。

本体系规划中的风景区域依托城市，是指对于风景名胜区层面而言，它应为当地或近地所直接依托的主要城市。通常，即为风景名胜区所在行政辖区(或与该风景区近地毗邻行政辖区)的县级(含县级市)城市。

支撑城市是指在一个风景区域范围内，部分县级(含县级市)行政辖区内目前虽尚未建立省级及以上风景名胜区，但仍对该风景区域(或本行政辖区外风景名胜区)的保护、建设、管理具有一定影响作用的城市。通常，可将风景区域中非依托城市的其他县城(含县级市)作为支撑城市。

(四) 省域风景体系规划的主要内容

省域风景体系规划是在风景名胜区基础上向上(外)层面空间延伸的覆盖面更大、内涵更丰富的省域性专项体系规划，近年来，在国内部分省区陆续组织开展。但鉴于目前国家层面上尚没有出台有关这类体系规划编制的规范性统一规定与明确要求，各地编制的情况不一，均处于探索、研究阶段。

从江西省风景体系规划编制具体情况来看，其主要内容包括：

(1) 省域风景名胜资源调查与评价。资源调查与评价工作，无论是对于风景区总体规划，还是省域风景体系规划，都是一项最先行而又极为重要的基础性工作。依据国务院 2006 年版《风景名胜区条例》中“风景名胜区划分为国家级风景名胜区和省级风景名胜区”的两级设置、管理规定，本规划资源调查与评价范围即确定为以《条例》所指的两级风景名胜区为主体的基础调查范围，亦即以江西省现有的12个国家级风景名胜区(内含庐山、三清山、龙虎山、龟峰四处世界遗产地)和24个省级风景名胜区为主体。同时扩及省级以上历史文化名城、名镇、名村，自然保护区，森林公园，地质公园等，并在风景区域区划基础上进一步展开两个层级(风景名胜区和风景区域)的量化评价工作。

除此而外，该规划较之前任何一次资源调查工作更全面、更广泛，比较清晰地摸清了全省风景名胜资源“家底”，也发现了一大批已基本具备可望申报省级、国家级风景名胜区的潜在储备资源。

(2) 风景区域区划及城镇层级结构构建(如前文所述，此处略)。

(3) 省域风景体系及各风景区域发展战略与建设重点研究。本项内容是风景体系规划中最为核心的内容，它关系到省域风景体系未来走向及确定其基本政策与发展部署。

其重点研究的具体问题应包括：

1) 省域风景体系规划的总体目标与发展战略；

2) 各风景区域在全省体系发展中的战略定位；

3) 区域内各风景名胜区主体风景特色、发展主题及功能定位；

4) 各风景区域重点基础设施建设规划与布局。

(4) 可持续发展与科学化保护管理的机制、策略与措施。

(5) 分期发展规划。

以上为体系规划的核心内容，并非全部内容。

(五) 尚待进一步商榷的问题

笔者作为江西省《省域风景体系规划》研究课题的技术总负责人，参与了课题研究的全过程，但对于省内七大风景区域区划范围是否必须与省域行政辖区范围(即省域国土面积)完全覆盖的问题，仍持有不同观点。由于种种原因，虽经多次反复研究，在最后成果形成时，却采用了“全覆盖”(即两者面积范围完全相同)的做法(图1)，个人依然认为这是不妥的，值得进一步商榷和争鸣。其理由主要是：

(1) 应将省域风景体系规划中的风景区域区划同省域内市、县域行政区划两者区别开来。因为现行的省域行政区划是建立在设区市—县(含县级市)—镇(乡)—行政村多层级城镇结构体系基础之上的一种行政管辖区域的基本政权体制，毫无疑问应与其省域国土总面积相一致(全覆盖)，而不能留有行政管辖(政权)区域的任何“空白点”。而省域风景体系的构建和形成是建立在以风景名胜资源为基础之上的资源保护和科学化利用系统，这是两个截然不同的事物，不同的概念和界定内涵，是不可等同的。

(2) 风景区域区划的根本依据是各地自然地理环境条件及其风景名胜资源含量的多少与优劣，而其资源含量多少及其分布状况，客观上是不可能在全省域范围内各市、县行政辖区中都是均衡等量的，不可能出现全省域“全覆盖”的状况。含量的不等量和分布的不均匀是很自然也很正常的。正如全省各地由于发展经济的资源、地理环境条件的不同，则其经济发展的产业方向各有所长、各有特色一样，是不能“一刀切”

或各地均趋于一致的。应当指出的是，在进行风景区域合理区划时，不应当产生“排排坐，吃果果”的“利益均等”思想，这也是违背客观自然法则和事物发展规律的。

依据上述分析，只有当区划的七大风景区域总面积小于省域行政区划国土总面积才是真正现实、客观、合理的，也是符合实际情况的；而完全等于省域行政区划国土总面积反而是不真实和不合理的。对此，我个人仍然持保留态度。

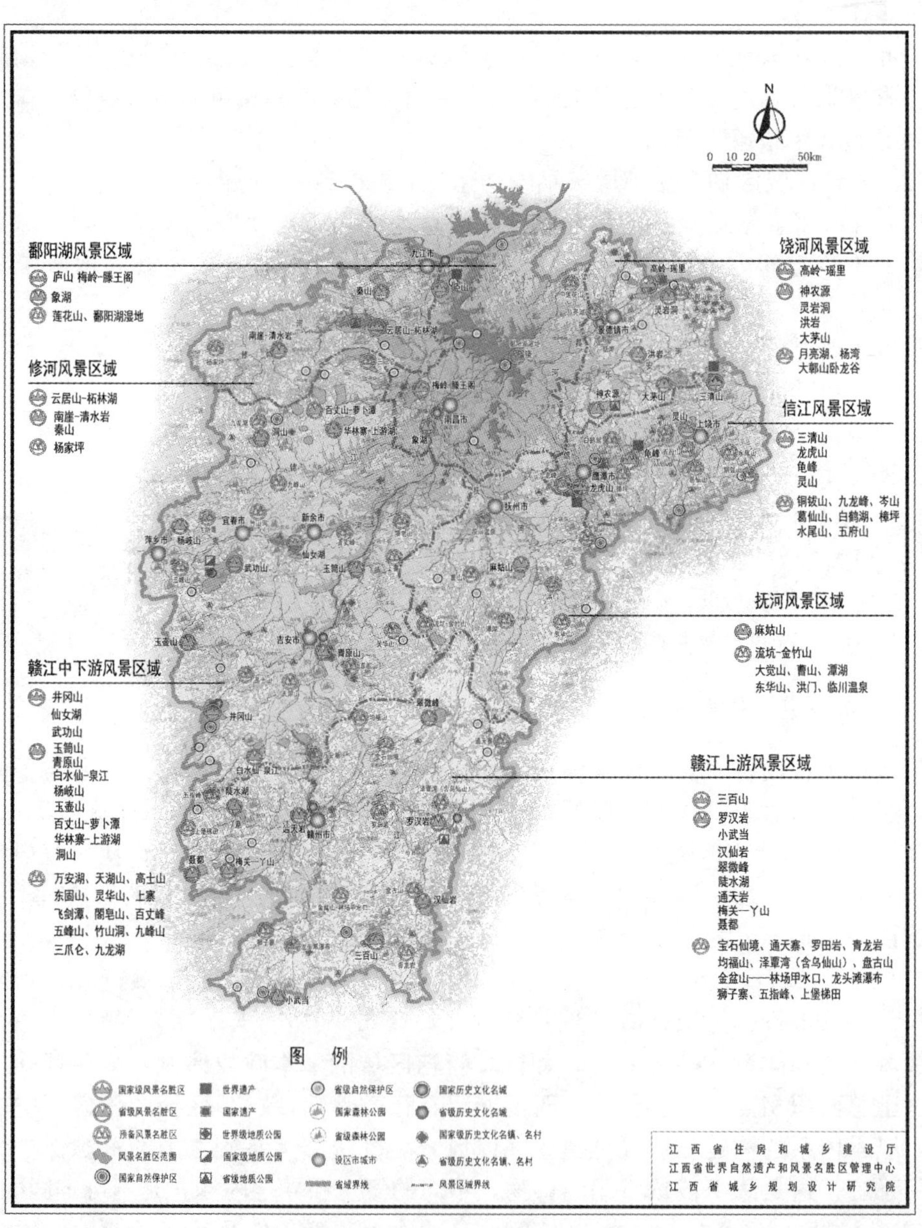

图 1 江西省风景区域区划图

抒 怀 篇

律诗五首(井冈三韵，外两首)

(一) 井冈三韵

1. 龙潭学咏

1983年春夏，笔者在茨坪开展首轮《井冈山风景名胜区总体规划》编制工作期间，获悉郭沫若同志于1965年7月间上井冈山时曾亲游龙潭胜景，并即兴作《咏龙潭》七律诗一首，以抒感慨。笔者甚喜，兹以学习并冒昧步郭老诗原韵试作一首和之：

翡翠谷深藏闺潭，瀑泻溪曲汇流三。❶
峰峻岩峭多胜境，古木荫浓盖华毡。
雾霭萦绕碧空静，蝶舞蝉鸣意正酣。
春风化作甘霖露，飞起彩虹映青岚。

附：郭沫若原诗《咏龙潭》(七律)：

井冈山上有龙潭，瀑布奔流叠作三。❷
樵径断残成绝境，军工开拓免垂毡。
三潭交响千峰静，一井苍穹万木酣。
土地归农思雨露，潜龙焉肯锁深岚。

2. 笔架山

青峰秀岚枕霞壁，虬松峭岩相竞奇。
凉风始觉山道险，倩黛谷深系云梯。
更喜十里杜鹃稀，恰似彩龙伏岳脊。
觅尽世间天功景，难借古今传神笔。

3. 水口大峡谷

一峡飞翠染岚巅，半山石门铸绝堑。
百鸟欢啭和新韵，千淙碧溪奏律旋。
老林深秘藏珍卉，寒兰幽馨吐芬艳。
银杏树下有人家，莫道此处赛阆仙。

---

❶ 翡翠谷中有溪涧三条，汇而为一。

❷ 龙潭有“五潭五瀑”之谓。因郭老当年游览时尚未修成下谷步道，只能攀绳至三潭，而不知晓有五潭五瀑。

(二) 外两首

1. 庐山秀峰

千峰竞秀倚日斜，万壑争流归一家。
龙骥比翼腾空舞，双剑劈开青玉峡。
璟台芾书珍迹罕，香炉袅升紫烟霞。
朋宾游酣兴未尽，碧潭一泓濯尘涯。❶

2. 湖口石钟山

水出彭蠡映琼岩，湖江清浊一线衔。
危崖耸壁千丈仞，碧波浩淼笼薄烟。
庐岳黛影遥与托，高浪破处飞豚船。
月夜钟考惊晨晓❷，谈笑东坡著华篇。

---

❶ 龙、骥分别喻指黄岩、马尾二瀑，昔时合称为开先瀑布。璟台指后唐中主李璟少时读书台。芾书隐指宋大书法家米芾手书“第一山”及历代名家题留的秀峰摩崖石刻群。双剑、香炉为秀峰诸峰中最具代表性著名山峰。

❷ 隐指苏轼月夜驾舟考察石钟山名之由来，写成《石钟山记》的轶闻典故。

初识井冈第一峰

——井冈山风景资源考察纪实之一

井冈山主峰景区位于井冈山风景名胜区的西南部，距茨坪约10公里，规划范围包括主峰、平水山和荆竹山，是整个井冈山风景名胜区中面积最大的一个景区。主峰，因其诸峰坐列如五指状，也叫大五指峰（笔架山又叫小五指峰），最高峰海拔1438米，为井冈山第一雄峰。它的北面有一宽阔深邃的大峡谷。东接笔架山下河西垅，西连平水山和水口险壑，横贯二三十里。我们先后两次考察主峰，都是沿着这条大峡谷进行的。

在进入实地考察前，曾听说峡谷的水口谷段中有一股很壮观的大瀑布，于是我们第一次入谷就直奔水口瀑布而去。至那里一看，呵！真是耳闻不如目睹，只见在呈“∠”形大回弯的一段峭崖上，瀑水贴壁而泻，落差不下百米，首尾不能相顾。与众不同的是，该瀑口因溪水经久冲刷，在峭崖边缘形成一个宽约2米，长5米的横向凹槽，溪水冲入槽内复又溢出，再沿峭崖从容地盈泻成瀑。在瀑口上游不远处的溪中，耸立着两块巨石，一块状似巨斧，一块好像河豚，故名“石斧”、“石豚”。我们攀上瀑布旁一座向谷内伸出的半岛状悬岩，壮观的大峡谷尽收眼底：两岸顶端是犬牙错落的巉岩怪石，巉岩下涌动着一片由浓密的混交林和阔叶林汇集成的绿色波涛。林海波涛中，两座遥相对峙的孤峰隔壑拔起，都高过百米，擎天立地，犹如峡谷大石门。石门前又有一岩，俨然是一位虎视眈眈的护门大将军。

我们第二次进主峰，改由狮子岩而入。首先来到游击洞，这里是井冈山斗争时期的一处遗址。洞大百余平方米，可容数十人。当年红军战士就利用该洞作隐蔽所，坚持游击活动。与游击洞隔壑相望的是天军洞，传说太平天国运动时，此洞曾驻有太平军，当时百姓拥称太平军为天军，故留天军洞之名。离天军洞不远，是落差达150米的飞龙大瀑布，势若银河倒悬，蔚为壮观。主峰西北角深谷中，隐约可见一座居中突兀的较矮峰峦，这才是名副其实的“井冈山”，它原取井（谷）中冈立之意，今日的井冈山名即由此而来。

离开游击洞，缘石攀枝深入峡谷底部，但见双溪汇合，水流湍急，乱石堆叠，鱼跃蝶舞，又是一番景致。由此逆溪而上数百米密林中，原有一古老山村，名唤井冈山村，传说是井冈山最早人迹所至的地方，约有千余年历史，这里的村民直至前几年才因交通不便而陆续迁出。村旁有巨大古银杏数株，最大者需双人合抱，它可说是井冈山村历史的见证。这里还有大片丛生的珍贵野生异卉——井冈寒兰，刚秀挺拔，满谷馨香。

此外，还要特别提到的两处是：一处是主峰西侧地接赣、湘两省的荆竹山。这一带山高岭峻，过去是山上与山下联系的一条重要通道。井冈山革命斗争时期，秋收起义部队就是由此条道路进入井冈山区的，工农革命军经常在这一带活动，至今仍留有雷打石(当地俗称地名)革命活动遗址和遗迹，具有重要革命纪念意义；另一处，是平水山上大面积的云锦杜鹃林。平水山顶海拔高度为 1779 米，为井冈山县境内仅次于江西坳(海拔 1833 米)的第二高山，因其山势异常平坦而得名。每年四、五月间，这里满山盛开艳丽的云锦杜鹃花，一望无涯，分外夺目，被誉为“万亩云锦花海”，与延绵于笔架山脊的“十里杜鹃长廊”共同成为井冈山最富特色的两大生态植物奇观。

【本文刊于 1983 年 12 月 25 日《江西日报》】

笔架山高风光美

——井冈山风景资源考察纪实之二

为考察江西省风景名胜资源，我们一行来到了风景毓秀的井冈山区。这里山青水灵，气候宜人，田园山色独具一格，革命历史文物和自然风景资源都极为丰富。茨坪南侧约20公里处的笔架山，是我们这次调查的重点。这里山势峻险陡峭，绵亘十余公里。它的西面同井冈山主峰(又名五指峰)相连，最高的扬眉峰，海拔1357米。这里峰峦参差，峭壁凌空，白云缭绕，峨耸蓝天。我们从茨坪乘车到行洲经黄坳、小溪洞林场，直抵笔架山南坡的上茶园，然后下车循着深山伐木小道迂回攀登。进入林区后，一路上浓荫如盖，藤蔓挂悬。行约四五里，方出现一块不大的山窝坡地，露出半片蓝天。蜿蜒的小溪清澈见底。迟开的杜鹃，团团簇簇。溪旁有一栋原来林场香菇厂的简易小木房，今日正好充当我们这次考察活动的宿营地。

次晨，我们赶早吃过早饭，便精神抖擞地向山顶进发，一鼓作气登上了扬眉峰，极目远望，见那峰峦层叠，峥嵘巍峨，青山白云，绿野蓝天，茨坪景色尽收眼底。我不由得深深吸了几口高山新鲜清凉的空气，心中感到无限的舒坦畅快。

忽儿纱雾中突兀起一座孤峰，峰上古松挺立，婀娜起舞，阵阵松涛呼呼和奏。我们将它命为“松岛”。松岛后面是一座青翠的双峰，如同低头饮水的双峰骆驼，名为“驼峰”。此时，旭日从云霞中升起，以它那富有生命力的万道光芒将大地映成一片金黄：呵，井冈山，你真美!

“走，上松岛!”我们怀着猎奇览胜的激情直奔松岛。原来松岛四周乃是万丈深谷，悬岩峭立，沟壑纵横，各种奇岩怪石在苍松雾幔中隐隐可见。雾霭中托出二峰，其一恰似巨象匍地，其二朦朦胧胧，似有若无，宛如仙间蓬莱，触景生情，我们分别命名为“巨象峰”和“含羞峰”。含羞峰下山涧轰鸣，溪水向东奔腾而去。顺着壑谷俯视，有一块柱状巨石，高约五六十米，顶端岩隙中冒出一株小松，极像一支正在点燃着的巨烛，和黄山奇景“梦笔生花”有异曲同工之妙。天烛一侧与另一山峦比肩挺立，形成一条细细的缝隙，奇险无比，是又一处名副其实的“一线天”。离开松岛往东行，更有许多写不尽的美景。在五峰与六峰之间的峡谷腰部，一块巨岩倾斜着凌空突出，岩尾长着一丛杜鹃，其突岩与杜鹃组合的成景形态正恰似一尾毛羽丰满、正在昂首凝眸的巨型孔雀，我们不约而同地呼为“孔雀岩”。

这时，日渐偏西，我们只得折返往西线而进。如果说东线是各种不同形状的峰峦、古松、壑谷和云雾组成的一幅幅彩墨画，那么西线则是由姿态各异的奇岩怪石构成的迷离扑朔的神话世界。步移景异，我们首先看到的是，高约十数丈的峭壁上，凸凹纵横的石纹勾现出一个巨大的人形，俨如一尊身披袈裟，双手抚胸，正作祈祷的“西天大佛”。岩东，隔壑耸立的怪石，如食指伸展、四指握拳的指天佛手，故名“佛手指天”。指天石下又有“驼马朝天”、“大圣听经”、“母子鳄”、“母猴训子”、“神龟驮经”

等奇观怪石，叫人目不暇接。

笔架山沟壑遍布，水系纵横，各种原生动植物资源颇为丰富。据有关部门统计，这里的植物种类数以千计，高等动物几十种，尚保存着十分珍贵的原始森林和稀有植物原生群落。尤其值得一提的是，沿笔架山山脊及两坡，延绵十多华里，茂盛地生长着成片的天然大杜鹃林，我们将它称为“十里杜鹃长廊”。其中的猴头杜鹃树高、干粗，平均树高都在四五米，有的可达七八米，当时我们就地量了一株较大的猴头杜鹃，围径竟有一米多粗。这里的杜鹃品种多达三十余种，而且花色不一，花期也各不相同，每年从 4 月至 6 月初都有杜鹃先后开放。其中最为珍贵的“井冈杜鹃”，为井冈山所特有，并由此而命名。它干细叶小，枝条纤曲，开淡紫红色小花，玲珑雅巧，十分可爱，尤宜制作盆景，具有很高的观赏价值。

【本文刊于 1983 年 2 月 13 日《江西日报》】

潜龙焉肯锁深岚

——井冈山风景资源考察纪实之三

龙潭景区位于井冈山风景名胜区北部，距茨坪约6.5公里，东西分别与桐木岭景区和黄泽界景区毗接，是全风景名胜区八大景区中距茨坪最近，交通最方便，景物景观最丰富集中的一个景区。景区内含景点16处、景物景观近百个，尤其以瀑潭水景和奇峰珍卉而夺魁于整个风景名胜区。正因为如此，在潭景区便成为我们考察的主要景区之一。

我们驾车从茨坪出发，顺公路依山势逶迤而行。车窗外青山葱茏，修竹嫩翠，壑深溪潺，峰重峦叠，一幅幅自然画面从眼前风驰而过。不多时来到一处群山围抱的小空地，在苍松掩映之中露出一圆形洞门，这就是龙潭景区的入口。穿入洞门，劈面就被一条深邃的峡谷——翡翠谷所横挡。只见峡谷两侧崖悬石峭，奇峰突兀，古木参天，欲探首俯视却不能见底。深谷间五神河咆哮而下，被砥石激起的阵阵波涛声在空谷中形成了强烈的、经久不息的震荡回旋。“呵，真美!”我不禁被这入景的第一个镜头深深吸引。“瞧你，这不过是在景区外面，好景都还在里面哩!”县建委王晓旺主任、规划办老周等同志不经意地给我们介绍说。于是，大家立即循谷夺路直奔五瀑五潭。

这里说的五瀑五潭，是指五神河水系中瀑布分布最集中的一段，其实，在整个龙潭景区内亦有“五潭十八瀑”之谓，姑且不去深究。但说这五瀑五潭首尾相距仅不足1公里，它们瀑潭相衔，跌错交叠，形声各异，竞相争辉：或如银河倾泻，声盖响雷；或似神龙游弋，劈石穿岩；或若仙女下凡，轻盈飘洒。五瀑五潭中以第一瀑气势最壮，第五瀑形态最美，二、三、四瀑也各有特色。一瀑名碧玉潭瀑布，落差67米，瀑宽十五六米。潭四周悬崖陡峭，恰如苍穹一井。瀑泻而下，飞珠溅玉，水雾弥漫，彩虹横空，气势磅礴，景象极为壮观。五瀑为玉女潭瀑布，落差三十余米，因受多处峭石所阻，瀑水时合时分，回绕穿泻，却造成了极为奇异美妙的形态，宛如一位婀娜多姿、舞姿翩翩的飞天仙女飘落人间，故而得名。不止如此，这里还有一种如同云南大理蝴蝶泉一般的特异景象，每当4～6月井冈春花烂漫之时，即见潭面瀑前和翠枝草茵间，群群彩蝶盘旋起舞。这些活泼灵巧的小天使，好像是来赴聚一年一度的“井冈之春”盛会，来向仙女作虔诚的朝圣，也热情地迎候着游访来临的远方宾客。

游罢五潭已是午日当空，但我们全然忘却了疲累，乘兴折往金狮谷继进。这里是各种异峰怪石丛立之处，它们此踞彼耸，峨嵯嶒崚，造型颖特，令人目不暇应。现已命名的就有龙女峰、姐妹峰、海螺峰、矗塔峰、定海针、琴台、梳妆台、金龟击鼓、金蟾戏珠等，个个栩栩如生，形象逼真。耸立于翡翠、金狮两谷汇合处的矗塔峰，壁立千仞，颜如褐铁，因地质断层和岩石横向节理构造所致，极像一座由三幢小塔组合铸就的巨型铁塔，巍然屹立，雄威无比。循小径、登天梯可直至矗塔峰顶，这就是整个龙潭景区的制高点——点妆台。立于台上，环顾四周，龙潭景色尽收眼底：那串串珍珠般的溪潭，道道垂帘似的银瀑，那雄峻多姿的峰石，青葱荫盖的林木，还伴有水流和松林轰鸣的涛声交响旋律，令人心旷神怡，如痴如醉！倘能遇上雾漫霭弥的天气，透过变幻缥缈的薄纱，我想那准会是胜过神界仙境的。

接着，我们转入五神河在金狮谷中的一条支流，逆水而上。首先看到的是一个隔水坐落的山洞——红军洞，当年在反围剿的艰苦岁月里，红军伤员就隐蔽在这里坚持斗争。洞中留下的烬痕残迹至今明晰可辨。于红军洞上、下首沿壑谷又有三道瀑布依次排列：下游为黄龙瀑，居中是青龙瀑，最上名白龙瀑。这三瀑中推白龙瀑最胜，落差高达 82 米，居龙潭群瀑之冠，瀑底潭深莫测且时有彩虹显现。更有奇特者，此瀑系罕见的间歇瀑，每隔几秒钟便会见到“哗”地喷出一股浪花，尤其在秋冬枯水期，这种景象便愈加明显。难怪当地山民给它取了个十分形象的俗名——“马撒尿”，倒也颇具风趣。恰好潭的对面有一岩石平台，是赏瀑观虹的最佳处，故取名观虹台。立于观虹台西首而望，有一巨岩削立，平整如壁，高宽各约七八十米。你若面壁呼唤，顿时回音萦绕，震撼山谷，真是一座天然巨大的绝妙回音壁。规划中已考虑沿回音壁下沿修一游览栈道，以连接白龙瀑、琴台、金龟击鼓等景点，既有利于合理组织游览路线，又能为游人创造更好的观景条件。

龙潭景区还是森林的王国、鸟兽的乐园。据调查，在已划定的井冈山风景名胜区范围内，森林覆盖率已达 89%，具有 3800 余种植物品种，占江西省全部植物种类的 70%，居全省首位。而在龙潭景区森林覆盖率更高达 98%，又居整个风景名胜区首位，各种动植物种属都十分丰富。

如果说，井冈山风景名胜区过去还是未曾开拓的处女地，但我们深信不用很久，她必将以自己豪坚的壮志、雄秀的景色和独有的风格，跻身于我国风景名山之列。

当与名山共风流

同志，您到过井冈山吗，您认识井冈山吗？是的，那里是山的汪洋世界，是森林的绿色大海，是昔日远离人群的所在。就在这里，曾经响起了震撼世界的革命惊雷，记录了中国无产阶级最光辉的战斗史迹：在那阴霾密布的黑暗年代，中国共产党人在这里创立了第一块农村革命根据地；在与反动势力展开殊死斗争的腥风血雨中，中华优秀儿女在这里谱写出一首首壮丽动人的诗篇。毛泽东等老一辈革命家，力挽狂澜，在这里拨亮了雾航中不灭的星星火光；忠诚不渝的工农战士，众志成城，从这里迈开了征途中新的伟大行程。这里的山山水水，遍留着他们永不消灭的足迹。

或许，有人说：井冈山成名尚晚，不足以同五岳名山媲美。然而，君不知：历史乃时间的传记——往日没有的，今天可能出现；现在发生的，将来便成古老的神奇。在那无涯的历史长河中，井冈山斗争所留下的大量革命胜迹，不正是令人目眩的瑰宝么？或许，也有人问：井冈山纵然有史诗般的光辉业绩，可她哪有五岳名山那样的雄奇壮美？那是由于她那诱人而却深藏着的风姿长久地未予人知，由于您对井冈山还没有全面完整的认识。一旦揭开这神秘的自然面纱，您必将发出惊异的感叹：始觉相识恨太晚，当与名山共风流。不信吗？

井冈的山呵，高峰林立，巍峨雄伟。五百里方圆，五百座山巅。不是孤峰的峻俏，而是群山的壮美：那一座座突兀的峰峦，如若重重剑指蓝天的阵垒；那一层层无垠的翠绿，正似无数戴霞披彩的羽衣，在轻纱薄雾的萦绕中，托出一汪虚幻缥缈的蓬莱仙境；而当一轮红日从滚滚潮涌的云海中冉冉升起，霎时又呈现出气势磅礴的瀑布云哟，如燃烧的金轮，似迅驰的风帆，高悬在蔚蓝的苍穹。你看那五指峰的高峻，笔架山的耸拔，黄洋界的绝险，还有孔雀峰的凌空翱翔，五神大龙潭的绮秀幽奇，井冈山峡谷的陡峭深邃……这茫茫的井冈峰林呵，她那雄奇壮伟的风姿，那旷宏豁达的胸怀，任您跋涉、登高、眺览，任您感受、畅想、遐思……

井冈的水呵，格外的灵秀，格外的清甜。那纵横谷壑的溪涧，那串串挂连的碧潭，如贯注肌体的脉络，是滋润生命的泉源，亦若抒发心灵的琴弦。我虽未曾体尝过黄果树大瀑布的雄伟，却有幸饱览了匡庐诸瀑的奇美。但我不知道：哪一座名山有这样充沛不竭的水系？哪一处胜景有如此腴醇圣洁的甘露？又有哪一地在不过2平方公里的范围内，竟汇集着十数座巨瀑的龙潭瀑布组群？或银河倾泻，或珠帘高悬，或龙驹腾舞，或仙女翩跹，令人神怡，催我入醉！这里有五指峰飞龙瀑(落差150米)，桃子园悬瀑(130米)，小溪洞巨瀑(120米)，金狮面白龙瀑(82米)，龙潭碧玉瀑(67米)，还有下庄、猴子山、八墩桥等诸多瀑布……呵，这遍布群山的流泉飞瀑，实在是计不胜计，数不胜数。

井冈的林木，是那样的葱郁，那样的碧翠。你看，这浩瀚稠密的莽林，蕴含丰富的珍稀，绚丽万千的画彩，把井冈的岗峦峰岭装扮得窈窕多姿，分外旖旎。32亿个春秋的自然演绎，将你造就为各类动植物种世代繁衍的理想栖地。至今，仍保存着3800多种植物种类，拥有平均64％的全山森林覆盖率，君不见：那高耸挺拔的巨型水杉，成片生长的古老铁杉，举世珍有的香果树、白豆杉，还有虬遒刚劲的台湾松、福建柏……在这里都盎然生机，竞姿斗奇！您又可曾知：这里更是山花的世家，杜鹃的王国，特有稀种井冈山杜鹃命名的故里。每当春暖鹃花盛开之期，那延绵于笔架山脊似彩龙腾舞的十里猴头鹃廊，那满盖平水山顶艳如织锦的千亩云锦花海，又是何等的壮观，何等的绮丽！

呵，可别忘记。在构成井冈山四大特有景貌的优势中．还有她那具有浓郁乡情的高山田园：曲回盘绕的阡陌，青葱层叠的畦田，银光熠熠的灌渠，土墙泥瓦的农宅和那聚力奋耕的黄牛与扑蝶戏耍的童顽……这一幅幅清新雅淡的山区农景画面呵，是井冈山人祖辈生息的乐园，怎不令那名山古岳羡美？而更不能忘却的是，这里的山山水水，这里的村村寨寨，这里的男男女女，都同生存和斗争，挫折和前进，今天和未来，有着心声的一致与命运的攸连：党在这里扎根，革命在这里迸发，星火由这里扩延，胜利从这里起点！

呵！壮伟的井冈山，览不尽的胜景，抒不断的绵情。你将与天下名山齐飞，同四海旅人共勉……

【本文刊于《风景名胜》1995年第7期，录入《井冈山漫游》文集，并由江西人民广播电台辑成配乐散文在《赣江文学》专栏节目中播出】

这里是世界历史的珍迹

——为纪念井冈山革命根据地创建六十周年而作

井冈山，一个光辉的名字，一尊永恒的丰碑，一片秀美的风景地，一处世界历史的珍迹。

（一）

无论是从朦胧纯洁的幼儿心灵里，从红领巾少年与热血青年进取的追求中，从而立之年为之奋斗的事业理想里，从鬓发斑白的革命老战士无限深情的回忆中，呵，井冈山的名字都同他们的呼吸和成长、斗争和命运，同中国的昨天、今天和明天连在一起。井冈山的名字，是那样的亲切，那样的响亮，那样的崇高。

不须说，井冈山的名字记录了半个多世纪以来，中国革命史上最光辉的一章，谱写了革命进行曲中最亢奋的强音。井冈山所创造的巨大精神财富，永远是我们汲取不竭的力量源泉；井冈山所建树的历史丰碑，将永远铭刻心灵，光照千秋。

且不须说，井冈山至今大量保存的革命文物和史迹，再现了当年斗争的壮烈与艰巨。在那里，我好像亲眼目睹了国民党反动派屠杀红军伤员和革命群众的残暴罪行；在那里，仿佛又听见了黄洋界保卫战中隆隆的炮声；在那里，当年毛委员、朱总司令向工农战士宣讲“三项纪律、六项注意”时洪亮的谆谆话语犹然贯耳；在那里，清油灯下老阿妈悉心缝补亲人衣衫的动人景象历历在目……呵，这一切，虽都已成为往事的回忆，但，对每个忠诚的共产主义战士都必须牢记：井冈山的名字永生光辉，井冈山的历史千古垂范。如果谁忘记了井冈山的传统，那就意味着忘记了革命的过去！

（二）

我的进一步认识井冈山，是从 1983 年春开始的。当着井冈春浓鹃花盛开之际，我刚刚接受了编制井冈山风景名胜区总体规划的任务，第一次来到久久向往而崇敬的井冈山。坦率地说，当时我对她的认识，除了这里是闻名遐迩的中国革命摇篮地之外，便几乎一无所知。然而，当我亲身跋涉过这里的山山水水，访觅过这里的村村寨寨，我却惊异地发现：她，岂止是革命的圣地，而简直是一位含情藏珍的秀女，一块未被开垦的最佳风景处女地。呵，井冈山，你以自然的七彩色谱，编绘了人间最艳美的织锦；你以丰厚的风景资源财富，将给人们作出新的无私的奉献——

你看，巍峨井冈五百里，雄峰排立，大谷纵横，林泉葱碧，风云叱咤，无处不流溢出大自然的灵秀之美。君不见：那五指峰的高大雄姿，正象征着我中华儿女英豪的气度；笔架山的耸拔峭峻，犹如矢志不渝的坚贞信念；黄洋界上那磅礴变幻的云海，八面山巅千峦万峰的壮伟场景，不恰展现出我们民族宽阔豁达的胸怀么？

你又可看见：在龙潭那深邃交错的岚壑中，跌泻的银瀑一串接一串，一组又一组。

在方圆不足2平方公里的范围内，竟聚集着由十数座大瀑布组成的瀑群。它们个个千姿百态，形声迥异，或游龙腾跃，或仙女洗浴，或银河倒悬，或喷珠撒玉，呵，人说“庐山瀑布传天下”，可又怎么比井冈瀑布量更多，势更壮，姿更美？

呵，您再看：井冈山那漫山遍岭的杜鹃花，一丛丛、一片片，铺天盖地，黄的、白的、粉红的、深红的、淡蓝的，还有春鹃、夏鹃，以及馥散着清芳异香的珍品杜鹃和这里首次发现命名的井冈杜鹃、红毛杜鹃，真是品种繁多，目不暇顾，令人神荡魂游。更有笔架山脊那连绵数十里的巨型猴头杜鹃长廊和铺满平水山顶的万亩云锦花海，每当花期盛开之际，犹如蛟龙横空，星灿斑斓。似痴？似醉？是幻？是实？在人间？在仙境？呵，井冈山，你是自由的天地，杜鹃的王国。

还有，在井冈山那舒展宏博的怀抱里，在青葱幽深的密林中，却掩缀着无数疏密相间的高山田园山庄。泥墙、土瓦、吊脚楼，栈桥，水碓、竹筏，绿茵畦畦，炊烟袅袅。这淡彩泼墨般的田园景趣，这朴实无华的山情、水情、乡情，使人感受到了大自然母亲的温馨，涤尽了人世间的污尘。你看茨坪小镇的灵秀，大小五井的朴幽，土岭山村的清新，罗浮湖畔的雅静……纵使览尽三山五岳，又怎有井冈这般胜境？

还有，您可曾欣赏过松岛上阵阵奏鸣的松涛旋律，品味过孔雀岩凌空翱翔的矫健雄姿和天烛峰独擎苍穹的倚天气势？您又可曾探觅过井冈大峡谷中那奇幻莫测的绝景，石燕洞内藏瑰纳珍的地下迷宫，涉足过湘洲原始莽林中那数不尽的古木名柯、珍花异草，或考证过主峰顶上关于鼎炉与宝剑的轶闻之谜？……呵，井冈山，你是大自然奥秘的化身，你是美的艺术宝库。时代的激情萌发了青春的活力，无畏的开拓者揭开了你含羞的面纱。你将以自己秀丽的姿容向人们展喻：共享名山风流，同与中华腾飞。

(三)

是的，井冈山没有引人瞩目的悠久的历史文化，也少有古老的传奇神话：但是，井冈山却有着世界史中当代最杰出的功业，在通向光明大道的金色里程碑上将载下她永恒不朽的伟绩。

当今日中国大地吹遍改革春风而奋搏崛起之时，当世界迈向更高文明而跨入新的科学纪元之际；当社会主义朝着自己新的航程前进的时候，当地平线上奏响人类征服太空的畅想乐章声时，人们并没有忘记：井冈山曾经以她惊天动地的壮举，赢得了全世界的关注和敬慕。她揭示了中国革命最终取得伟大胜利的成功之谜，也唤起了各种不同国度，不同肤色，不同信仰的人们的共同凝思……

在井冈山那无比艰难坎坷的岁月里，在决定中国革命命运和前途的严重抉择关头，中国共产党人用自己坚贞的信念和不屈不挠的顽强意志表明，他们不愧是特殊材料铸成的无畏战士。他们没有被杀绝，更没有被吓倒，他们在用先驱者们的鲜血染红的战旗下集结、成长、壮大。他们掩埋了自己的同伴，擦干身上的血迹，踏着先烈未竟的道路又继续前进了！井冈山斗争的星星之火，终于燃成了中国革命的燎原之势。斗争和环境，史绩与胜景，在这里相互交融了；党心和民心，信仰和理想，在这里完全相通了；一切难以理解的事物，在这里都取得了巨大的成功。呵，井冈山，你是世界博览中异彩夺目的奇葩，你是历史长河里光辉闪烁的明星，你是人类文明进程中留下的最珍贵的历史遗迹。

(四)

看，今日的井冈山，山更秀，水更碧，景更美，人更亲。每当晨曦中旭日喷薄而出，那千山万岭上洒满了朝阳的金晖；每当春风中青峦含露滴翠，婀娜多姿的溪泉唱起了欢悦清音，而井冈山人民沉浸在更加美好的未来追求中，他(她)们脸上绽开了自信和豪迈的笑颜。呵，是的，如今井冈山又开始了新的历史起点：革命圣地加风景胜地，国家重点风景名胜区加世界历史遗迹。前程更锦绣，道远更任重。在通向更高目标的奋搏中，在迎接未来的新的岁月里，井冈山又将会发生怎样的变化，又将创造出何等奇迹呢？

【本文于1987年应井冈山市文联之约并刊于为井冈山革命根据地创建60周年出版的《井冈山》特刊上】

峰峙瀑奇冠山南

庐山自古就有“匡庐奇秀甲天下山”的美誉，而这里更有“庐山之美在山南，山南之美数秀峰”的称誉。

秀峰，位处鄱阳湖畔的庐山东南麓，距星子县城南康镇6公里，为庐山山南最著名的风景点。有山下环山公路将其与毗邻的温泉、归宗、观音桥、白鹿洞、海会等山南风景点一线贯穿，是从南昌经星子转北道登庐山的必由之地。因秀峰历史悠久，文物汇集，瀑潭成群，林木葱茏，环境幽美，加之群峰耸立，巍峨峻峭，诸如：香炉、双剑、文殊、姐妹、行龟、鹤鸣诸峰，故取群峰竞秀之意而得名。

“日照香炉生紫烟，遥看瀑布挂前川。飞流直下三千尺，疑是银河落九天。”是唐代诗仙李白为赞咏秀峰开先瀑布壮景而写下的一首脍炙人口的绝句。近期因工作关系多次实地深入考察秀峰，亲身领略到李白诗中那奥妙无穷的情趣。

俗话说“百闻不如一见”，果然秀峰名不虚传。群峰层叠，崚嶒嵯峨，峭崖耸立，峻险巍伟；在双剑与鹤鸣二峰之间，双幅玉绡从天而挂，飞曳飘舞，银光熠熠，姿态动人，这就是著名的秀峰开先瀑布。它同源异流，在鹤鸣峰、行龟峰之上分为东西两股，西为黄岩瀑布，东为马尾瀑布，气势雄伟壮观。踏入山门，即见两侧柱壁上，有古人洪朋所题诗联：“山瀑两道泻，木叶四时春；日暝不知去，鱼鸟会留人。”入内，在群峰环绕之间有一片平缓的坡地。径曲谷深，流水潺潺，古树参天，青竹流翠，花香鸟鸣，幽恬雅逸，确有别开洞天之意境。渐至深入，便深感处处散溢着浓重的历史文化氛围。相传南唐中主李璟少年时曾在此筑台读书，至今遗迹尚存。李璟做皇帝后又在此修建“开先寺”，至清康熙皇帝南巡到此亲笔题书御赐改名为“秀峰寺”。这里摩崖题刻遍布，留下了大量儒士名流的纪文诗赋多达120余处，其中最具影响和代表性的如：唐著名书法家颜真卿书《大唐中兴颂序》碑、宋黄庭坚书《七佛偈》碑、明王阳明书《纪功碑》等，这些名人摩崖题刻更为秀峰的人文内涵大增了瑰丽的光彩。

然而，我以为在秀峰风景如画的景色中，更以水的奇秀而居首称著。这里的水，瀑、潭、溪、泉俱全，甘洌清醇并蓄，且终年不竭。在作为秀峰天然屏障的香炉、双剑等诸峰环绕的青云峡壑谷中，有一条湍流不息的溪涧。涧水流经峡口处形成一个直径20余米的大幽潭。潭水清澈见底，碧莹如玉。潭的上首因巉岩陡壁与水流湍急所致，形成一短瀑，幅宽七八米，落差约十五六米。瀑布直泻潭内激起浪花飞涌，发出轰然巨响，妙若神龙走潭，故名龙潭，亦多有游览者蠢蠢竞相下水一试。潭的下首两侧，有漱玉亭、观瀑亭高低呼应。漱玉亭内有宋苏东坡作《漱玉亭》诗及后人和诗四首，着意描刻了龙潭的优美景致。在潭的四周峭壁和地面岩石上，镌刻着大量古人留下的题字赞句，如黄庭坚、颜真卿等人均在此留有手书真迹的摩崖题刻。

由漱玉亭沿潭左侧石级傍壁而行，约3华里，便可达闻名古今的开先瀑布——它实际是黄岩瀑和马尾瀑两股瀑布的合称。

也是天助我兴，正当我们在秀峰工作逗留期间，恰遇两天滂沱大雨，至第三日方停。这却正是观看瀑布的最佳时机，我立即邀伴循道同往。沿途，千岩竞秀，百泷争流，穿石激浪，变化万千，涧中各种奇形怪状的巨石，或卧或立或垒。至鹤鸣峰下，即见一股瀑水遂分为十数小股从半山呼啸奔腾而来，回弯飘洒，雪白锃亮，果然形态酷似骥尾。由于瀑布借陡崖冲击之势，浪涛推涌，此高彼低，更产生出犹似骥尾在奔驰中摇曳飞舞的奇妙景象，此瀑即为马尾水。继续前行，峰转路回，坡度渐陡，溪涧水流更急，湍声愈大。谷深峰高，凉风习习，迎面扑来，无限畅快，将一身湿汗尽然全消。壑中涧水依山势平陡变化而聚成形状大小各异的清潭，相间错落，晶莹透底，就像散落在深谷中的面面玉镜，亦如一条镶嵌在峰壑碧谷间的翡翠串珠，闪烁着耀眼的亮光；而透视潭底即可见诸峰巍峨绰约的倒影和疾速游弋的小鱼，更添构了幅幅情趣奇妙的水中画面。此时举目前眺，黄岩瀑布已相距不远，犹若一条巨大的玉龙由半空中破云而出，居高临下，有千钧不挡之势。在四面群峰耸立的深谷底部，生起团团白雾，升至香炉峰尖渐而扩展漫散，化作缭绕的紫烟，景象十分奇异。难怪李白有“日照香炉生紫烟”之句，真是景真意高，惟妙惟肖，没有比这诗句更加生动真切的了。唐诗人白居易也曾登游过香炉峰，立于峰巅，可眺鄱阳湖、长江和湓城(即今九江市)，视野浩广，气势磅礴。他在《登香炉峰顶》诗中写下了这样的吟句：“上到峰之顶，目眩心恍恍。高低有万寻，阔狭无数丈。不穷视听界，焉识宇宙广？江水细如绳，湓城小于掌。”

来到文殊峰下，我们稍事休息，听说文殊峰顶原有一座文殊台，台中有座巍耸峰巅的文殊铁塔。在民间还流传着神仙们凭借这里峻险无比的倚天之势，筑台建塔，高炉焚香，擎剑伏妖的神话传说。可惜如今已塔废台空，无法再觅旧时真貌了。但此地是观看黄岩瀑布的最佳之处。我们立于半峰岩边，看那瀑水出口处，只见天水一色，银河浪急，汹涌澎湃，泻于峭壁之上迸开出千朵白莲，复又散作无数玉珠细练，洒向万仞深渊。而维谷上下，云雾重盖，烟雨纷纭，有如置身于硝烟弥漫的古战场，轰鸣声震天撼地。面对大自然为我们造就这样壮伟的美景，观者无不称绝。正当我们昏然入迷时，从绝壁深处一股凉风突然扑面而袭，随即送来一抹玉露，把我们从神幻飘忽的意境中唤醒过来，方觉脸颊漉漉，衣襟早已在不知不觉中被茫茫雾珠濯湿了。

“欲穷千里目，更上一层楼”。我们决意深入谷底探它个透彻。于是，大家快步登上最高一层石级，转过最后一道拐弯，便来到涧谷的尽头。这里紫云翻滚，瑞霭蹿涌，群峰削天兀立，千丈瀑布泻于眼前。那咆哮的瀑水倾泻产生的巨响，在峡谷中回荡升华，形成更大的轰鸣；飞溅的水柱竟射出数十米之外，叫人近身不得。我们周身全被雾幔所笼罩，似觉腾云驾雾般地神魂游荡。此时恰好从云层间透射出一缕强烈的阳光，宛如一条光芒灿灿的金龙乘隙而下，在雾霖中映出一弯瑰丽的彩虹，两相竞美，奇异非常。呵，这是何等奇妙的胜境！若不身临其境岂能领略这无穷的野游情趣，不亲眼目睹又怎能理解这天功神造的大自然的无限壮美。我们流连忘返，久久顾恋，不舍离去，完全陷入了痴迷与陶醉的情境……

是的，在这对秀峰美景的尽情享受和无限赞叹之余，也让我坦然产生出一种联想：如若我们每个人对于所追求的理想和为之奋斗的事业，都能具有瀑布水那样的可贵品格——勇敢、坚毅、奋搏、永不停息，那该有多好啊！于此而由衷地得到一点深刻的思想启示。

【该文系 1981 年夏在编制首轮《庐山风景名胜区总体规划》及编写《庐山风景名胜资源调查评价资料汇编》工作期间，赴秀峰风景点进行资源考察所写下的随笔】

觅踪溯源探一泉

——庐山康王谷天下第一泉新证考纪实

1987年初冬，时值星子县开展《庐山山南景区总体布局规划》(山南景区为1982年版《庐山风景名胜区总体规划》确定的四大景区之一)工作期间，我有机会第三次进入康王谷，却意外地获得了有关"天下第一泉"确切位置考察新证的重大突破。

据唐茶神陆羽所著《茶经》品评的天下二十大名泉中，首推"庐山康王谷洞帘水第一"。此说虽已定论悠远，但确切位置仍未可知，大多以康王谷中谷帘泉(俗称大马尾水)瀑布认之。而据此次深入谷中考察，其实美泉有三：除瀑布水外，尚有瀑布水对侧谷岭庄中的云液泉和由观口村进谷不远处小路旁侧的石乳泉，究竟陆羽指的为哪一处，却仍然真伪难辨。

康王谷，亦名康王观、楚王谷，当地村民多唤庐山垅或梨山垅，位于大汉阳峰西南麓，纵深近约20华里，为庐山最长、最大的一条幽谷。民间传说秦灭六国时，楚怀王之子康王熊绎曾遁逃避难至此，正当追兵紧逼之危，忽见狂风霎起，雷雨大作，秦兵受阻而退，康王方得脱身，遂改姓易名隐居谷中不再复出，故而由此得有康王谷之名。

前两次进谷都在1981年时值开展《庐山风景名胜区总体规划》工作期间，第一次于5月，第二次为10月。第一次进谷，由观口村始行至二里许，即见小路道旁岩壁上镌有"谷簾泉"三个斗大竖列大字，其中"泉"字因路人历久岁月踩踏(这是唯一进谷小路)和反复修填土石而形成路面抬升，已有将半掩陷在泥土之中。继往前行十数步，可见岩壁凹陷处缝罅中一股涓细的石泉汩汩渗出，渍湿了小小的岩面而汇入基部洼坑内，清洌甘甜，村人劳作间歇或路人过往时，均在此勺而饮之。此泉因其旁近岩壁刻字处，亦常有人或误为"天下第一泉"。经考证，据《庐山志》(毛德琦重订本)·《康王谷》(石刻部分)记载："谷簾泉"三字为宋人朱熹所书，镌于山麓涧道旁(笔者注：实作指路碑之用)，此泉乃系石孔中乳泉(石乳泉)。

再往前行十数华里至谷底，方见右山高耸的峭崖上一道巨瀑贴壁飞泻而下，远观宛如一幅洁白晶莹的冰绡玉帘飘落半空；至近旁细看，瀑水面宽十五六米，落差足有七八十米，从上而下梳成数十缕，酷似一绺绺奔腾飘舞的马尾。那无数飞溅的水花，如同簇簇绽开的白莲，而在深褐色崖壁和碧黛如玉的潭面上，映现出道道绚丽缤纷的彩虹，真乃奇观壮景。《庐山志》(毛德琦重订本)第十三卷中写道："谷簾泉在康王谷中，源即汉阳所发，西行为枕石所束，怒喷而涌，散落纷纭，数十百缕，班布如玉帘，悬注三百五十丈，故名谷簾泉，亦称匡庐第一观也。"("汉阳"指庐山西南汉阳峰，又称大汉阳峰，海拔1474米，为庐山第一高峰)然，将此瀑认作"天下第一泉"恐证据不确：既乃泉，当为地下水；而此瀑系源自汉阳峰之径流地表水，更加之庐山地区当地人素有以瀑水为泉的习俗，其疑点仍未可释也。

第二次进谷，循小径登上瀑布对侧谷岭庄古寺遗址，寻见后山岩下有一泓清泉尚存，传久雨不溢，大旱不涸，泉质滑腴而甘醇。据吴筠《庐山云液泉赋》序中所述，此泉因“山少矾石，至多云母”，系由“云母滋液所致”，乃名云液泉，亦唤“云液六泉”。古时亦曾有人为抱不平曰：“远出谷簾之上，乃不得为第一何也！”足见此泉仍不为第一泉。

此次第三次进谷，同行者众，我则带着进一步解开“第一泉址”之谜的浓兴继续觅踪溯源。照例，我们来到瀑布前尽情地欣赏领略了一番这里优美的环境和景色。其间，一位为我们担任向导的当地老农在说笑中却无意提供了重要的线索：原来在瀑布水下部偏右一侧，距地面约十七八米处绝壁上，竟然有一直径约 30 公分左右大的小洞穴，穴中一股清泉涌出，四季水量不变。老农现已年逾花甲，还是孩提时便听前辈人说过此洞穴。平时未引起多大注意，且洞穴常年大多时间都被瀑布水所遮掩，难以被人发现，只有冬季瀑布水量最小时洞穴才偶尔显露出来。近两年因这里着手开发旅游事业，开展风景资源调查，常有人前来观看，老人也常到这里一边劳作一边揣摸瀑布水量的变化规律，真是一个有心人哪！虽然之前两次进谷来到这里，但均是瀑布丰水和常水量季节，均未发现这一“神秘”，因其洞穴被洞口顶部一外凸的岩石和飞泻如注的瀑水所覆没。

洞穴的发现极大地激发了我们破解第一泉谜团的进取心。我们一行人七嘴八舌，逐渐形成一个思路，天下第一泉既然如此负有盛名，自古游历者众，一定会在现场给后人留下什么印迹(比如摩崖题刻)。之前也曾发现有李梦阳、陈绰复等人石刻，但均为对瀑布景致的赞句，不足为实证。于是，我们决定排开人手对瀑布及水潭附近区域展开拉网式的细心搜索排查。真是功夫不负有心人，老天被我们的诚心和决心所感动，忽然有人从瀑溪对侧山冈灌木丛林中惊呼起来：“快来看，这里发现了新的历史摩崖！”大伙立即呼奔着围拢了过去，只见在参差杂生的灌木丛中，有一块向上抬起且呈斜面状较平坦的岩体，而岩体下沿则与山冈基面构成高差 1 米多的陡坎。岩面已完全被厚厚的一层覆土及杂草所掩盖，其上依然生长着纤曲的小灌木、荆棘，只是在斜面岩体左下端边沿处的覆土被坍落了一个小角，并隐约显露似有人工刻凿的痕迹。于是我们立刻用手指将其坍落处的泥土掰大一些，遂露出了字形的凿印。“啊，是字！”激动的我们不顾手指的疼痛，奋力地将覆在岩体上的泥土、杂草、荆棘一扒而尽，显露的字数越来越多，我们又向老农借来水桶盛满水洗清了残土余灰，一方完整的摩崖题字全部显现了出来：摩崖书刻的面积约 2 米(高)×2.5 米(宽)，共 10 行 107 字，每字大小约 12 公分见方，题款为明嘉定十一年（1218 年）所镌，除个别字破损难以确认外，字迹均基本明晰可辨，镌文内容记述了游者主人公偕友朋等数人，自庐山归宗寺访王羲之洗墨池，登紫霄峰，过三将军洞，经栗里陶渊明醉石归来馆，终达康王谷酣酌谷簾泉的艰险游程。摩崖距瀑布仅二三十米，透过灌木林隔溪而望，能清晰地看到小洞穴中喷涌的清泉。联想到徐霞客《茶经》中对二十大名泉排位的原文记述为：“庐山康王谷洞帘水第一。”请注意：这里分明写的是“洞帘水”而非瀑布水！这就澄清了后人将大马尾水(瀑布水)误作第一泉的讹传与疑惑；从而，足以为我们提供了该洞帘水才真正为天下第一泉的历史实物见证，终于彻底揭开了这一谜底。真是字字值千金！同时也为我们揭示、指引了一条现今已被遗忘而古时早已践行的极好游览路线。顿时，我们按捺不住心情的无比激奋，呼唤着，跳跃着，拥抱着，作为当今的重新发现者，感到无尚自豪，这一历史遗留的“悬案”当应可以结论了。

情系笙笛访侗寨

——广西桂北三江侗乡民居考察纪行

有幸应邀出席 1994 年由中国民居研究会和中国城市规划学会风景环境规划设计专业委员会共同于广西桂林主办的中国民居学术研讨会，随会议议程安排赴桂北三江侗族自治县作侗寨民居考察，使我获得了一次实地踏入侗乡的难逢良机。

侗族是历史上留居广西桂北地区最早、最多的少数民族之一，尤以三江山区一带最为集中(即今三江侗族自治县境内)。据介绍目前大约居住着侗族同胞约 18 万人，分布于林溪河、苗江沿岸一线。这里山峦起伏连绵，聪慧勤劳的侗族人民依水傍山而筑寨，就地势高低错落，开垦梯田而耕作，引接山溪而食饮，笙笛和歌而娱乐，生活节俭而安居，也培育了他们耐劳、勤奋、淳朴、敦厚、热情的优秀民族品格。

马安寨是我们考察行程安排的第一站。当我们乘坐的汽车尚未进寨，即闻见前方传来阵阵悠扬的笙乐声，入至寨口便见有身着节日盛装的男女青年组成的侗家迎宾仪仗队分列于道路两侧，顿时锣鼓笙笛齐奏，歌舞激情飞扬，姑娘们一边挥动着手中的花束，一边以轻盈的舞步调整队形一列横排拦在了寨口的风雨桥头，先开喉向远方来客勇敢地挑战对歌；而我们这些平日里侃侃而谈的知识人却窘态百出，无以应和，只好败下阵来，羞惭不已；但其场面之活跃，气氛之热烈，情景之融和，感人难忘。豁朗好客的侗族乡民仍以友谊为贵，将我们放行迎入寨内聚会小广场，更是聚集了二三百人的欢迎群众和一支由六七十人组成的庞大的芦笙队，还表演了系列精彩的侗族歌舞节目，给了我们最隆重的迎宾礼仪和殊荣，也让我们受到一次真切、生动的民族团结深刻体验。

我们会议和此行的目的是考察桂北侗族民居建筑，入寨后便深入村寨实地进行踏查访问，与乡民家庭面对面调查交谈。侗家寨宅由于地处山区，交通多有不便，但他们富有智慧和技艺，因地制宜，依山就势聚居为群组的寨落，或畔溪筑台而架，或顺坡梯级而建，一般大寨二三百户约千余人，小寨则几十户、十数户百多人，自成体系，层叠错落，组团星布，甚至山顶建筑，居高临下，气势轩昂。更有层层梯田相间，又正当时值秋收之期，丘丘梯田稻谷在阳光下发着金亮熠光，组构成与整个山地自然大环境极为融和的一幅幅侗家山乡美丽图画，令人惊诧和痴迷！

侗家的寨宅均为架立式木楼。整座宅房底层架空(一般利用底层架空空间饲养家畜家禽或堆放农具肥料)，外梯上二楼，入室前多有挑台或挑廊作为过渡。宅房平面标准模式为五柱三层五开间，入口为大开间过厅。东端另设有内厅，内厅安置与侗族家居生活关系甚密的火堂(用于烧烤食物及冬天取暖)，这里也是家人聚坐起居和来客接待的主要场所。入口过厅后部为一排卧室，视家庭人口多少设置房间个数不等(少则一两间，多可三四间)；而西端多为厨房(北向)或增设一间卧室(南向)，各家宅房平面布置大都统一格式。在各宅房之间，又多有连廊、过街楼及宅房两端山墙开设的小门相互连通，使各家间往来联系十分便利，同时免除了上、下楼梯或下雨时外行的困难，从而也形成了富有侗家特色的连排串接式组合建筑景观。此外，侗族收割晾晒习惯与汉族不同且颇有特点，稻谷收割后断其穗杆，只留其谷穗部分扎成小捆，挂于梁架或屋檐下进行晾晒，随吃随碾。因其通风充足，粮食停放时间可以较长，但也造成建筑屋面及上部梁架结构荷重较大，加之阁楼亦均多用作堆放食杂物品的仓库，故这些荷重的木构用料尺寸一般也偏大；而家家户户满檐满顶悬挂晾晒的金黄谷穗，在晴日阳辉照晒下，却又构成了侗家村寨另一番别样的人文风情景致。更令人叹服的是，据介绍这样一座木构居宅(平均每栋建筑面积约三四百平方米)，竟一个铁钉都找不到，全部构造均用榫接完成，可见匠师艺技之精湛，且他们建造所用计量、法则，统一遵守鲁班尺及营造法式，其渊源与汉族同出一宗。

侗家村寨建筑的另一个突出特色是：每村寨必有风雨桥、鼓楼各一座。风雨桥是沟通相邻村寨的纽带，既便利交通联系，又是村民日常往来交流的场所，还作为迎宾送客的必由站点。鼓楼则是全村寨凝聚团结的精神标志。鼓楼前均有一小广场，有的还在广场对侧建有戏台，供村民举行各类节庆和公共聚会活动之用。鼓楼、广场一般布置在每座村寨的重点部位，并形成了整座村寨建筑群体的构图中心与活动中心。鼓楼建筑多为四方七层叠型塔式木构建筑，七层飞檐呈方锥形由下大而至上小，逐层收分，小青瓦勾白灰檐口，庄重清丽，乡土味浓重，给人以一种既崇仰而又亲切之感。鼓楼和风雨桥都是村寨中最为光亮的地标性代表建筑，是侗族建筑最高工艺水平的反映。在我们考察的七八座风雨桥中，尤以程阳永济桥最为壮观，该桥横跨马安寨林溪河之上，全桥五跨长达 77 米，高 11 米，共六段三亭，用廊贯通连成整体，每座桥亭均为七层飞檐，桥两端亦有桥头亭各一，飞檐重叠组合，平廊尖顶，气贯长虹；桥下清溪碧水，舟筏轻荡，河边水车悠转，还有踏水洗衣的村妇、戏水追逐的稚童和轻羽浮游的鹅鸭，以及周围村寨中葱茏的岗岭、梯田，共同组成了一幅幅极为融洽和谐、多情浓郁的美妙侗寨山水人文画卷……

一点感悟：在祖国 960 万平方公里广袤的土地上，56 个民族共同组成了中华民族大家庭，亦共同创造了璀璨光辉的华夏文明。正如以广西桂北三江马安寨为代表的侗乡民居及其鼓楼、风雨桥等侗家传统建筑，不正是祖国百花园中闪烁着侗民族历史文化与精湛建造技艺光彩的一束奇葩么？那是我们极为珍贵的民族历史文化遗产资源，当予倍加珍爱和切实保护呵！

【本文为根据 1994 年出席中国民居研究会、中国城市规划学会风景环境规划设计专业委员会共同主办的中国民居学术研讨会赴桂北侗族民居考察随行笔记整理而写成】

扎西德勒，美丽神往的藏疆

——西藏风景考察散记

笔者于1993年8月19日至9月3日，有幸应建设部和西藏自治区人民政府邀请，参加了西藏第一个国家级风景名胜区——雅砻风景名胜区总体规划评审会。会后组织与会人员对泽当、林芝、拉萨、日喀则、江孜等地藏文化与主要风景旅游点进行了观光考察，亲身领略了藏疆雄瑰壮美的高原风光，感受了藏民族同胞豪放热情的民俗风情，留下终生不忘的印象，特录本文以示寄衷。

（一）雅鲁藏布江，藏民族的母亲河

在我们人类生息的地球最高部，地壳隆突的屋脊线上，沿着喜马拉雅山与唐古拉山两脉交错腹地，奔流着一条世界上海拔最高的大河，她就是纵贯祖国西藏高原的雅鲁藏布江。

雅鲁藏布江在藏民族心灵中，是一条圣河、母亲河、摇篮河，是信仰、意志、力量与希望的象征，是民族起源、演绎、发展和精神凝聚的渊源。在这里，山南泽当的贡布日民间相传远古时有猴王与女魔王配生六子繁衍为人类的藏民族起源典故，尔后才有了最古老的藏民族部落，诞生了第一位由天而降的藏王聂赤赞普，并从此有了第一个藏民族居住地雅砻，开垦了第一块农田，修建了第一座宫堡雍布拉康，形成了西藏历史文化上最初的璀璨期——雅砻文化；直到公元7世纪初叶，第32代赞普松赞干布统一了全藏，建立了西藏历史上第一个奴隶政权——吐蕃王朝，才将全藏政治中心从雅砻河谷移至拉萨，但松赞干布迎娶汉唐文成公主时仍为她在雅垄河畔修建了圣贵殿堂昌珠。山南雅砻地区不愧为西藏古老历史文化的发祥地，继之才有了拉萨的鼎盛，日喀的瑰丽和全藏民族历史文明的辉煌。

雅鲁藏布江源远流长，奔泻数千里，融载雪山之水，劈斩坚岩顽石，穿流险滩峡壑，滋养草原田畴，肥润藏原大漠，所向披靡勇往直前，展示了自己坚韧、进取、豪放、雄浑的性格和无私奉献的崇高襟怀。她奔向哪里，就将生命、力量和希望带到哪里，奏鸣起一曲曲人类与自然和谐共辉的壮丽交响乐章。

在雅鲁藏布江多姿的风采里，有峭崖维壑的峻奇，有坦原宽谷的壮阔，有急涌汹浪的巨涛，也有熠熠浩渺的粼波，高亢与激昂、雄壮与豪犷、悠韵与舒扬，跳跃着，变幻着，唱响了生命与圣洁的永恒主题赞歌。雅鲁藏布江丰腴无量的雪山水，冰清玉洁，如同奶汁般滋润着大高原的每一寸土地，浸育着每个藏民同胞赤虔的心田。有了她，高原更壮美，群山更多姿，草原、庄园、城镇更加充满了灵活生机和欣荣景象；你看那草茵如毡的牧场上羊肥牦壮，风光旖旎的江湖中渔舟荡漾，宽阔深坦的河谷平原处处都铺洒着丰收之期的金辉；而那地处东南隅的林芝地区，是全藏海拔最低、气候环境最优异的奇罕典型的高原“小江南”。

雅鲁藏布江既古老又年轻，她孕育了勤劳、朴实、虔诚的藏民族，也创造了最富东方神异色彩的藏民族历史和文化。雅鲁藏布江作为祖国疆土上第五大河，全长 2057 公里，流域面积达 24.048 万平方公里，跨 23 个县，流域平均海拔 4500 米。今日的雅鲁藏布江，性格更开朗，情绪更激昂，奔流更欢畅，浪花更绚丽，容姿更娇美，也更加炽热地为藏民族的经济繁荣和新时代文明奉献着自己所有的一切……

啊，雅鲁藏布江，藏民族的母亲河，藏文化的摇篮河，永恒奔流的生命河！

（二）高山·蓝天·白云

西藏高原的天地别有一番韵味。这里，天更近更蓝，云更白更洁，群山绵亘耸立，地势高峻而气度恢弘，形成了与内地迥然不同的高原景象特征。

我们此行所到之处地面平均海拔多在 4000 米左右，最高点达海拔 5600 米，所见高山与地面相对高差均在千米之外。放眼可见群山排列，空间环境尺度极大，视野无比开阔，构成自然界大比例的和谐与协调；数千米的高山似乎显得敦实了，无穷无尽的天穹也觉得更贴近了，而伫立于天地间的自我却不由产生出一种巍然至高的感受，仿佛自己就成为了世界上站得最高的幸运儿！而西藏高山的另一特有景象，就是山的脊、梁、沟、谷、壑，全部一览无遗，山体构架与岩质节理明晰可辨，远近层次序列分明。它不是平原山地的青葱碧翠，也不是植被裹装后的娇姿媚态，而是它浑犷裸露的山体骨架与雄豁恢弘的气势所表现出来的阳刚之美。正是这种美，将高原雄巅同河谷、碧湖、草地间，构成了既反差悬殊又刚柔相济的典型高原自然景象。我钟爱内地平原青峰的柔姿美，也深喜高原雄巅的粗犷美，而且那里更能产生新颖奇异的美的感受。

这里的蓝天、白云亦别有异地风光。由于高原气候特征，天高气寒，降雨量小，空气稀薄而日照充足，环境洁净几无尘染，常年除 6 月至 9 月为雨季外多有晴日，瀚空万里，蔚为蓝海。倘若雨后晴天，白云浮起，天空更湛蓝，云簇更洁白，而且比起内地，蓝得更纯更深，更透更亮，仿若浩茫的天穹全都用的是蓝色宝石镶嵌而成，更加诱人迷醉、遐思……

这里的飘云不仅洁白无比，更饶有情趣的是白云腾升的高度相对较低，这是由于藏地海拔高峻，空气稀薄，且气压较低等多种自然地理原因所形成的特异高原气象景象。还有，高原上的白云分明呈现竖向层次分布特点：近地或山麓的云，淡疏如纱，轻若雾，无风时可长久绕缭不散。人在淡云中若即若离，神似飘仙；次高，云渐浓，缠绕于群山腰际，随山势回转婀娜多态，山体因白云萦旋万变而断续交替，时隐时现，是真是幻？绵亘的群山宛如一座座虚飘迷离的空中蓬莱；再高，在山巅之际、蓝穹之下，是最高层的云的海洋。高空云层浓密厚实，白压压铺天盖地，从无垠穹际由远及近围涌而来，极为磅礴壮观。此刻，尚未被云层掩复而裸露的蓝天，由于强烈的光照及色度对比，显现得更加莹透、深邃、魅人。

人们置身于这高山、蓝天、白云之间，仿佛觉得自己的身躯变得高大了起来，一抬头，一望眼，一迈步，一举手，似乎都与高山、蓝天、白云间不过相隔咫尺之距，从来没有过这样的贴近，不禁使人背诵起毛泽东同志在长征途中通过贵州省娄山关天险时，以无产阶级革命家的气概和浪漫主义手法，在诗作《娄山关》（十六字令）中描述的“山，快马加鞭未下鞍。惊回首，离天三尺三……”，确有身临其境的感受。

呵，高原的博大胸怀，将天、地、人、情完完全全地融合在一起了，高山壮其志，蓝天蕴其意，白云传其情，这难道不正是人们对大自然绝伦美景的无上享受吗?

(三) 哈达情颂

哈达，藏族同胞心中最崇高、贞洁的圣物。它白素无瑕、玉纯洁灵、不沾尘染，内含着对神灵赤虔的祈愿，对友情良好的祝福，对仁智者袒襟的敬意，对未来美好的冀求。因之，每当藏胞进寺朝佛、民俗节仪、迎客礼宾，多以哈达献之，以示真挚情感的集中表达，而受此礼仪厚爱的人也常引为莫大荣幸和自豪。

藏族是一个极富感情的民族，朴实、坦诚、热情、好客。我们此行迂旋两千余里，途径十几个城市、县镇、村寨、工厂及牧场，每到一处，都受到热情的欢迎和接待，有的几乎全镇全寨倾出，挚旌扬旗，锣鼓齐擂，鞭炮轰鸣，长号冲天，演奏着富有民族情调的欢乐曲，藏胞们披穿着节日盛装载歌载舞。隆重迎宾仪式的第一项，就是向每位客人献上一条雪白高洁的哈达，真挚坦诚地传递着他们像哈达一样纯洁的情感和良好的祝福。

一路风光一路歌，束束哈达颂深情。这一路上尤给人真切难忘的，是在山南地区浪子卡县考察羊卓雍湖途中村民极其热烈的联欢场景。联欢地是一处精心选择的绿草地，嫩翠的青草毯直铺天际，耀眼的小黄花点点、丛丛、片片，间有少许粉红、淡紫、白色杂花，弥散着扑鼻的野花清香，将草地缀饰得更加明秀绮丽。当我们车队驱车缓缓驰入草地时，就远远看见在富有藏民族独特风格的白色崭新帐篷外侧，两幅用汉藏文字书写着："热烈欢迎评审考察团莅临我县检查指导工作"，"振兴西藏经济，积极开拓西藏旅游事业"的红布横幅跃然草坪上空；顿时锣鼓、鞭炮、号角齐鸣，帐篷四周早已拥满了穿戴着节日盛装等候的牧民。我们刚下车站定，当地县领导同志和牧民群众热忱围拢过来，举行了藏民俗隆重欢迎仪式。礼仪首项就是向客人逐个敬献洁白的哈达，接着由三名藏族姑娘手托仪品盘，我们学着传统授礼规则，用手指蘸着象征吉祥、幸福、丰收富裕的青稞糖粉和青稞酒，向上侧方挥弹三下，然后三位姑娘挨个唱起清脆悦耳的藏语祝酒歌，客人必须报之以礼喝下一碗清香甘醇的青稞美酒，宾主两方再双掌合举相互祝福"扎西德勒"！以示答谢致意。联欢会上牧民们表演了自己编排的反映草原生活情趣的民歌演唱、民族舞蹈、藏乐演奏及短小精彩的小活报剧，围摆的小桌上放满了牧民各家自制的酥油茶、甜茶、奶酪干、青稞酒及各式味美的藏家点品。在主人们盛情的邀请下，我们也兴奋激动地加入了牧民们集体舞行列，把联欢会推到了最高潮。舞圈外场，热心的牧民们还为我们准备了套上彩披的牦牛、骏马及藏族服饰道具。我第一个穿上藏服骑上骏马、牦牛，亲自体验到扬鞭奔驰在绿茵草原上的异乡情味，此时的快慰心绪，仿佛已融入了白云，飞向了蓝天，升腾再升腾……

的确，激情飞荡的联欢会，使我们深切地感受到了藏族同胞坦诚、热烈、奔放、纯情的性格与品质，也感受到了祖国各民族大家庭的睦和、温馨。正如全程陪同考察团担任总向导的藏胞女干部、山南地区行署德吉卓嘎副专员所说："我们藏族人民的心是炽热的，感情是真诚的。我们希望通过你们把藏族人民的这份真情传送给全国各地汉族和各民族兄弟。"这闪烁着纯情火花的话语，至今仍久久地萦回在耳边，禁不住我不时地捧出那一条条雪白圣洁的哈达，视为最珍贵的家藏，也偶有转赠给亲朋好友。愿哈达永远成为系结与传播我们汉藏友情的纽带，让共同培育的绚丽民族之花开放得更艳、更灿！

(四) 世界屋脊的希望之光

西藏是祖国大西南边疆，藏民族聚居的故乡，辽阔的地域占全国国土幅员的12.5%，在各省、自治区面积中仅次于新疆。西藏又是我国疆域中海拔地势最高的区域，也是地球上人类生活最高的地域和几乎全民笃信佛教的高原圣土。正是这一点，使她更具有浓烈的吸引力，充满着蒙迷莫窥的色彩，成为世界瞩目和向往的探秘胜地。

藏传佛教是最具民族特色的宗教文化。在这里无处不见寺庙，它们包容了藏民们心灵中全部的信奉与祈望，也镌刻着人生的轨迹和苦乐，温慈威煞的偶像和金碧森重的殿堂为这块区域披上了奇异神秘的彩霭。从雅砻河谷的西藏第一座宫殿雍布拉康，到雅鲁藏布江北岸的西藏第一座正规寺院桑耶寺；从拉萨河畔的布达拉宫、大昭寺，到日喀则的扎什伦布寺，它们分别代表着各个历史时期藏传佛教的不同发展阶段，成为神灵和权力的象征。这些至今仍保存完好的古建筑，作为藏文化漫长历史的印证，也作为汉藏民族交融的印证，而绝伦精湛的建造技艺，实堪为我国和世界古建筑艺苑中绚烂泽艳的奇葩。

这里有大自然天功壮丽的景色，世界屋脊喜马拉雅山脉由南部边境绵亘峻立，峰峦叠嶂，海拔均在6000米以上，终年冰封雪皑，成为全世界登山勇士们相竞雌雄的比试场；而东南部林芝地区由横断山脉断层构成的高山大峡谷，自西至东成90度折而转为南北走向，谷顶与谷底悬差可达2000～2500米，气候、植物、动物呈垂直分布特征显著，形成了顶部和底部景象完全不同的罕见的藏南峡谷奇丽景观。

具有浓郁异乡风采的藏民情俗，使美丽高原更充满了生命的活力和生活的情趣。那茵绿的高山河谷田园，涟漪碧波的高山湖泊，形态壮美的牦牛，独具一格的庄园寨宅；那古典浑朴的藏戏，色泽艳丽的服饰，豪情多姿的歌舞，溢情热烈的迎宾礼仪；还有那雅鲁藏布江畔响亮粗犷的纤夫号子和香醇诱人的青稞酒、酥油茶、羊血粉肠……

改革开放的和煦春风，吹遍了祖国长城内外、大江南北，也吹绿了西藏高原、雅江两岸。今日的藏疆更娇美，藏胞更真情，经济在腾飞。作为对外开放的前导窗口，优先发展旅游业，大力发掘和利用这里极其丰厚而神奇的旅游资源，必将为全面促进西藏文明进步和经济发展，进而走向全国、亚洲和世界，寓示着极大的潜力和灿丽前景，闪烁着世界屋脊的未来希望之光。

热烈祝愿西藏高原的第一个国家重点风景名胜区——雅砻风景名胜区早日向世界展现她那雄瑰旖旎的风采，也期盼着更多的国家级、自治区级和市县级风景名胜区不断涌现。衷心祝福西藏繁荣、昌盛，人民富裕、幸福。

扎西德勒，美丽神往的藏疆！

【本文刊于《规划师》1994年第2期】

后　记

在本集合页时，有些心里话，还想说一说，也不得不说。

49年前(1963年)，我毕业于江西工学院建筑学专业，怀着报效祖国的拳拳之心和对未来美好憧憬的激情，开始了真正意义上的踏入社会和人生征程。在经历了“十年浩劫”、干部下放一系列社会磨难之后，直至生命步入不惑之年(1980年)，才重新找到了人生坐标上属于自己的位置——后半生所从事和热爱的风景园林事业。

32年前，当偶遇一位毕业多年未曾谋面的大学同学时，他疑惑不解地问：“你是怎么改行搞上风景园林这个行当的?”

说起这件事，还真是事出偶然而又时逢机运。一路走来，尽管坎坷艰辛，但却一直得到众多尊贤、同仁的引领和教诲。其中尤有几位对我后半生工作事业影响最大、最深的尊贤故人，是我终生不能忘怀的。

那是1979年初冬风和日丽的一天，我被突如而至停泊在驻九江县(沙河街)省建三公司院内找人的小车拉上庐山，会见了省建委一位领导同志，他传递了两个重要信息：一是为加快和适应城市建设发展需要，省里刚刚组建成立了江西省城市规划研究所(现省城乡规划设计研究院前身)；二是省人民政府已下文要求省建委立即部署组织开展庐山风景名胜区总体规划，眼下正在紧迫地从各地及原省建设系统下放干部中选调相关专业工程技术人员。我就这样沐浴着改革开放的春风，偶然而幸运地于1980年5月调入省城市规划研究所，第一个接受的工作项目就是庐山风景区总体规划编制任务，接下来1983年编制了井冈山风景区总体规划；之后，由20世纪80年代、90年代至21世纪迄今，先后完成省内外各类国家级、省级风景区总体规划、详细规划50余处(其间，也同时承担城市规划、名城保护、园林绿地等规划设计项目)，一干就是32年。这位引领、抉择了我后半生工作事业路径且又令自己执著热爱、义无反顾的尊者，就是时任江西省建委副主任的薛经猷同志。

第二位是我国建筑、城市规划界知名学者，当代风景科学理论研究早期倡导者及奠基人之一，清华大学建筑系教授朱畅中先生，他是我后半生风景事业奋搏道路上的至尊良师；第三位是江西著名学者、原江西师范学院(现江西师范大学前身)历史系教授，原江西省社科院院长、江西省社联主席，时任中共江西省委宣传部副部长周銮书先生，他对我在风景规划理论与社会实践相结合的探索中，给予了悉心指导和支持；第四位是我国风景园林学科早期开拓者之一、著名学者、中国风景园林学会原副理事长李嘉乐先生，他对我工作事业的真切关怀和勉励，至今令我深情敬重与感怀。

如今四位尊者虽均已相继辞世，但他们正直坦荡的为人品格，严谨求实的科学态度，鞠躬献身的工作精神和诲人不倦的高尚情怀，风范长存。

在我后半生工作事业道路上，学界许多共同事业中的师长、益友、同道者，他们也都给了我很大的启迪、鼓励与教益。即便当为本书资料搜集、整理所累而犹豫之中，仍时有多位友人每每敦促加力，才得以决心坚持。

这里，还要由衷地感谢中国建筑工业出版社吴宇江先生的多年关注和鼎力相助，方使本集顺利付梓出版。

光阴荏苒，瞬逝不再。从49年前到32年前(1963～1980年)，期间的17年，正值风华正茂初入人生与事业起点之际，由于时遇不佳，我的这段最宝贵时光是在动荡与苦闷中度过的；但这段铭心的经历，却正成为蕴聚和激发我后半生更倍加珍惜时间、奋发工作的策动力。

在此，还要深情地感谢我至今整整工作了32个春秋的江西省城乡规划设计研究院及多年一道同舟共济、奋搏进取的领导和同事们，我们在为共同事业蓬勃发展的艰辛里程中凝成的友谊与情缘，将永远在心里留驻、萦回。